E s

Herausgegeben von Gerhard Riemann

Von Charlotte J. Beck sind außerdem erschienen:

Einfach Zen (Band 86070)
Zen (Band 86103)

Deutsche Erstausgabe Juli 1990
© 1990 Droemersche Verlagsanstalt Th. Knaur Nachf., München
Das Werk einschließlich aller seiner Teile ist urheberrechtlich geschützt.
Jede Verwertung außerhalb der engen Grenzen des Urheberrechts-
gesetzes ist ohne Zustimmung des Verlages unzulässig und strafbar.
Das gilt insbesondere für Vervielfältigungen, Übersetzungen,
Mikroverfilmungen und die Einspeicherung und Verarbeitung
in elektronischen Systemen.
Titel der Originalausgabe »Everyday Zen«
© 1989 Charlotte Joko Beck
Originalverlag Harper & Row, New York
Deutsche Ausgabe mit Genehmigung von
Harper & Row, Publishers, Inc.
Umschlagillustration Dieter Bonhorst
Satz MPM, Wasserburg
Druck und Bindung Ebner Ulm
Printed in Germany   10
ISBN 3-426-04236-3

Charlotte Joko Beck

Zen im Alltag

Aus dem Amerikanischen
von Bettine Braun

INHALT

VORWORT

D ie Fähigkeit, lieben und arbeiten zu können, ist notwendig für ein glückliches erfolgreiches Leben, erklärte Sigmund Freud. Die Lehre des *zen* jedoch stammt aus einer klösterlichen Tradition, die der alltäglichen Welt von Liebe und Sexualität, Familie und häuslichem Leben und dem gewöhnlichen Berufsleben sehr fern liegt. Wenige der westlichen Studenten des *zen* leben abgeschieden in traditionell strukturierten, klösterlichen Gemeinschaften. Die meisten von ihnen sind wie jedermann damit beschäftigt, Beziehungen aufzubauen oder aufzulösen, Windeln zu wechseln, Hypotheken aufzunehmen, sich um eine Beförderung zu bemühen. Doch die *zen*-Zentren, die diesen Schülern zur Verfügung stehen, sind oft mit einer Aura esoterischer Besonderheit und Isoliertheit umgeben. Schwarze Gewänder, kahl geschorene Köpfe und traditionelle klösterliche Rituale tragen wohl noch dazu bei, daß *zen* als eine exotische Alternative zum gewöhnlichen Leben gesehen wird und nicht als das gewöhnliche Leben selbst, das man in seiner Fülle erfährt. Da die Bilder- und Erfahrungswelt des klassischen *zen* aus dem klösterlichen Dasein stammt, können traditionell ausgebildete *zen*-Meister nicht immer auf die aktuellen Lebensprobleme ihrer westlichen Studenten des zwanzigsten Jahrhunderts eingehen. Ohne es zu wollen, werden sie vielleicht eine Lebenshaltung fördern, die ein

Flüchten vor den Problemen des realen Lebens, unter dem Vorwand der Suche nach besonderen, überwältigenden Erfahrungen beinhaltet. Wenn der *zen* in die westliche Kultur integriert werden soll, muß auch seine Begriffswelt auf unsere Erfahrungsmöglichkeiten übertragen werden: »Hacke Holz, schöpfe Wasser« muß für uns übersetzt werden in: »Liebe und tu deine alltägliche Arbeit.«

Solange Menschen danach streben, für sich selbst und für ihr Leben, wie es ist, also für die Unmittelbarkeit dieses Augenblickes zu erwachen, wird der Geist des *zen* lebendig sein. In einer ruhigen Seitenstraße einer Vorstadt von San Diego in einem kleinen und unscheinbaren Haus geschieht solch ein lautloses Keimen. Die Beschäftigung mit gewöhnlichen menschlichen Beziehungen, das Auflösen der Dilemmas von Karriere und Ehrgeiz, darum geht es in dem »erstaunlich reinen und lebendigen *zen*« (Alan Watts), wie Charlotte Joko Beck es lehrt — *zen* in der Kunst des Liebens und Arbeitens.

Joko (früher Charlotte) Beck ist ein amerikanisches *zen*-Original. Sie wurde in New Jersey geboren, studierte am Oberlin-Konservatorium, gründete eine Familie. Als die Ehe sich auflöste, ernährte sie sich und ihre vier Kinder durch ihre Tätigkeit als Lehrerin, Sekretärin und später als Verwaltungsassistentin einer großen Universität. Mit über vierzig begann sie unter der Anleitung von Maezumi Roshi (damals noch Sensei) aus Los Angeles und später zusammen mit Yasutani Roshi und Soen Roshi den *zen*-Übungsweg zu gehen. Jahrelang pendelte sie zwischen San Diego und dem *zen*-Center von Los Angeles hin und her. Ihre natürliche Begabung und ausdauernde Aufmerksamkeit förderten ihre stetige Weiterentwicklung; sie fühlte sich schon bald immer mehr zum Lehren hingezogen, denn die anderen Schüler erkannten, wieviel Reife, Klarheit und Mitgefühl sie entwickelt hatte. Schließlich wurde Joko zur dritten *dharma*-Erbin Maezumi Roshis ernannt und zog 1983 ganz in das *zen*-Zentrum von San Diego, in dem sie heute lebt und lehrt.

Als Amerikanerin, die ein sehr eigenständiges Leben geführt hat, bevor sie den Übungsweg antrat, lief Joko nie Gefahr, dem patriarchalen Geist des traditionellen japanischen *zen* zu verfallen. Frei von Anmaßung oder Selbstüberschätzung lehrt sie eine Form des *zen*, in der sich das alte *chan*-Prinzip des *wu-shih* manifestiert — »nichts Besonderes«. Seit sie ihre Tätigkeit nach San Diego verlegt hat, schert sie sich den Kopf nicht mehr kahl und schmückt sich nur noch selten mit traditionellen Gewändern oder Titeln. Sie und ihre Schüler sind damit beschäftigt, eine bodenständige Art des amerikanischen *zen* zu entwickeln, der zwar immer noch streng und diszipliniert ist, aber sich dem westlichen Temperament und seiner Lebensweise anpaßt.

Jokos Dharma-Vorträge sind Musterbeispiele an Schlichtheit, Treffsicherheit und Vernunft. Ihr eigenes, reiches Leben der Kämpfe und des Wachstums und die vielen Jahre, in denen sie mit sachlichem Mitleid auf die Traumata und Verwirrungen ihrer Schüler einging, haben nicht nur dazu geführt, daß sie über ungewöhnliche psychologische Einsicht verfügt, sondern auch zur Entwicklung der für den Lehrer so notwendigen Fähigkeit beigetragen, das rechte Wort und die richtigen Bilder zu finden. Was sie lehrt, ist ganz und gar pragmatisch, es geht ihr weniger um die intensive Suche nach besonderen Erfahrungen, als um die Entwicklung wirklicher Lebenserkenntnis. Da es ihr nur zu sehr bewußt ist, daß starke spirituelle »Erweckungen«, die künstlich erzeugt werden, keineswegs zu einem geordneten und mitfühlenden Leben führen, sondern sogar schädlich sein können, ist Joko allen Anstrengungen gegenüber skeptisch, den inneren Widerstand mit Gewalt zu überwinden und Abkürzungen auf dem Heilsweg zu suchen. Sie bemüht sich um eine langsamere, gesündere, verantwortungsvollere Entwicklung der Gesamtpersönlichkeit, innerhalb derer psychologische Barrieren bewußt wahrgenommen und nicht übergangen werden.

Einer ihrer Schüler, Elihu Genmyo Smith, beschreibt ihre Einstellung so:

> Es gibt noch eine andere Art des Übens, die ich das »Arbeiten mit allem« nenne, und dazu gehören Emotionen, Gedanken, Empfindungen und Gefühle. Anstatt sie abwehren zu wollen, als verschanzten wir uns hinter einer eisernen Mauer, oder sie durch Konzentration zu durchbrechen, öffnen wir uns für sie. Wir entwickeln ein Bewußtsein dafür, was in jedem Augenblick geschieht, welche Gedanken aufsteigen und vorübergehen, welche Emotionen uns durchziehen usw. Anstatt uns auf einen einzigen Punkt zu konzentrieren, versuchen wir unser Bewußtsein so weit wie möglich für alle Wahrnehmungen zu öffnen.
>
> Es geht darum, bewußter wahrzunehmen, was im Inneren und was im Äußeren geschieht. Beim Sitzen spüren wir, was ist, und lassen es zu, ohne es halten, analysieren oder wegschieben zu wollen. Je klarer wir das Wesen unserer Empfindungen, Emotionen und Gedanken sehen, desto eher sind wir in der Lage, sie auf ganz natürliche Weise zu durchschauen.

Joko Beck stellt sich nicht über die anderen, sie sieht sich eher als Begleiterin und lehnt es ab, sich auf irgendein Podest heben zu lassen. Sie teilt vielmehr die Schwierigkeiten ihres eigenen Lebens mit den anderen und schafft so eine menschliche Atmosphäre, die ihren Schülern hilft, ihren eigenen Weg zu finden.

Für die Aufsätze dieses Buches wurden spontane Vorträge bearbeitet, die bei Meditations-Intensivkursen (sesshin) oder während der regelmäßig stattfindenden Sonntagmorgenprogramme aufgezeichnet worden waren. Joko Beck spricht darin über *zazen*, die traditionelle *zen*-Meditation, einfach als vom »Sitzen«. *Sangha* ist das buddhistische Wort für die Versammlung oder Gemeinschaft von Menschen, die zusammen üben, und *dharma* könnte man etwa mit »Wahrheit«, »Lernen« oder »Richtiges Leben« übersetzen.

Die Intensiv-Kurse, *sesshin* (japanisch etwa: »geistige Sammlung«) genannt, dauern zwischen zwei und sieben Tagen und gehen in vollkommenem Schweigen vor sich, es sei denn, daß Lehrer und Schüler sich über wichtige Dinge austauschen. Die tägliche Arbeit beginnt sehr früh am Morgen; man »sitzt« acht oder mehr Stunden und macht zusätzlich noch meditative praktische Arbeit, und so sind solche Retreats eine Herausforderung für den einzelnen, ein Ingangsetzen mächtiger Bewußtwerdungsprozesse.

Joko Beck hält nicht viel von romantisierender Spiritualität, bei der alles süßlich idealisiert wird, und bei der man versucht, der Wirklichkeit und den mit ihr verbundenen Leiden zu entfliehen. Sie zitiert gerne eine Zeile aus dem *Shōyō Rōku:* »Dem verdorrten Baum entsprießt eine Blüte«. Wenn man jeden Augenblick so erlebt, wie er ist, schwindet das Ego allmählich dahin und die Wunder des alltäglichen Lebens enthüllen sich. Joko Beck geht diesen Weg mit uns, und ihre Worte, gerade in ihrer Schlichtheit so ungewöhnlich, helfen uns, den Weg zu finden: hohe Weisheit im schlichten Gewand.

DANKSAGUNG

Zahlreiche Schüler und Freunde Jokos haben nach Kräften zur Entstehung dieses Buches beigetragen und alles dafür getan, daß meine eigene Arbeit daran von Freude und Liebe getragen war. Eine ganze Reihe anonymer Helfer verdienen Anerkennung; sie waren es, die Joko Becks Vorträge zunächst in schriftliche Form brachten. Es ist kaum möglich, sie alle aufzuzählen, aber sie wissen, wer gemeint ist. Sehr wichtig war auch Rhea Loudons Ermutigung und Unterstützung bei der Planung und Durchführung des Buches. Gespräche mit Larry Christensen, Anna Christensen, Elihu Genmyo Smith und Andrew Taido Cooper trugen dazu bei, daß dieses Buch Gestalt annahm; für ihre sachkundige Hilfe bin ich ihnen dankbar. Arnold Kotler von Parallax Press half großzügig mit klugen Ratschlägen über schwierige Phasen hinweg. Herzlich sei auch Elizabeth Hamilton für ihre Unterstützung gedankt — sie hat sich jahrelang Tag für Tag mit außerordentlichem Engagement den Angelegenheiten des zen-Center von San Diego gewidmet. Mein Kollege Christopher Ives spielte eine wichtige Rolle als wissenschaftlicher Ratgeber und Befürworter unseres Vorhabens. Professor Masao Abes' fundierte Quellenkenntnis war mir im letzten Vorbereitungsstadium eine große Hilfe. Pat Padilla leistete als Sekretärin einen ganz entscheidenden Beitrag, indem sie das Manuskript immer wieder schnell und tadellos abschrieb und mit Liebe und Interesse bei der Sache war. Lenore Friedmans gelungenes und unakademisches Portrait Joko Becks und ihrer Lehren in dem Buch MEETINGS WITH REMARKABLE WOMEN: BUDDHIST TEACHERS IN AMERICA (Boston and London, Shambala 1987) war mir beim Verfassen des Vorwortes sehr willkommen.

Der Weitblick John Loudons von Harper and Row war es, der letztlich die Realisation dieses Buches ermöglichte. Mit Hilfe seiner Assistentin Kathryn Sweet gab er dem Band den letzten Schliff. Die freundliche Bereitwilligkeit und die kompetente Unterstützung beider ließen meine Kontakte zum Verlag Harper and Row zum Vergnügen werden.

Trotz ihrer Skepsis angesichts der Veröffentlichung eines Buches, durch das man auf sie und das kleine *zen*-Zentrum, in dem sie lehrt, noch mehr aufmerksam werden könnte, zeigte sich Joko Beck mir gegenüber unbeirrbar großzügig und freundlich — ob es nun um die Vorbereitungen zu diesem Buch oder um die mühsamen Fortschritte auf meinem eigenen Weg ging. So möchte ich vor allem ihr danken.

STEVE SMITH
Berkeley, California
Februar 1988

I. ANFÄNGE

Am Anfang des Zen-Übungsweges

Mein Hund macht sich keine Gedanken über den Sinn des Lebens. Es beunruhigt ihn vielleicht, wenn er sein Frühstück nicht bekommt, aber er sitzt nicht da und denkt darüber nach, ob er ein erfülltes Leben haben wird, ob er Freiheit oder Erleuchtung erlangen wird. Solange er etwas zu essen und ein bißchen Zuneigung bekommt, ist er mit seinem Leben zufrieden. Wir Menschen sind nicht wie Hunde. Wir haben einen egozentrischen Kopf, der uns in die größten Schwierigkeiten bringt. Wenn wir nicht zu der Erkenntnis kommen, daß der Fehler in der Art liegt, wie wir denken, wird das Bewußtsein, das wir von uns selbst haben und das unsere höchste Gabe ist, zugleich auch unser Scheitern bewirken.

Bis zu einem gewissen Grad finden wir alle das Leben schwierig, verwirrend und bedrückend. Selbst wenn alles gutgeht, was manchmal eine Weile lang der Fall ist, machen wir uns Sorgen, daß es wahrscheinlich nicht so bleiben wird. Je nach unserer persönlichen Geschichte treten wir mit sehr gemischten Gefühlen gegenüber diesem Leben in unser Erwachsendasein ein. Wenn ich Ihnen sagen würde, daß Ihr Leben schon vollkommen, daß es ganz vollendet ist, so wie es ist, würden Sie mich für verrückt halten. Niemand hält sein Leben für vollkommen. Aber da ist etwas in jedem von uns, das im Grunde weiß, daß wir unbegrenzt sind. Wir sind in dem Widerspruch befangen, daß wir das Leben einerseits als ziemlich verwirrendes Rätsel betrachten, das uns eine Menge Kummer bereitet, zugleich aber undeutlich ahnen, wie unbegrenzt und weit das Leben eigentlich ist. Und so beginnen wir nach einer Lösung des Rätsels zu suchen.

Dabei versuchen wir zunächst, die Antwort außerhalb unseres Selbst zu finden. Dabei bewegen wir uns vielleicht zunächst auf einer sehr gewöhnlichen Ebene. Es gibt viele Menschen auf der Welt, die glauben, wenn sie ein größeres Auto, ein schöneres Haus, mehr Ferien, einen verständnisvolleren Chef oder einen interessanteren Partner hätten, würden sie mit ihrem Leben zurechtkommen. Wir haben das alle einmal durchgemacht. Doch diese Bedingungen verlieren allmählich an Bedeutung. Kaum jemand von uns entgeht diesem Prozeß. Zunächst lassen wir die oberflächliche Ebene ganz allmählich hinter uns. Dann suchen wir auf subtileren Ebenen. Schließlich wenden wir uns einer spirituellen Schule zu auf unserer Suche nach der Sache außerhalb unserer selbst, von der wir hoffen, sie würde unseren Mangel beheben. Leider neigen wir dazu, uns auf diese neue Suche mit der alten Einstellung zu begeben. Die meisten Menschen, die ins *zen*-Zentrum kommen, glauben nicht mehr, daß ein Cadillac ihnen Erfüllung bringen könnte, aber sie glauben, Erleuchtung könne es. Jetzt haben sie wieder etwas, nach dem sie sich in Sehnsucht verzehren, ein neues »Wenn ich nur . . .«. »Wenn ich nur verstehen könnte, was Erkenntnis ist, dann wäre ich glücklich.« »Wenn ich nur eine Ahnung davon bekommen könnte, was Erleuchtung ist, ja dann wäre ich glücklich.« Wenn wir mit dem *zen-*

Übungsweg beginnen, bringen wir unsere alten Vorstellungen mit, daß wir irgend etwas erreichen werden — die Erleuchtung — und dann endlich gefunden haben, was wir bisher immer so entbehren mußten.

Unser ganzes Leben besteht darin, daß dieses kleine Subjekt nach draußen schaut, auf der Suche nach einem Objekt. Doch wenn wir etwas Begrenztes haben, wie Körper und Geist, und nach etwas suchen, das außerhalb ihrer liegt, wird auch dies zum Objekt und ist damit ebenso begrenzt. Also sucht etwas Begrenztes nach etwas Begrenztem, und so ist man auch nicht klüger als vorher, als einen das ewige Begehren so unglücklich gemacht hat.

Wir alle haben viele Jahre damit zugebracht, eine konditionierte Weltanschauung zu entwickeln. Hier bin ich, und da draußen ist dieses »Etwas«, das mich verletzt oder mir gefällt. Wir neigen dazu, unser Leben mit dem Versuch zu verbringen, alles, was uns verletzt oder mißfällt, zu vermeiden und die Objekte, Menschen oder Situationen herauszufinden, von denen wir glauben, sie bereiteten uns Schmerz oder Vergnügen, wobei wir das eine vermeiden und dem anderen nachjagen. Und das tun wir alle, ohne Ausnahme. Wir stehen außerhalb unseres Lebens, betrachten es, analysieren es, beurteilen es und suchen die Antwort auf die Fragen: »Was habe ich davon? Bereitet es mir Vergnügen? Tröstet es mich? Sollte ich es vermeiden?« Wir tun das von morgens bis abends. Unter unseren hübschen, freundlichen Fassaden liegt tiefes Unbehagen. Wenn ich bei jedem ein bißchen am Lack kratzen würde, fände ich darunter Angst, Schmerz und wilde Verzweiflung. Wir haben alle unsere Methoden, diese Gefühle zu verbergen. Wir essen zu viel, wir trinken zu viel, wir arbeiten zu viel, wir sehen zu viel fern. Manche Menschen leben so bis zu dem Tag, an dem sie sterben. Im Laufe der Jahre wird es immer schlimmer. Was einem mit fünfundzwanzig noch nicht so schlimm vorkommt, sieht schrecklich aus, wenn man einmal fünfzig ist. Wir alle kennen Menschen, die beinahe schon gestorben sind; sie haben sich so sehr hinter ihren begrenzten Ansichten verschanzt, daß es für ihre Umgebung ebenso schmerzhaft wie für sie selbst ist. Beweglichkeit, Lebensfreude, Lebensschwung sind dahin. Und diese eher düstere Möglichkeit haben wir alle vor uns, es sei denn, wir erkennen die Tatsache, daß wir mit unserem Leben arbeiten müssen, daß wir üben müssen. Wir müssen das Trugbild durchschauen, daß es ein »Ich« gibt, das von »dem dort« getrennt ist. Bei unserem Üben geht es darum, diese Kluft aufzuheben. Erst in dem Augenblick, in dem wir und das Objekt eins werden, können wir unser Leben wirklich erkennen.

Erleuchtung ist nicht etwas, das man erlangen kann. Es ist die Abwesenheit von »Etwas«. Ihr ganzes Leben lang sind Sie hinter etwas hergewesen, haben nur ein Ziel verfolgt. Erleuchtung bedeutet, all das aufzugeben. Doch davon zu sprechen, nützt wenig. Jeder einzelne muß den Weg des Übens gehen. Es gibt keinen Ersatz. Wir können Bücher darüber lesen, bis wir tausend Jahre alt sind, ohne daß sich für uns etwas verändert. Wir alle müssen üben, wir müssen mit vollem Einsatz üben — und das bis ans Ende unseres Lebens.

Was wir wirklich wollen, ist ein natürliches Leben. Unser Leben ist so unnatürlich geworden, daß ein Übungsweg wie der des *zen* am Anfang außerordentlich schwierig für uns ist. Doch sobald wir zu ahnen beginnen, daß das Problem im Leben nicht außerhalb von uns selbst liegt, haben wir angefangen, diesen Weg zu gehen. Wenn wir einmal erwacht sind und zu sehen beginnen, daß das Leben offener und freudvoller sein kann, als wir es je für möglich gehalten haben, *wollen* wir üben.

Wir unterwerfen uns einer Disziplin wie dem *zen*-Übungsweg, damit wir lernen können, auf vernünftige Weise zu leben. *Zen* ist schon fast tausend Jahre alt und längst aus den Kinderschuhen heraus; es ist zwar nicht einfach, aber es ist auch nicht unmäßig schwer. Es ist konkret und sehr praktisch. Es geht darin um unser alltägliches Leben. Es geht darum, im Büro besser arbeiten zu können, unsere Kinder besser erziehen zu können, bessere Beziehungen zu haben. Ein gesünderes und befriedigenderes Leben entspricht einem gesunden, ausgeglichenen, praktischen Üben. Wir wollen eine Möglichkeit finden, mit der Unvernunft umgehen zu lernen, die aus unserer Blindheit entspringt.

Es braucht Mut, gut zu sitzen. *Zen* ist keine Disziplin für jeden. Wir müssen bereit sein, etwas zu tun, was nicht einfach ist. Wenn wir es mit Geduld und Ausdauer tun, unter Anleitung eines guten Lehrers, bekommen wir allmählich Boden unter die Füße, unser Leben wird ausgeglichener. Unsere Gefühle sind dann nicht mehr so beherrschend. Wenn wir mit dem Sitzen beginnen, merken wir, daß es vor allem darum geht, an unseren geschäftigen, chaotischen Gedanken zu arbeiten. Wir alle sind in krampfhaftem Denken befangen, und beim Üben geht es darum, dieses Denken allmählich klar und maßvoll werden zu lassen. Wenn der Geist klar und ausgeglichen wird und nicht mehr von Objekten gefangen ist, kann eine Öffnung geschehen, und wir erkennen für einen Augenblick, wer wir wirklich sind.

Wir können aber nicht ein oder zwei Jahre sitzen und glauben, daß wir es dann beherrschen. *Za-zen* ist etwas, das wir unser Leben lang üben. Der inneren Öffnung, die einem Menschen möglich ist, sind keine Grenzen gesetzt. Schließlich sehen wir, daß wir der grenzenlose Urgrund des Universums sind. Wir geben dann unser Leben daran, uns für diese unendliche Weite zu öffnen und sie zum Ausdruck zu bringen. Wenn wir immer stärker mit dieser Wirklichkeit in Beziehung sind, bewirkt das Mitgefühl für andere Menschen und verändert unser alltägliches Leben. Wir leben anders, wir arbeiten anders, wir gehen anders mit den Menschen um. *Zen* ist ein lebenslängliches Studium. Es geht nicht darum, eine halbe oder Dreiviertelstunde am Tag auf einem Kissen zu sitzen. Unser ganzes Leben wird zur Übung, vierundzwanzig Stunden am Tag.

Jetzt möchte ich einige Fragen über den *zen*-Übungsweg, über seine Beziehung zu Ihrem Leben, beantworten.

SCHÜLER: Könnten Sie etwas mehr über das Loslassen der Gedanken während der Meditation sagen?

JOKO: Ich glaube, wir können nie irgend etwas ganz loslassen. Ich glaube, wir lassen einfach alles von selbst vergehen. Wenn wir uns gedanklich dazu zwingen, irgend etwas zu tun, sind wir schon wieder in dem Dualismus, aus dem wir herauskommen wollen. Die beste Möglichkeit, etwas loszulassen, ist es, die Gedanken, während sie aufsteigen, wahrzunehmen und anzuerkennen ... »Ach ja, jetzt tue ich wieder das« ... und ohne zu urteilen zur unverstellten Erfahrung des gegenwärtigen Augenblicks zurückzukehren. Seien Sie geduldig. Vielleicht müssen wir es zehntausendmal versuchen. Aber sinnvoll ist unser Üben gerade durch diese dauernde Wiederkehr des Geistes in die Gegenwart, immer und immer wieder. Suchen Sie nicht nach irgendeinem wunderbaren Ort, an dem keine Gedanken mehr sind. Da Gedanken im Grunde nichts Reales sind, werden sie von irgendeinem Punkt an schwächer und weniger aufdringlich, und Sie können bemerken, daß es gewisse Perioden gibt, in denen sie völlig zu verblassen beginnen, weil wir sehen, daß sie gar nicht real sind. Irgendwann werden sie sich einfach im Sande verlaufen, ohne daß Sie so recht merken, wie. Es sind die Gedanken, mit denen wir uns zu schützen versuchen. Keiner von uns möchte sie wirklich aufgeben, denn an ihnen hängen wir. Die einzige Möglichkeit, schließlich zu erkennen, wie unwirklich sie sind, liegt darin, den Film einfach ablaufen zu lassen. Wenn wir denselben Film fünfhundertmal gesehen haben, wird er unweigerlich langweilig!

Es gibt zwei Arten von Gedanken. Es ist nichts gegen Kopfarbeit in dem Sinne zu sagen, was ich mit »praktischem Denken« meine. Wir müssen denken, wenn wir in die andere Ecke des Zimmers gehen, einen Kuchen backen oder ein physikalisches Problem lösen wollen. Dazu ist der Verstand auch da. Hier kann man nicht von wirklich oder unwirklich sprechen; er ist einfach das, was er ist. Meinungen, Urteile, Erinnerungen, Zukunftsträume — neunzig Prozent der Gedanken, die in unserem Kopf kreisen, haben keine existentielle Wirklichkeit. Und wenn wir nicht erwachen, verbringen wir unser Leben von der Geburt bis zum Tod damit und vergeuden unsere Zeit. Das Grauenhafte am *za-zen* (und es ist grausam, glauben Sie mir) ist, daß wir allmählich sehen, was sich in unserem Kopf wirklich abspielt. Es ist für uns alle ein Schock. Wir sehen, daß wir gewalttätig, von Vorurteilen geprägt und egozentrisch sind. Wir sind es, weil ein konditioniertes Leben, das auf falschem Denken beruht, dazu führt. Die Menschen sind im Grunde gut, freundlich, mitfühlend, aber man muß schon lange graben, um diesen verborgenen Schatz zutage zu fördern.

SCHÜLER: Sie sagen, daß, wenn unsere Hochs und Tiefs eine Weile gedauert haben, die Unordnung im Kopf allmählich nachläßt und schließlich ganz zur Ruhe kommt?

JOKO: Damit wollte ich nicht sagen, daß wir nicht immer wieder beunruhigt sein werden. Ich meinte, daß wir es nicht festhalten sollten, wenn wir solch eine Beunruhigung spüren. Wenn wir wütend werden, sind wir einen Augenblick lang wütend. Andere nehmen das vielleicht noch nicht einmal wahr. Das ist alles. Wir halten unsere Wut nicht fest, wir beginnen nicht, in Gedanken darum zu kreisen. Das soll nicht heißen, daß wir nach Jahren des Übens zu einem gefühllosen Wunderwesen werden. Ganz im Gegenteil. Wir haben dann viel ursprünglichere Emotionen und stärkeres Mitgefühl für die Menschen. Wir sind nicht mehr so mit unserem Innenleben beschäftigt.

SCHÜLER: Könnten Sie etwas zu unserer Alltagsarbeit als Teil des Übens sagen?

JOKO: Die Arbeit ist der wichtigste Teil der zen-Praxis und des Übens. Was wir auch tun, wir sollten es mit Hingabe und vollkommener Aufmerksamkeit für das, was wir vor uns haben, tun. Wenn wir den Ofen reinigen, sollten wir nichts als dies tun und uns der Gedanken bewußt sein, die die Arbeit unterbrechen. »Ich hasse es, den Ofen zu reinigen. Ammoniak stinkt! Wer macht schon gerne so etwas? Ein gebildeter Mensch sollte so etwas gar nicht tun müssen.« All das sind überflüssige Gedanken, die mit dem Reinigen des Ofens nichts zu tun haben. Wenn die Gedanken abschweifen, kehre man zur Arbeit zurück. Da ist auf der einen Seite die konkrete Aufgabe, die wir gerade erfüllen, und auf der anderen Seite sind all die Überlegungen, die sich darum ranken. Arbeiten heißt, sich einfach damit beschäftigen, was jetzt getan werden muß; doch auf diese Weise arbeiten sehr wenige von uns. Wenn wir geduldig üben, beginnt uns die Arbeit allmählich leicht von der Hand zu gehen. Wir tun einfach immer genau das, was gerade getan werden muß.

Wie Ihr Leben auch aussehen mag, ich möchte Sie ermutigen, es zur Übung werden zu lassen.

Üben in diesem Augenblick

Ich möchte über das Grundproblem des Sitzens sprechen. Ob Sie nun erst seit einer kurzen Zeit üben oder schon zehn Jahre lang, das Problem bleibt immer das gleiche. Als ich vor vielen Jahren zu meiner ersten *sesshin* ging, wußte ich nicht, wer verrückter war, ich oder die Leute, die um mich herumsaßen. Es war schrecklich! Die Temperatur betrug in dieser Woche fast dauernd 40 Grad, Fliegen krabbelten auf mir herum, es war eine geräuschvolle, unruhige Meditation. Das Ganze regte mich auf und brachte mich vollkommen durcheinander. Doch ab und zu sah ich Yasutani Roshi, und bei ihm fand ich etwas, das mich bei der Stange hielt. Leider ist das erste halbe Jahr das härteste. Man muß sich mit Verwirrung, Zweifeln und Problemen auseinandersetzen und hat noch nicht lang genug geübt, um die wirklichen Früchte ernten zu können.

Doch diese Schwierigkeiten sind natürlich, sie sind sogar gut. Wenn Ihr Kopf mit der Zeit all diese Stadien durchmacht, während Sie im Schneidersitz dasitzen, und alles vielleicht höchst merkwürdig und lächerlich finden, lernen Sie ungeheuer viel über sich selbst. Und das kann Ihnen nur zugute kommen. Bitte fahren Sie fort, so oft wie möglich in einer Gruppe zu meditieren, und gehen Sie so oft wie möglich zu einem guten Lehrer. Wenn Sie das tun, wird das Üben des *za-zen* allmählich das Beste und Schönste sein, was Sie in Ihrem Leben haben.

Es ist nicht wichtig, wie Ihr Übungsweg genannt wird. Ob es darum geht, dem Atem zu folgen, ob Sie *shikan-taza* machen oder *koan*-Studien betreiben — im Grunde arbeiten wir alle an denselben Fragen: »Wer sind wir? Was ist unser Leben? Wo kommen wir her? Wo gehen wir hin?« Wir müssen erst ein ganzes Menschenleben durchmessen haben, um zu ein wenig Erkenntnis darüber zu gelangen. So möchte ich zunächst über die Grundlage, das Sitzen, sprechen, und wenn ich darüber spreche, sollten Sie bedenken, daß das Sprechen darüber nicht das Wesentliche ist. Über solche Dinge reden, heißt, mit dem Finger auf den Mond zeigen.

Beim *za-zen* entdecken wir die »Wirklichkeit«, die »Buddha-Natur«, »Gott«, das »wahre Wesen«. Manche nennen es den »großen Geist«. Meine Weise, mich heute diesem Thema zu nähern, läßt sich am besten in die Worte fassen: »dieser Augenblick«.

Das Diamant-*sutra* sagt: »Die Vergangenheit ist nicht faßbar, die Gegenwart ist nicht faßbar, die Zukunft ist nicht faßbar.« Wir, die wir hier in diesem Raum sind, wo sind wir? Sind wir in der Vergangenheit? Nein. Sind wir in der

Zukunft? Nein. Sind wir in der Gegenwart? Nein. Wir können nicht einmal sagen, daß wir in der Gegenwart sind. Es gibt nichts, auf das wir deuten könnten und sagen: »das ist die Gegenwart«. Es gibt keine Begrenzung, die diese Gegenwart definierte. Alles, was wir sagen können, ist: »Wir sind in diesem Augenblick.« Und da es keine Möglichkeit gibt, ihn zu messen, zu definieren, festzuhalten, selbst zu erkennen, woraus er eigentlich besteht, ist er maßlos, grenzenlos, unendlich. Und wir sind es auch.

Wenn es nun so einfach ist, was tun wir denn eigentlich hier? Ich kann sagen: »dieser Augenblick«. Das klingt sehr einfach, nicht? Aber das ist es keineswegs. Es wirklich zu erkennen, ist gar nicht so einfach, denn sonst würden wir nicht alle hier sein, um zu üben.

Warum ist es nicht einfach? Warum können wir es nicht erkennen? Und was ist notwendig, um es zu erkennen? Ich möchte Ihnen dazu eine kleine Geschichte erzählen.

Vor vielen Jahren studierte ich im Oberlin-Konservatorium als Hauptfach Klavier. Ich war eine sehr gute Studentin, nicht hervorragend, aber sehr gut. Und ich wünschte mir sehr, bei einem bestimmten Lehrer studieren zu können, der zweifellos der beste dort war. Aus gewöhnlichen Studenten wurden bei ihm wunderbare Pianisten. Endlich bekam ich eine Chance, bei genau diesem Lehrer zu studieren.

Als ich in die erste Stunde kam, sah ich, daß er mit zwei Klavieren unterrichtete. Er sagte nicht einmal guten Tag. Er setzte sich einfach an sein Klavier und spielte fünf Noten und sagte dann zu mir: »Tun Sie dasselbe.« Ich sollte einfach das spielen, was er gespielt hatte. Ich spielte es — und er sagte: »Nein.« Wieder spielte er dieselben Noten, und ich wiederholte sie. Wieder sagte er: »Nein.«

Das ging eine Stunde lang so. Und jedesmal sagte er: »Nein.«

In den nächsten drei Monaten spielte ich etwa drei Takte Musik, die vielleicht eine halbe Minute dauerten. Ich hatte natürlich gedacht, ich sei gar nicht so schlecht. Immerhin war ich schon als Solistin mit kleinen Symphonieorchestern aufgetreten. Trotzdem ging das drei Monate so, und ich weinte fast die ganze Zeit. Er hatte alles, was ein guter Lehrer braucht, unglaubliche Intensität und Entschlossenheit, den Schüler zum Erkennen zu bringen. Deshalb war er so gut. Und nach diesen drei Monaten sagte er eines Tages: »Gut.« Was war geschehen? Ich hatte endlich gelernt, zuzuhören. Und wie er sagte: Wenn man zuhören kann, kann man auch spielen.

Was war in diesen drei Monaten geschehen? Ich hatte die gleichen Ohren wie am Anfang; mit meinen Ohren hatte sich nichts verändert. Was ich spielte, war technisch nicht schwierig. Geschehen war dies, daß ich zum ersten Mal gelernt hatte, zuzuhören ... und dabei hatte ich doch schon jahrelang Klavier gespielt. Ich lernte es, aufmerksam zu lauschen. Deshalb war er ein so guter Lehrer: Er brachte seinen Schülern bei, wirklich zuzuhören. Nachdem sie mit ihm gearbeitet hatten, konnten sie wirklich hören, wirklich lauschen. Wenn man wirklich hören kann, kann man spielen. Und nach der Ausbildung verließen ihn wunderbare Pianisten.

Diese Art von Aufmerksamkeit ist auch für unser *zen*-Üben notwendig. Wir nennen sie *samadhi*, das vollkommene Einssein mit dem Objekt.* In meiner Geschichte war diese Aufmerksamkeit relativ einfach. Es ging um eine Sache, die mir lag. Es ist das Einssein jeder großen

* siehe Anmerkung auf Seite 39

Kunst. Jeder große Athlet, jeder, der auf einem Gebiet viel geübt hat und begeistert davon ist, muß diese Art von Aufmerksamkeit gelernt haben. Das ist mit *samadhi* gemeint.

Das ist eine Art von Aufmerksamkeit, und sie ist sehr wertvoll. Was wir im *zen* tun müssen, ist aber viel schwerer. Wir müssen aufmerksam auf diesen einen Augenblick sein, auf die Gesamtheit dessen, was genau in diesem Augenblick geschieht. Der Grund dafür, daß wir nicht bereit sind, aufmerksam zu sein, liegt darin, daß es nicht immer angenehm ist. Es paßt uns nicht.

Als Menschen haben wir einen Verstand, der denken kann. Wir erinnern uns an das, was schmerzhaft war. Wir träumen immerzu von der Zukunft, von all den Dingen, die wir haben werden oder die uns widerfahren werden. So filtern wir alles, was in der Gegenwart geschieht, durch diese Art von Gedanken: »Das mag ich nicht. Das will ich nicht hören. Ich kann es sogar vollständig vergessen und von dem träumen, was irgendwann geschehen wird.« Das passiert andauernd. Die Gedanken kreisen und kreisen in unserem Kopf, und wir versuchen immer, uns eine Art von Leben zu verschaffen, das angenehm sein wird, in dem wir Sicherheit haben, wir streben nach Wohlbefinden.

Aber genau aus diesem Grunde sehen wir nie das, was gerade jetzt ist, diesen einen Augenblick. Wir können ihn nicht sehen, weil wir alles filtern. Was wir in uns einlassen, ist sehr verändert. Fragen Sie zehn Leute, die dieses Buch lesen. Sie werden merken, daß jeder Ihnen etwas anderes erzählt. Jeder wird die Teile vergessen haben, von denen er sich nicht besonders berührt fühlte. Jeder wird sich etwas anderes herauspicken, und die Aspekte, die ihm nicht gefielen, wird er vollständig übersehen haben. Selbst wenn wir zu unserem *zen*-Lehrer gehen, hören wir nur das, was wir hören wollen. Für einen Lehrer offen zu sein, heißt nicht nur das zu hören, was man hören möchte, sondern alles zu hören. Und der Lehrer ist nicht dazu da, möglichst nett zu einem zu sein.

So geht es beim *za-zen* also darum: alles, was wir tun müssen, ist, immer wieder von dieser sich in unseren Köpfen drehenden Gedankenwelt Abstand zu nehmen, um ins Hier und Jetzt zurückzukehren. Darum geht es bei unserem Üben. Die Intensität und Fähigkeit, wirklich im gegenwärtigen Augenblick zu sein, ist es, was wir entwickeln müssen. Wir müssen in der Lage sein, zu sagen: »Nein, ich möchte nicht, daß es sich wieder hier oben im Kreis dreht.« Diese Entscheidung müssen wir immer wieder treffen. In jedem Augenblick besteht unser Üben in dieser Entscheidung. Wir sind andauernd an einer Weggabelung. Wir können den einen Weg nehmen, aber auch den anderen. Immer müssen wir den richtigen Weg wählen, Augenblick für Augenblick, müssen uns entscheiden zwischen der rosaroten Welt, die wir uns in unserem Kopf zurechtdenken, und dem, was wirklich ist. Und was in einer *zen-sesshin* wirklich ist, das sind oft Müdigkeit, Langeweile und schmerzende Beine. Doch was wir daraus lernen, gerade weil wir mit all diesen Unannehmlichkeiten ruhig dasitzen, ist so wertvoll, daß man es erfinden müßte, wenn es es nicht gäbe. Wenn man Schmerzen hat, kann man nicht in Gedanken abheben. Man muß dabeibleiben. Es bleibt kein Raum zum Ausweichen. Deshalb ist der Schmerz wirklich wertvoll.

Unser *zen*-Übungsweg ist dazu bestimmt, uns zu befähigen, ein gutes und angenehmes Leben zu führen. Doch die einzigen Menschen, die sich wirklich wohl fühlen, sind diejenigen, die gelernt haben, sich nicht in ihren

Träumen zu verlieren und ihrem Leben dabei entrinnen zu wollen, sondern die in dem sind, was hier und jetzt ist, gleichgültig, wie es ist: gut, schlecht, angenehm, unangenehm. Kopfschmerzen, Krankheit, Glück. Es ist kein Unterschied. Ein Kennzeichen des Reifens eines Schülers ist, daß er mit beiden Beinen auf dem Boden steht. Begegnet man einem solchen Menschen, dann spürt man das. Er nimmt das Leben an, wie es wirklich ist, und ergeht sich nicht in Phantasievorstellungen darüber. Deshalb schütteln die Stürme des Lebens ihn schließlich auch weniger heftig. Wenn wir die Dinge so annehmen können, wie sie sind, wird uns nichts mehr besonders aufregen. Und wenn wir uns nicht aufregen, geht es schneller vorbei.

Betrachten wir den Prozeß des Sitzens selbst. Auch hier müssen wir einfach in dem sein, was gerade jetzt geschieht. Sie müssen mir nicht glauben, Sie können es für sich selbst herausfinden. Wenn ich merke, daß ich aus der Gegenwart herausfalle, muß ich nur auf die Verkehrsgeräusche hören. Ich achte darauf, daß mir nichts entgeht. Nichts. Ich höre einfach zu. Und das ist ebenso gut wie ein *koan**, denn es ist das, was in diesem Augenblick geschieht. Als *zen*-Schüler hat man also eine Aufgabe, und die ist sehr wichtig: Das eigene Leben aus einem Traumland in die wirkliche und unendliche Realität, die es eigentlich ist, zurückzuholen. Das ist keine einfache Aufgabe. Sie erfordert Mut. Nur Menschen mit größter Ausdauer können diesen Übungsweg länger als ein Weilchen gehen. Aber wir tun es nicht nur für uns selbst. Vielleicht am Anfang, und das ist auch gut so. Aber in dem

---

* *koan*: paradoxer Sinnspruch in kurzer Versform. Quintessenz der Wahrheit in Form eines (eigentlich unlösbaren) Rätsels, das zur Erleuchtung *(satori)* führen kann. (Anm. d. Übers.)

Maß, wie unser Leben auf den Boden kommt, wirklich wird, im Hier und Jetzt fundiert ist, spüren das andere Menschen unmittelbar, und das, was wir sind, beginnt unsere Umgebung zu beeinflussen.

Wir sind in Wirklichkeit das ganze Universum. Aber bevor man das nicht klar erkannt hat, muß man sich an das halten, was einem der Lehrer als Aufgabe stellt, muß man einen gewissen Glauben an den gesamten Entwicklungsprozeß haben. Es ist nicht nur Glaube, es ist auch etwas wie Wissenschaft. Andere vor Ihnen haben das Experiment schon gemacht, und sie haben ihre Ergebnisse erzielt. Zumindest könnte man sagen: »Nun, dann unternehme ich das Experiment eben einmal. Ich kann es versuchen. Ich kann hart arbeiten.« So viel kann jeder von uns.

Der Buddha ist nichts außer dem, was Sie gerade jetzt in diesem Augenblick sind: Sie lauschen dem Geräusch der Autos, Sie fühlen den Schmerz in Ihren Beinen, Sie hören meine Stimme. Das ist der Buddha. Sie können das nicht festhalten; in dem Augenblick, wo Sie es festzuhalten versuchen, hat es sich schon verändert. Das zu sein, was wir in jedem Augenblick sind, bedeutet beispielsweise, wirklich unser Zorn zu sein, wenn wir zornig sind. Diese Art von Zorn verletzt nie jemanden, er ist vollständig. Wir fühlen ihn wirklich, diesen Knoten in unserem Magen, und wir werden niemand anderem deshalb weh tun. Die Art von Ärger, die andere Menschen verletzt, ist jene, die im Untergrund brodelt, während wir freundlich lächeln.

Wenn Sie sitzen, sollten Sie nicht erwarten, etwas Besonderes zu sein. Wenn wir diese kreisenden Gedanken in unserem Kopf auch nur für ein paar Minuten aufgeben und einfach dasitzen und wahrnehmen, was ist, dann ist diese Gegenwart, die wir sind, wie ein Spiegel. Wir sehen alles. Wir sehen, was wir sind: unsere Bemühungen, gut auszusehen, die Ersten zu sein oder uns zu demütigen. Wir sehen unsere Wut, unsere Angst, unsere Wichtigtuerei, unsere sogenannte Spiritualität. Wirkliche Spiritualität bedeutet, all das einfach zu sein. Wenn wir mit Buddha einfach das sein können, was wir sind, dann verwandelt es sich.

Shibayama Roshi sagte einmal in einer *sesshin*: »Dieser Buddha, den ihr alle sehen wollt, ist sehr scheu. Es ist schwer, ihn hervorzulocken, damit er sich zeige.« Warum? Weil wir der Buddha selbst sind, und weil wir ihn nicht sehen werden, solange wir noch an all diesen überflüssigen Dingen hängen. Wir müssen bereit sein, ganz aufrichtig in uns selbst hineinzuschauen. Wenn wir vollkommen aufrichtig demgegenüber sein können, was jetzt, in diesem Augenblick, geschieht, dann werden wir ihn sehen. Wir können nicht einfach ein kleines Stückchen des Buddha erwischen. Der Buddha kommt ungeteilt. Unser Üben hat nichts mit Dingen zu tun wie: »Oh, ich sollte gut sein, ich sollte freundlich sein, ich sollte dieses oder jenes sein.« Ich *bin*, was ich in diesem Augenblick bin. Und genau dieses So-sein ist der Buddha.

Einmal sagte ich im *zendo** etwas, das viele Leute aufgeregt hat. Ich sagte: »Um diesen Übungsweg zu gehen, müssen wir die Hoffnung aufgeben.« Damit konnten viele überhaupt nichts anfangen. Aber was meinte ich damit? Ich meine, daß wir diese Vorstellung aufgeben müssen, daß wir irgendwie das vollkommene Leben, das für uns das ideale ist, erlangen könnten, wenn wir nur herausfänden, wie es wirklich geht. Das Leben ist so, wie es ist. Und nur, wenn wir diese Ausweichmanöver aufge-

* Meditationssaal

ben, beginnt das Leben, allmählich befriedigender zu werden.

Wenn ich sage, es gilt, die Hoffnung aufzugeben, meine ich damit nicht, daß wir unsere Bemühungen aufgeben sollen. Als *zen*-Schüler müssen wir unglaublich hart arbeiten. Aber wenn ich hart sage, meine ich nicht anstrengend und verkrampft; das ist es nicht. Hart ist es, immer wieder diese Entscheidung treffen zu müssen. Und wenn man intensiv übt und zu vielen *sesshins* kommt, wenn man hart mit einem Lehrer arbeitet und bereit ist, eine Zeitlang diese Entscheidung immer wieder zu treffen, wird man eines Tages die erste kleine Ahnung bekommen, die erste kleine Ahnung davon, was dieser gegenwärtige Augenblick ist. Das kann ein Jahr, zwei Jahre oder zehn Jahre dauern. Und das ist der Anfang. Dieser kleine Blick, diese Ahnung, die eine Zehntelsekunde währt. Das allein aber ist nicht genug. Das erleuchtete Leben besteht darin, es immer zu sehen. Es bedarf vieler, vieler Jahre der Arbeit, in denen wir uns selbst verwandeln, um so zu werden, daß wir das können.

Ich möchte nicht, daß meine Worte entmutigend klingen. Vielleicht haben Sie das Gefühl, es blieben Ihnen nicht mehr genug Jahre, um das zu vollbringen. Aber darum geht es nicht. An jedem Punkt Ihres Übungsweges ist es so, wie es sein soll. Und indem wir üben, wird das Leben allmählich erfüllender, befriedigender, besser, nicht nur für uns, sondern auch für andere Menschen. Aber das ist ein langer, langer Weg. Die Leute haben die merkwürdige Vorstellung, daß sie in zwei Wochen zur Erleuchtung kommen können.

Wir sind der Buddha, schon immer. Daran besteht kein Zweifel. Wie könnten wir etwas anderes sein? Wir sind alle jetzt hier. Wo könnten wir sonst sein? Es geht nur darum, wirklich zu erkennen, was das bedeutet, dieses vollkommene Einssein, diese Harmonie; und darum, das in unserem Leben zum Ausdruck zu bringen. Dazu bedarf es schier endloser Arbeit und Übung. Man braucht Mut dazu. Es ist nicht einfach. Wir müssen wirkliche Hingabe uns selbst und anderen Menschen gegenüber aufbringen.

Natürlich wächst all das mit der Übung, sogar unser Mut. Wir müssen beim Sitzen Schmerzen aushalten, und das hassen wir. Auch ich mag es nicht. Aber wenn wir es geduldig »durchsitzen«, entsteht allmählich etwas in uns. Wenn wir mit einem guten Lehrer arbeiten und erkennen, was sie oder er ist, erleben wir im Üben eine allmähliche Verwandlung. Sie geschieht nicht durch etwas, was wir denken, nicht durch etwas, was wir uns im Kopf vorstellen. Wir werden verwandelt durch das, was wir tun. Was ist es, was wir tun? Wir treffen immerzu diese Entscheidung. Wir geben unsere egozentrischen Träume auf um der Realität willen, die wir wirklich sind.

Zunächst verstehen wir vielleicht gar nicht, was da vorgeht; es ist verwirrend für uns. Als ich die ersten Vorträge von *zen*-Lehrern hörte, dachte ich: »Von was sprechen die eigentlich?« Doch haben Sie genug Vertrauen, um weiterzuüben: Sitzen Sie jeden Tag. Gehen Sie durch all diese Unsicherheiten hindurch. Seien Sie sehr geduldig, und respektieren Sie sich selbst dafür, daß Sie üben. Das ist nicht einfach. Man muß jedem gratulieren, der eine *zen-sesshin* durchsteht. Ich möchte es Ihnen nicht extra schwermachen; ich glaube, daß Menschen, die hierherkommen, um zu üben, ganz erstaunliche Menschen sind. Doch es ist an Ihnen, diese Fähigkeiten, die Sie haben, anzunehmen und mit ihnen zu arbeiten.

Wir sind alle noch kleine Kinder. Unserem Wachsen sind

keine Grenzen gesetzt. Und wenn wir geduldig sind und hart genug arbeiten, haben wir zuletzt vielleicht die Möglichkeit, wirklich etwas für die Welt zu tun. In diesem Einssein, in dem zu leben wir schließlich lernen, finden wir Liebe; nicht irgendso ein verwaschenes Gefühl, sondern Liebe mit wirklicher Kraft. Wir wollen sie in unserem Leben verwirklichen und im Leben anderer Menschen. Wir wollen sie für unsere Kinder, unsere Eltern und unsere Freunde verwirklichen. Deshalb ist es an uns, diese Arbeit zu tun.

Das ist der Weg, der uns bevorsteht. Es liegt an uns, ob wir uns dafür entscheiden, ihn zu gehen. Vielen von Ihnen ist vielleicht nicht klar, was Sie da vor sich haben; es dauert Jahre, bis es einem klar wird, bis man wirklich weiß, was man eigentlich tut. Tun Sie einfach das Bestmögliche. Bleiben Sie dabei, sitzen Sie täglich und kommen Sie zu den *sesshins*, kommen Sie zu den Meditationen; wir wollen alle versuchen, unser Bestes zu geben. Es geht wirklich um etwas Wichtiges: die vollkommene Verwandlung des menschlichen Lebens ist das wichtigste, was wir überhaupt tun können.

Autorität

Ich habe nun jahrelang zu vielen Menschen gesprochen, wundere mich aber immer noch, daß wir aus unserem Leben und Üben solch ein Problem machen. Denn es gibt kein Problem. Das einfach so zu sagen, ist eine Sache. Es zu erkennen, ist natürlich eine andere.

Die letzten Worte des Buddhas waren: »Sei ein Licht, das

für dich selbst leuchtet.« Er sagte nicht: »Lauf diesem oder jenem Lehrer nach, geh in dieses oder jenes Zentrum« — er sagt: »Sei ein Licht für dich selbst.«

Ich möchte hier über das Problem der Autorität sprechen. Entweder sind wir für andere eine Autorität (wir sagen ihnen, was sie zu tun haben), oder wir suchen jemanden, der für uns eine Autorität darstellt (und uns sagt, was wir zu tun haben). Doch wir würden nie nach einer Autorität suchen, wenn wir Vertrauen in uns selbst und in unsere Einsicht hätten. Vor allem, wenn in unserem Leben etwas Unangenehmes, Verwunderliches oder Aufregendes geschieht, glauben wir, wir müßten zu einem Lehrer oder zu einer Autorität laufen, die uns sagen können, was wir zu tun haben. Es amüsiert mich immer, daß, wenn ein neuer Lehrer in die Stadt kommt, alle zu ihm eilen, um ihn kennenzulernen. Ich sage Ihnen, wie weit ich gehen würde, um einen neuen Lehrer zu sehen: vielleicht quer durchs Zimmer, aber weiter nicht! Es liegt nicht daran, daß ich kein Interesse an dieser Person hätte; es gibt nur einfach *niemanden*, der mir etwas über mein Leben sagen kann, außer — wem?

Es gibt keine Autorität außerhalb meiner eigenen Erfahrung.

Sie sagen vielleicht: »Ich brauche aber einen Lehrer, der mich von meinen Leiden befreien kann. Ich leide und verstehe nicht warum. Ich brauche doch jemanden, der mir sagt, was ich tun soll, oder etwa nicht?« Nein! Sie brauchen vielleicht einen Begleiter, einen Führer, jemanden, der Ihnen deutlich macht, wie Sie übend mit Ihrem Leben umgehen können. Was Sie brauchen, ist jemand, der Ihnen klarmacht, daß die Autorität in Ihrem Leben, ihr wirklicher Lehrer, *Sie selbst* sind — und wir üben, um dieses »Ich selbst« zu erkennen.

Es gibt nur einen Lehrer. Was ist dieser Lehrer? Das Leben selbst. Und natürlich ist jeder von uns eine Manifestation des Lebens; wir können gar nichts anderes sein. Das Leben ist zugleich ein strenger und ein unendlich gütiger Lehrer. Es ist die einzige Autorität, der wir vertrauen müssen. Und dieser Lehrer, diese Autorität, ist überall anwesend. Sie müssen nicht an einen besonderen Ort gehen, um diesen unvergleichlichen Lehrer aufzusuchen, Sie müssen sich in keiner besonders ruhigen oder idealen Situation befinden: im Gegenteil. Je chaotischer die Situation, desto besser. Ein durchschnittliches Büro ist ein wunderbarer Ort dafür, ein durchschnittliches Zuhause ebenso. An solchen Orten geht es meistens ziemlich chaotisch zu — das wissen wir aus eigener Erfahrung. Dort finden wir die Autorität, den Lehrer.

Das ist eine sehr radikale Lehre, die nicht jedem paßt. Von solch einer Lehre nehmen viele Menschen Abstand. Sie wollen das nicht hören. Was wollen sie denn hören? Was wollen *Sie* hören? Bevor wir so weit sind (was gewöhnlich heißt, bevor wir gelitten haben und bereit sind, aus dem Leiden zu lernen), sind wir wie junge Vögel in einem Nest. Was tun die jungen Vögel? Sie öffnen ihre Schnäbel und warten, daß sie gefüttert werden. Wir sagen: »Bitte, füttere mich mit deiner wundervollen Lehre. Ich sperre den Mund auf, und du fütterst mich damit.« Damit sagen wir eigentlich: »Wann kommen Mama und Papa? Wann kommt ein großer Lehrer, eine erhabene Autorität, und füttert mich mit dem, was meinen Schmerz, mein Leiden beendet?« Das Erstaunliche ist, daß Mama und Papa schon da sind! Hier, gerade hier. Unser Leben ist immer da! Doch da einem das Leben vielleicht unangenehm, ja beschwerlich, einsam und deprimierend vorkommt, will natürlich kaum einer das Leben, so wie es ist, annehmen.

Fast niemand. Wenn ich beginne, diesen einen Augenblick, die Gegenwart zu erleben, den wahren Lehrer, wenn ich aufrichtig jeden Augenblick meines Lebens *sein* kann, was ich denke, was ich fühle — dann wird sich dieses Erlebnis verwandeln zu dem Annehmen dessen, was »gerade jetzt« ist, der freudigen *samadhi** des Lebens, dem Wort Gottes. Und das ist der *zen*-Übungsweg. Wir müssen das Wort »*zen*« dazu nicht einmal in den Mund nehmen.

Diese Mama und dieser Papa, auf die wir gewartet haben, sind schon hier — jetzt, an diesem Ort. Wir können dieser Autorität gar nicht aus dem Weg gehen, selbst wenn wir wollten. Wenn wir zur Arbeit gehen, ist sie da; wenn wir mit unseren Freunden zusammen sind, ist sie da; in unserer Familie ist sie da; »übe immerzu *za-zen*, bete immerzu«. Wenn wir erkennen, daß jeder Augenblick unseres Lebens der Lehrer ist, können wir gar nicht anders. Wenn wir wirklich jeden Augenblick unseres Lebens *sind*, ist gar kein Platz mehr für einen äußeren Einfluß, für eine Autorität. Wo sollte sie auch sein? Wenn ich mein eigenes Leiden bin, wo ist dann die Autorität? Die Aufmerksamkeit dafür, die Erfahrung, ist die Autorität, sie ist auch die klare Erkenntnis all dessen, was getan werden muß.
Es gibt allerdings noch eine kleine Illusion, der wir alle leicht unterliegen, wenn es um die Frage der Autorität geht. »Nun gut, ich werde meine eigene Autorität sein, danke. Niemand soll mir sagen, was ich zu tun habe.« Was ist daran falsch? »Ich werde meine eigene Autorität sein! Ich werde meine eigenen Vorstellungen über das Le-

---

* *samadhi* (Sanskrit): höchste Stufe der Yoga-Meditation, führt zur Selbstverwirklichung. Nach der Bhagavadgita: Das Selbst in allen Dingen und alle Dinge im Selbst erkennen (Anmerkung d. Übersetzers)

ben entwickeln, meine eigenen Vorstellungen davon, was der *zen*-Übungsweg ist.« Wir laufen alle Gefahr, solchen Unsinn zu denken. Wenn ich versuche, meine eigene Autorität zu sein (in diesem engen Sinn), bin ich ebenso Sklave, wie wenn ich anderen die Autorität überlasse. Doch wenn der andere nicht die Autorität ist und ich nicht die Autorität bin, was dann? Wir haben schon darüber gesprochen, aber wenn es uns nicht wirklich klar ist, kommen wir ins Schwimmen.

Der Flaschenhals der Angst

Die Begrenztheit des Lebens ist bereits bei der Empfängnis gegenwärtig. Schon in den genetischen Faktoren liegen Begrenzungen. Wir sind männlich oder weiblich, wir haben eine Tendenz zu bestimmten Krankheiten oder körperlichen Schwächen. Alle genetischen Elemente wirken zusammen, um ein bestimmtes Temperament hervorzubringen. Jede schwangere Mutter erfährt an sich selbst, daß die Kinder schon vor der Geburt sehr unterschiedlich sind. Für unsere Zwecke jedoch wollen wir bei der Geburt beginnen. Für die Augen eines Erwachsenen ist ein neugeborenes Kind offen und frei von Konditionierungen. In seinen ersten Lebenswochen geht es dem Kleinkind nur darum, zu überleben. Hören Sie, wie ein neugeborenes Kind schreit — es kann leicht die ganze Familie in Trab halten. Es gibt für mich kaum etwas so Fesselndes wie das Schreien eines Neugeborenen. Wenn ich diese Laute höre, möchte ich etwas tun, irgend etwas, damit das Schreien aufhört. Das Baby braucht jedoch nicht lange, um zu lernen, daß trotz seiner anstrengenden Bemühungen das Leben nicht immer angenehm ist. Ich erinnere mich daran, daß ich meinen ältesten Sohn auf den Kopf fallen ließ, als er sechs Wochen alt war. Ich dachte, ich sei doch so eine erfahrene junge Mutter, aber er war glitschig von Seife, und da . . .

Sehr früh beginnen wir alle, uns gegen die bedrohlichen Dinge zu schützen, die uns immer wieder begegnen. Sie erzeugen in uns Angst, und aus dieser Angst heraus beginnen wir, uns zu verkrampfen. Die offene Unbegrenztheit unseres jungen Lebens fühlt sich eingefangen, durch den Flaschenhals der Angst gepreßt. Sobald wir beginnen, sprechen zu lernen, nimmt die Verkrampfung immer mehr und schneller zu. Vor allem aber mit der Entwicklung unserer Intelligenz wird der Prozeß ungeheuer beschleunigt. Wir versuchen dann nicht nur, der Bedrohung zu begegnen, indem wir sie in jeder Zelle unseres Körpers speichern, sondern setzen jede neue Bedrohung zu allen vorangegangenen in Beziehung, indem wir unser Gedächtnis benutzen, und so wird das Ganze immer schlimmer.

Wir alle wissen, wie Konditionierung vor sich geht: nehmen wir an, daß ich als kleines Mädchen erlebte, wie ein rothaariger, großer, kräftiger Junge von fünf Jahren mir mein Lieblingsspielzeug wegnahm. Ich hatte Angst und war schon konditioniert. Und jetzt fühle ich mich jedesmal, wenn mir jemand mit rotem Haar begegnet, aus unerklärlichen Gründen unwohl. Könnte man also sagen, daß die Konditionierung das Problem ist? Eigentlich nicht. Die Konditionierung wird, selbst wenn sie sich oft wiederholt, mit der Zeit abgeschwächt. Deshalb trifft jemand die Sache nicht auf den Punkt, der sagt: »Wenn du nur wüßtest, wie mein Leben war. Es ist kein Wunder, daß ich solche Schwierigkeiten habe. Ich bin so von Angst konditioniert, daß es hoffnungslos ist.« Wahr ist, zugegebenermaßen, daß wir alle immer wieder konditioniert wurden und unter dem Einfluß dieser Erfahrungen die Vorstellung davon, wer wir sind, allmählich revidieren. Da unsere Offenheit und Unbegrenztheit bedroht und eingeengt wurde, entscheiden wir uns dafür, daß unser Selbst angstvolle Verkrampfung ist. Ich revidiere meine Vorstellungen von mir selbst und der Welt und definiere ein neues Selbstbild; und ob dieses neue Bild besagt, daß ich mich füge, nicht füge oder zurückziehe, ist eigentlich gar nicht so wichtig. Wichtig ist meine blinde Entscheidung dafür, daß ich jetzt mein verengtes Selbstbild erfüllen muß, um zu überleben.

Der Flaschenhals der Angst entsteht nicht durch die Konditionierung, sondern durch das Urteil über mich selbst, zu dem ich aufgrund dieser Konditionierung gekommen bin. Da dieses Urteil aus unseren Gedanken zusammengesetzt ist und sich in körperlicher Verkrampfung äußert, kann es glücklicherweise mein Lehrer sein, wenn ich mich selbst in diesem gegenwärtigen Augenblick erlebe. Es ist nicht immer unbedingt notwendig, daß ich verstandesmäßig weiß, worin meine Konditionierung bestand, auch wenn das sehr hilfreich sein kann. Wichtig ist, daß ich erkenne, welche Gedanken ich jetzt immer noch hartnäckig wiederhole, und wie sich mein Körper jetzt noch, heute, verkrampft. Indem ich beim *za-zen* diese Gedanken wahrnehme und die Verkrampfung meines Körpers erfahre, wird der »Flaschenhals der Angst« erkennbar. Und dadurch schwindet meine falsche Identifikation mit einem begrenzten Selbst allmählich dahin, die Entscheidung wird aufgehoben. Mehr und mehr kann ich das sein, was ich wirklich bin: ein Nicht-Selbst, eine offene und unbegrenzte Antwort auf das Leben. Mein wahres Selbst, das ich vor so langer Zeit aufgegeben und beinahe schon vollständig vergessen hatte, kann wieder in Wirkung treten, jetzt, wo ich sehe, daß der Flaschenhals der Angst eine Illusion ist.

Ich werde gerade an die beiden berühmten Gedichte über einen Spiegel erinnert (das eine von einem Mönch, der ein Lieblingsschüler des fünften Patriarchen war und das andere von einem Unbekannten, der der sechste Patriarch werden würde). Diese Verse wurden geschrieben, damit der fünfte Patriarch urteilen konnte, ob der Verfasser erleuchtet sei. Das Gedicht des Mönchs (jenes, das vom fünften Patriarch nicht als Wahrheit erkannt wurde), besagte, daß das Üben darin besteht, den Spiegel zu putzen, mit anderen Worten: indem wir den Staub von unseren irrenden Gedanken und Handlungen wischen, kann der Spiegel wieder glänzen — wir sind gereinigt. Das andere Gedicht (jenes, das dem fünften Patriarchen die tiefe Einsicht des Mannes enthüllte, den er als seinen Nachfolger wählen sollte) besagte, daß vom Anfang an gar kein Spiegel da war, den man putzen und nichts, woran sich Staub festsetzen könnte . . .*

* Die beiden Gedichte lauten:

>>Dieser Leib ist der Bodhibaum,
Die Seele ist wie klarer Spiegel,
Sorge dafür, ihn allezeit rein zu halten,
Laß keinen Staub auf ihm sich niederschlagen.<<

und:

>>Bodhi (wahre Weisheit) ist nicht wie ein Baum;
Nirgends strahlt der Glanz des Spiegels:
Da nichts vom Anfang an besteht,
Wo sollte sich Staub sammeln?<<

(zit. nach Daisetz T. Suzuki, »Die große Befreiung«, München 1976. — Anm. d. Übers.)

Während nun die Verse des sechsten Patriarchen eine wahre Erkenntnis zeigen, besteht das Paradox für uns darin, daß wir mit dem Vers üben müssen, der *nicht* angenommen wurde: wir müssen den Spiegel reinigen; wir müssen uns unserer Gedanken und Handlungen bewußt sein; wir müssen erkennen, wie falsch wir auf das Leben reagieren. Nur dadurch können wir sehen, daß der Flaschenhals der Angst von Anfang an eine Illusion ist. Und natürlich müssen wir nicht kämpfen, um uns von einer Illusion zu befreien. Aber wir können und werden das erst einsehen, wenn wir den Spiegel unaufhörlich reinigen. Manche Leute sagen: »Es muß gar nichts getan werden. Üben (Reinigen des Spiegels) ist nicht notwendig. Wenn man klar sieht, ist es Unsinn, diese Disziplin auf sich zu nehmen.« Nun ... wir sehen aber nicht klar genug, und weil wir nicht klar sehen, machen wir uns selbst und anderen Schwierigkeiten. Wir müssen üben, wir müssen den Spiegel reinigen, bis wir im Innersten die Wahrheit unseres Lebens erkannt haben. Dann können wir erkennen, daß von Anfang an kein Mangel da war. Unser Leben ist immer offen, weit und fruchtbar. Doch machen wir uns nichts vor: wir müssen lange aufrichtig geübt haben, bevor wir das so klar sehen können wie die Nase in unserem Gesicht.

Ich vermittle Ihnen also in Wirklichkeit eine optimistische Einstellung zum Üben, selbst wenn das Tun zeitweise entmutigend und schwierig sein mag. Dabei müssen wir uns allerdings fragen, ob wir überhaupt die Wahl haben? Entweder sterben wir, denn wenn wir sehr lange im Flaschenhals der Angst stecken, werden wir ersticken — oder wir gewinnen allmählich Erkenntnis auf dem Weg durch diesen Flaschenhals und können uns aus ihm befreien. Ich glaube nicht, daß wir da viel zu überlegen haben.

II. DAS ÜBEN

Was Üben nicht ist

Viele Menschen üben und haben sehr genaue Vorstellungen davon, was Üben ist. Ich möchte von meinem Standpunkt aus feststellen, was Üben *nicht* ist.

Zunächst geht es beim Üben nicht darum, psychologische Veränderungen zu bewirken. Wenn wir mit unseren Verstandeskräften üben, wird eine psychologische Veränderung in Gang kommen, das stelle ich nicht in Frage — nein, es ist sogar etwas sehr Schönes. Ich meine nur, daß man nicht übt, um solche Veränderungen zu bewirken.

Beim Üben geht es nicht darum, verstandesmäßig zu erfassen, was das physische Wesen der Wirklichkeit ist, woraus das Universum besteht, und wie es funktioniert. Natürlich werden wir beim ernsthaften Üben auch Wissen über solche Dinge erlangen können. Aber darum geht es nicht.

Das Üben zielt nicht darauf ab, einen Zustand der Glückseligkeit zu erlangen. Auch um Visionen geht es nicht. Es geht nicht darum, ein weißes (oder rosafarbenes oder blaues) Licht zu sehen. All das kann geschehen, und wenn wir lange genug sitzen, wird es wahrscheinlich auch geschehen. Aber darum geht es beim Üben nicht.

Es geht beim Üben nicht darum, besondere Kräfte zu erlangen oder zu kultivieren. Es gibt vielerlei Kräfte dieser Art, und wir haben schon von Natur aus einige von ihnen, manche Menschen in besonders hohem Maß. Im *zen*-Center von Los Angeles hatte ich manchmal die nützliche Fähigkeit, sehen zu können, was es zwei Räume weiter zum Essen gab. Gab es etwas, das ich nicht mochte, ging ich gar nicht erst hin. Solche Fähigkeiten sind kleine Kuriositäten, aber auch sie sind nicht etwas, um dessentwillen man übt.

Beim Üben geht es nicht um persönliche Kraft oder *jōriki*, die Stärke, die sich nach Jahren des Sitzens entwickelt. Auch *jōriki* ist ein natürliches Ergebnis von *za-zen*, etwas, das sich nebenbei entwickelt. Aber auch das ist nicht der Weg.

Man übt nicht, um angenehme, glückliche Empfindungen zu erzeugen. Es geht nicht darum, sich gut zu fühlen im Gegensatz zum Mißbehagen. Es ist nicht der Versuch, etwas Besonderes zu sein oder irgend etwas Besonderes zu fühlen. Das Ergebnis und der Sinn des Übens ist es auch nicht, immer ruhig und gefaßt zu sein. Natürlich werden wir das nach Jahren des Übens viel öfter sein, aber es ist nicht der Kern der Sache.

Beim Üben wollen wir nicht einen körperlichen Zustand erzeugen, in dem wir nie krank sind, in dem uns nie irgendwelche lästigen Leiden plagen. Das Sitzen wirkt sich für viele Menschen gesundheitlich gut aus, wobei es aber auch während der Zeit des Übens geschehen kann, daß man monate- oder sogar jahrelang große gesundheitliche Probleme hat. Und ich wiederhole: es geht nicht darum, vollkommene Gesundheit zu suchen, auch wenn im großen und ganzen im Laufe der Zeit sich bei den meisten Menschen eine bessere Gesundheit einstellt. Es gibt keine Garantie!

Beim Üben geht es nicht darum, einen allwissenden Zustand zu erreichen, indem man zu einer Autorität wird, die über alle weltlichen Probleme erhaben ist. Vielleicht entsteht ein bißchen mehr Klarheit über solche Dinge, doch selbst kluge Leute haben schon törichte Dinge gesagt und getan. Also, auch Allwissenheit ist es nicht.

Beim Üben geht es nicht darum, »spirituell« zu sein, zumindest nicht in dem Sinn, wie dieses Wort auch verstanden wird. Beim Üben geht es überhaupt nicht darum, irgend etwas zu sein. Wenn wir also meinen, wir könnten anstreben, »spirituell« zu werden, kann das eine sehr verführerische und schädliche Zielsetzung sein.

Beim Üben geht es nicht darum, alle möglichen guten Eigenschaften zu betonen und sich von sogenannten schlechten zu befreien. Niemand ist gut oder schlecht. Der Kampf darum, gut zu sein, ist nicht Sinn des Übens. Solch eine Art von Training ist eine subtile Form von Athletik.

Wir könnten diese Liste fast endlos fortsetzen. Doch jeder, der übt, unterliegt solchen Täuschungen. Wir alle hoffen, uns verändern zu können und irgendwo hinzugelangen, doch das ist schon der grundlegende Irrtum. Schon wenn wir diesen Wunsch zum Gegenstand unserer Konzentration machen, klärt er sich, und die Basis des Übens in unserem Leben ändert sich. Wir beginnen zu verstehen, daß unser verzweifelter Wunsch, besser zu werden, ein Ziel zu erreichen, in sich selbst schon eine Illusion ist, eine Quelle des Leidens.

Wenn unser Schiff voller Hoffnung, Illusionen und Ehrgeiz (ein Ziel zu erreichen, spirituell zu sein, vollkommen zu sein, erleuchtet zu sein) kentert, was ist dann das leere Boot? Wer sind wir? Was können wir über unser Leben erkennen? Und was *ist* Üben eigentlich?

Üben ist etwas sehr Einfaches. Das heißt aber nicht, daß es Ihr Leben nicht vollkommen auf den Kopf stellen wird. Ich möchte noch einmal betrachten, was wir tun, wenn wir sitzen oder *za-zen* üben. Und wenn Sie glauben, daß Sie schon über das Stadium hinaus sind, wo man sich noch mit so etwas befaßt, nun, dann denken Sie das ruhig. Das Sitzen ist im Grunde Raum für das Einfache. Unser tägliches Leben ist in unaufhörlicher Bewegung: Immer ist irgend etwas los, immer sprechen Menschen, immer geschieht etwas. Sind wir darin befangen, ist es sehr schwer, zu spüren, was wir eigentlich in unserem Leben sind. Wenn wir die Situation vereinfachen, wenn wir die Äußerlichkeiten wegschieben und uns vom klingelnden Telefon, vom Fernsehen, von den Menschen, die uns besuchen, von dem Hund, mit dem man spazierengehen muß, zurückziehen, haben wir eine Chance, uns selbst zu sehen, und das ist zweifellos das Wichtigste, was es geben kann. Meditation dreht sich nicht um einen Zustand, sondern um den Meditierenden. Es geht dabei nicht um irgendeine Aktivität oder darum, etwas festzuhalten, etwas zu erreichen. Es geht um uns selbst. Wenn wir die Situation nicht vereinfachen, ist die Chance, daß wir uns einmal in Ruhe betrachten können, sehr klein — denn wir neigen dazu, nicht uns selbst, sondern alles andere anzusehen. Wenn etwas schiefgeht, was schauen wir an? Wir sehen das an, was schiefgegangen ist, und gewöhnlich jene anderen, von denen wir glauben, sie hätten es verursacht. Wir schauen immerzu nach draußen und nicht auf uns selbst.

Wenn ich sage, daß es bei der Meditation um den Meditierenden geht, meine ich damit nicht, daß wir uns in Selbstanalyse ergehen. Darum handelt es sich auch nicht. Was tun wir denn eigentlich?

Wenn wir die beste Haltung eingenommen haben, also harmonisch im Gleichgewicht und locker sind, sitzen wir einfach da und üben *za-zen*. Was meine ich damit, wenn ich sage, wir sitzen einfach da? Es ist die herausforderndste Aktivität, die es überhaupt gibt. Gewöhnlich schließen wir die Augen bei der Meditation nicht. Doch jetzt möchte ich Sie bitten, Ihre Augen zu schließen und einfach dazusitzen. Was geschieht? Alles mögliche. Ein kleines Zwicken in Ihrer linken Schulter, ein Druck in der Hüftgegend ... Lenken Sie Ihre Aufmerksamkeit einen Augenblick auf Ihr Gesicht. Spüren Sie es. Ist es irgendwo angespannt? Um den Mund herum, an der Stirn? Jetzt gehen wir ein wenig tiefer. Nehmen Ihren Hals wahr, spüren Sie ihn einfach. Dann Ihre Schultern, Ihren Rücken, Ihre Brust, Ihren Bauch, Ihre Arme, Ihre Hüften. Bleiben Sie dabei zu spüren, was immer Sie spüren. Und nehmen Sie Ihren Atem wahr, wie er kommt und geht. Versuchen Sie ihn nicht zu kontrollieren, nehmen Sie ihn einfach wahr. Instinktiv wollen wir zunächst den Atem kontrollieren. Aber lassen Sie ihn einfach das sein, was er ist. Vielleicht ist er ganz oben in der Brust. Vielleicht in der Mitte, vielleicht tiefer unten. Vielleicht fühlt er sich angespannt. Erleben Sie ihn einfach, wie er ist. Und jetzt spüren Sie einfach alles. Wenn ein Auto vorbeifährt, hören Sie es. Wenn ein Flugzeug über uns hinwegfliegt, nehmen Sie es wahr. Vielleicht hören Sie auch einen Kühlschrank aus- und angehen. Seien Sie einfach das, was Sie wahrnehmen. Das ist alles, was Sie zu tun haben, wirklich alles: erleben Sie es, und bleiben Sie dabei. Und jetzt können Sie die Augen wieder öffnen.

Wenn es Ihnen gelingt, drei Minuten lang nur das zu tun, ist das schon beinahe ein Wunder. Gewöhnlich beginnen wir nach etwa einer Minute zu denken. Unser Interesse daran, einfach bei dem zu sein, was wirklich ist (also das, was Sie gerade getan haben), ist sehr gering. »Wollen Sie sagen, daß es bei *za-zen* um nichts anderes als das geht?« Das gefällt uns nicht. »Aber wir wollen doch zur Erleuchtung gelangen!« Unser Interesse an der Wirklichkeit ist außerordentlich gering. Nein, wir wollen denken, wir wollen uns Sorgen machen über all das, was uns beschäftigt. Wir wollen uns das Leben vorstellen. Und bevor wir kennenlernen, worum es eigentlich geht, haben wir den gegenwärtigen Augenblick vollständig vergessen; wir sind ins Nachdenken über irgend etwas abgeglitten: über unseren Freund, unsere Freundin, unser Kind, unseren Chef, über das, wovor wir im Augenblick Angst haben ... und schon sind wir weit weg! Es ist gar nichts Böses an diesen Phantasiegespinsten, nur geht uns etwas anderes dabei verloren, wenn wir uns darin verlieren. Wenn wir uns im Grübeln verlieren, wenn wir träumen, was haben wir dann verloren? Wir haben die Wirklichkeit verloren. Unser Leben ist uns entgangen.

Und das ist es, was die Menschen meistens tun. Und wir tun es nicht etwa nur manchmal, nein, wir tun es immer. Warum? Sie kennen die Antwort natürlich. Wir tun es, weil wir versuchen, uns zu schützen. Wir versuchen uns von den Schwierigkeiten, die wir gerade haben, zu befreien oder sie zumindest zu verstehen. Es ist ja auch nicht falsch, wenn wir solche egozentrischen Gedanken haben, es sei denn, wir identifizierten uns mit ihnen, weil dann unsere Wahrnehmung der Wirklichkeit blockiert ist. Was also sollen wir tun, wenn diese Gedanken entstehen? Wir sollten sie, die Gedanken, benennen. Seien Sie sehr genau bei dieser Benennung. Nicht nur »Ich denke nach« oder »Ich mache mir Sorgen«, sondern eine ganz spezifische Benennung. Beispielsweise: »Ich denke, daß sie mir auf der Nase herumtanzt.« »Ich denke, daß er sehr ungerecht zu mir ist.« »Ich denke, daß ich nie etwas richtig mache.« Seien Sie genau. Und wenn die Gedanken so durcheinanderpurzeln, daß Sie ganz wirr davon werden, nennen Sie das ganze Durcheinander einfach »Verwirrung«. Wenn Sie nicht nachlassen in dem Versuch, einen ganz bestimmten Gedanken herauszukristallisieren, wird Ihnen das früher oder später bestimmt gelingen.

Üben wir so, dann lernen wir uns selbst kennen, erfahren, wie unser Leben funktioniert, und was wir damit tun. Merken wir, daß bestimmte Gedanken Hunderte Male wiederauftauchen, erfahren wir etwas über uns selbst, was wir vorher nicht wußten. Vielleicht denken wir unaufhörlich über die Vergangenheit oder über die Zukunft nach. Manche Menschen denken immer über irgendwelche Ereignisse nach, manche immer über andere Leute. Manche denken immer über sich selbst nach. Die Gedanken mancher Menschen sind fast immer Urteile über andere, und wenn wir nicht vier oder fünf Jahre lang geübt haben, unsere Gedanken genau zu benennen, kennen wir uns selbst nicht sehr gut. Wenn wir aber unsere Gedanken genau und sorgfältig »etikettieren«, was geschieht dann mit ihnen? Sie beginnen sich zu beruhigen. Wir müssen uns gar nicht anstrengen, sie loszuwerden. Wenn sie sich beruhigen, kehren wir zur Erfahrung des Körpers und des Atems zurück, wieder und wieder. Ich kann gar nicht oft genug betonen, daß wir das nicht dreimal machen, sondern zehntausendmal, und indem wir es tun, verwandelt sich unser Leben. Das ist eine theoretische Beschreibung des *za-zen*. Es ist sehr einfach; nichts Kompliziertes ist daran.

Stellen wir uns jetzt eine Situation aus dem Alltagsleben vor. Nehmen Sie an, Sie arbeiten in einem Planungsbüro und erfahren, daß die öffentlichen Mittel gestrichen werden und Ihr Vertrag deshalb wahrscheinlich nicht verlängert werden kann. Sie sagen sich: »Ich werde meine Stelle verlieren, ich werde mein Einkommen verlieren, wo ich doch eine Familie zu ernähren habe. Das ist schrecklich!« Was passiert? Sie beginnen, Ihr Problem im Kopf herumzuwälzen. »Wie wird es weitergehen, was soll ich nur tun?« Und die Sorgen kreisen schneller und schneller in Ihrem Kopf.

Es ist nicht schlecht, wenn man vorausplant; wir müssen planen. Aber wenn wir uns aufregen, planen wir nicht einfach. Unsere Gedanken bekommen etwas Zwanghaftes. Wir drehen und wenden das Problem hundertfach. Wenn wir nicht darin geübt sind, mit unseren sorgenvollen Gedanken umzugehen, bringen die Gedanken ein Gefühl hervor, und wir werden noch erregter. Jede emotionale Erregung wird durch Gedanken ausgelöst. Und wenn wir zulassen, daß das eine ganze Weile lang geschieht, werden wir oft sogar physisch krank oder seelisch deprimiert. Wenn unser Kopf sich nicht bewußt mit einer Situation auseinandersetzt, muß der Körper es tun. Er wird uns den Ausweg zeigen. Es ist, als sagte unser Körper uns: »Wenn du dich nicht darum kümmerst, dann muß ich es wohl tun.« Und so produzieren wir unsere nächste Erkältung, unsere nächste Unbesonnenheit, unser nächstes Magengeschwür — genau das, was zu uns paßt. Ein Geist, der nicht wach und bewußt ist, bringt Krankheit hervor. Das ist jedoch kein Grund zur Kritik. Ich kenne niemanden, der nicht krank wird, auch ich werde krank. Wenn unser Wunsch, uns Sorgen zu machen, stark ist, schaffen wir Schwierigkeiten. Durch regelmäßiges Üben tun wir das etwas weniger. Alles, was uns nicht bewußt ist, wird sich in unserem Leben auf die eine oder andere Weise auswirken.

Vom menschlichen Standpunkt aus kann in unserem Leben auf zweierlei Art etwas schiefgehen: das eine sind äußere Ereignisse, und das andere Dinge, die in uns geschehen, z. B. physische Krankheit. Beides gehört zu unserem Üben, und wir gehen mit beidem gleich um. Wir benennen all die Gedanken, die in Zusammenhang mit diesen Dingen auftauchen und erleben sie in unserem Körper. Dieser Prozeß geschieht beim Sitzen, beim *za-zen*.

Es klingt sehr einfach, wenn man darüber spricht. Aber es ist unaussprechlich schwierig, es zu tun. Ich kenne niemanden, dem es immerzu gelingt. Ich kenne aber ein paar Menschen, die es sehr oft schaffen. Doch wenn wir auf diese Weise üben und uns all dessen bewußt werden, was unser Leben bestimmt (sei es von innen oder von außen), beginnt sich unser Leben zu wandeln. Wir gewinnen Kraft und Erkenntnis und leben sogar manchmal im Zustand der Erleuchtung, was einfach bedeutet, das Leben wahrzunehmen, wie es ist. Es ist nichts Geheimnisvolles daran.

Wenn Sie gerade erst mit dem Übungsweg begonnen haben, müssen Sie wissen, daß fünfzehn Minuten Sitzen auf diesem Kissen bereits ein Sieg ist. Es ist schon sehr viel, gelassen dazusitzen, einfach dazusein.

Wenn wir Angst vor dem Wasser hätten und nicht schwimmen könnten, wäre der erste Sieg, wenn wir uns einfach ins Wasser tauchen würden. Der nächste Schritt wäre dann vielleicht, daß wir unser Gesicht naß machen. Bei einem geübten Schwimmer jedoch wäre die Herausforderung, ob er bei der nächsten Armbewegung die Hand in einem bestimmten Winkel ins Wasser tauchen kann. Bedeutet das, daß der eine Schwimmer besser und der andere schlechter ist? Nein. Beide sind an dem Punkt, wo sie sind, gut. Es geht nicht darum, besser zu sein. Manchmal sagen die Leute nach einem Vortrag mit mir: »Das verstehe ich nicht.« Und auch das ist gut so. Unsere Erkenntnis wächst im Laufe der Jahre; an dem Punkt jedoch, an dem wir gerade sind, sind wir vollkommen.

Wir beginnen zu lernen, daß es nur eines im Leben gibt, auf das wir uns verlassen können. Und was ist dieses Eine, auf das wir uns verlassen können? Wir könnten sagen: »Ich verlasse mich auf meinen Mann (meine Frau).« Wir mögen unseren Ehepartner lieben, aber wir können uns nie vollkommen auf ihn verlassen, denn ein anderer Mensch ist (wie wir selbst) immer in gewissem Maß unverläßlich. Es gibt auf der Welt keinen Menschen, auf den wir uns vollständig verlassen können, obwohl wir natürlich andere Menschen lieben und uns an ihnen erfreuen können. Auf was aber können wir uns dann verlassen? Wenn es kein Mensch ist, was ist es dann? Auf was können wir im Leben bauen? Ich fragte das einmal jemanden, und diese Frau sagte: »Auf mich selbst.« Können Sie sich auf sich selbst verlassen? Selbstvertrauen ist etwas Schönes, aber auch das ist immer begrenzt.

Es gibt aber etwas im Leben, auf das Sie sich immer verlassen können: das Leben, wie es ist. Werden wir etwas konkreter. Nehmen wir an, es gibt etwas, das ich sehr gerne möchte: vielleicht möchte ich einen bestimmten Menschen heiraten oder ein bestimmtes Diplom, eine Auszeichnung bekommen, oder ich möchte, daß mein Kind gesund und glücklich ist. Das Leben, wie es ist, ist aber vielleicht ganz das Gegenteil von dem, wie ich es haben möchte. Wir wissen nicht, ob wir diesen Menschen heiraten werden. Und wenn, könnte er ja morgen sterben. Wir bekommen unser Diplom, unsere Auszeichnung vielleicht, vielleicht aber auch nicht. Wahrscheinlich werden wir es bekommen, aber wir können nicht darauf zählen. Wir können auf gar nichts zählen. Das Leben wird immer das sein, was es ist. Warum können wir uns also nicht darauf verlassen? Was ist daran so schwer? Warum fühlen wir uns dabei nie wirklich wohl? Nehmen Sie an, Ihr Haus wurde durch ein Erdbeben zerstört, Sie haben Ihren Arm verloren und alle Ihre Besitztümer. Können Sie sich dann auf das Leben verlassen, so wie es ist? Können Sie es *sein*?

Den Dingen so zu vertrauen, wie sie sind, ist das Geheimnis des Lebens. Aber das wollen wir nicht hören. Ich kann absolut das Vertrauen haben, daß mein Leben im nächsten Jahr sich verändern wird, aber doch immer das sein wird, was es ist. Wenn ich morgen einen Herzinfarkt habe, dann kann ich mich darauf verlassen, denn wenn ich ihn habe, habe ich ihn. Ich kann mich auf den Boden der Tatsachen stellen.

Wenn wir in unsere Gedanken alles investieren, schaffen wir das »Ich«, wie Krishnamurti sagen würde, und dann funktioniert unser Leben nicht mehr. Deshalb versuchen wir, unsere Gedanken zu benennen, um nicht mehr so viel in sie zu investieren. Wenn wir lange genug geübt haben, können wir die Gedanken als reinen Einfluß von der Sinnesebene her erkennen. Und wir können sehen, wie wir die davorliegenden Stadien durchlaufen: zunächst glauben wir, unsere Gedanken seien real, und daraus lassen wir die egozentrischen Emotionen entstehen, woraus wiederum von uns selbst die Barriere geschaffen wird, die uns daran hindert, das Leben zu sehen, wie es ist. Denn wenn wir in egozentrischen Emotionen befangen sind, können wir Menschen und Situationen nicht klar erkennen. Ein Gedanke ist für sich genommen ein Einfluß aus der Sinneswelt, ein Energiefragment. Doch wir haben Angst davor, Gedanken als das zu sehen, was sie sind.

Wenn wir einen Gedanken genau benennen, nehmen wir Abstand von ihm, wir lösen unsere Identifikation mit ihm auf. Es sind Welten zwischen den beiden Sätzen: »Sie ist unmöglich«, und »Ich denke gerade, sie ist unmöglich«. Wenn wir immer wieder versuchen, jeden Gedanken zu benennen, beginnt die Überlagerung durch das Emotionale dahinzuschwinden, und übrig bleibt ein unpersönliches Energiefragment, mit dem wir uns nicht zu verbinden brauchen. Doch solange wir glauben, unsere Gedanken seien wirklich, handeln wir nach ihnen. Und wenn wir nach solchen Gedanken handeln, wird unser Leben getrübt. Üben heißt, damit zu arbeiten, bis es uns in Fleisch und Blut übergegangen ist. Üben heißt nicht, im Kopf zu einer blitzartigen Erkenntnis zu kommen. Es muß wirklich unser Fleisch, unser Blut, unsere Knochen, wir selbst geworden sein. Natürlich müssen wir in einer auf das Leben bezogenen Weise denken: wie wir ein Rezept befolgen, wie wir ein Dach decken, wie wir unsere Ferien planen. Doch die emotional gefärbte, egozentrische Aktivität, die wir Denken nennen, brauchen wir nicht. Sie ist nämlich nicht wirkliches Denken, sondern eine Verzerrung des Denkens.

Im *zen* geht es um ein tätiges, ein intensives Leben. Wenn wir unseren Kopf gut kennen und ebenso die Emotionen, die unser Denken hervorbringt, können wir besser sehen, wie es um unser Leben steht und was getan werden muß; das ist meistens das Nächstliegende. Im *zen* geht es um das Handeln, nicht um ein passives Leben des Nichtstuns. Doch unser Handeln muß sich auf die Realität gründen. Wenn unser Handeln sich auf unser falsches Gedankensystem (das auf unserer Konditionierung basiert) gründet, so ist es nicht auf festen Boden gebaut. Haben wir die Gedankensysteme einmal durchschaut, können wir erkennen, was getan werden muß.

Es geht nicht darum, uns neu zu programmieren, sondern uns von allen Programmen zu befreien, weil wir erkennen, daß sie aller Realität entbehren. Wenn wir uns neu programmieren, heißt das vom Regen in die Traufe kommen. Vielleicht glauben wir dann, eine bessere Programmierung gefunden zu haben; beim *za-zen* geht es jedoch darum, durch überhaupt nichts mehr programmiert zu sein. Nehmen wir an, wir seien auf den Satz programmiert »Ich habe nicht genug Selbstvertrauen«, und nehmen wir weiter an, wir entschlössen uns, diesen Satz durch das neue Programm »Ich habe genug Selbstvertrauen« zu ersetzen. Beides wird im Lebenskampf nicht gut standhalten, denn bei beidem geht es um ein »Ich«. Und dieses »Ich« ist ein sehr zerbrechliches Gebilde — im Grunde etwas Unwirkliches — und deshalb nur allzu leicht aus dem Gleichgewicht zu bringen. Es hat in Wirklichkeit nie ein »Ich« gegeben. Es geht also darum, zu sehen, daß es ein leerer Begriff ist, eine Illusion, also nicht etwas, das man auflösen muß. Wenn ich sage, es sei ein leerer Begriff, dann meine ich damit, daß es keine tatsächliche Wirklichkeit hat; es ist nichts als ein egozentrisches Gedankenspiel.

Den *zen*-Übungsweg zu gehen ist nicht so einfach wie das darüber Sprechen. Selbst Schüler, die recht gut verstanden haben, was sie tun wollen, neigen von Zeit zu Zeit dazu, die Grundlagen des Übens zu verlassen. Doch wenn sie geduldig beim Sitzen ausharren, wird alles andere schon den richtigen Lauf nehmen. Ob wir nun also schon fünf Jahre oder zwanzig Jahre üben oder ob wir gerade erst begonnen haben — wichtig ist, es mit höchster Aufmerksamkeit zu tun.

In den zwanziger Jahren, als ich etwa acht oder zehn Jahre alt war und in New Jersey lebte, wo die Winter sehr kalt sind, hatten wir einen Kohleofen in unserem Haus. Es war ein großes Ereignis für unseren Häuserblock, wenn der Kohlenwagen kam und die Kohlen durch den Schacht in den Keller ablud. Ich lernte, daß es zwei Arten von Kohlen gab, die da in unserem Kellerverschlag lagen: die eine hieß Anthrazit oder Glanzkohle, die andere Braunkohle. Mein Vater erklärte mir den Unterschied anhand der Eigenschaften, mit der die beiden Arten abbrannten. Anthrazit brennt vollständig ab und hinterläßt wenig Asche. Braunkohle hinterläßt viel Asche. Wenn wir Braunkohle verwendeten, wurde der Keller mit Kohlenstaub überzogen, von dem auch etwas hinauf ins Wohnzimmer getragen wurde. Ich erinnere mich noch, was meine Mutter dazu sagte. Abends bereitete mein Vater den Ofen für die Nacht vor, und ich lernte, wie man das machte. Er bedeckte das Feuer mit einer dünnen Schicht Kohle und schloß dann die Luftklappe am Ofen, damit die Glut die Nacht über erhalten bliebe. In der Nacht kühlt das Haus aus, und deshalb muß man morgens das Feuer kräftig schüren und die Luftklappe öffnen, dann kann der Ofen wieder richtig heizen.

Was hat all das mit unserem Übungsweg zu tun? Beim Üben geht es darum, unsere ausschließliche Identifikation mit uns selbst zu durchbrechen. Diesen Prozeß nennt man manchmal Reinigung des Geistes. Um den Geist zu reinigen, muß man nicht heilig werden oder ein anderer als man ist; es bedeutet einfach, das aufzugeben, was einen Menschen — oder einen Ofen — davon abhält, seine Aufgabe so gut wie möglich zu erfüllen. Der Ofen funktioniert am besten mit Glanzkohle: leider sind wir ganz von Braunkohlenasche verschlackt. Es heißt einmal in der Bibel: »Er ist wie ein läuterndes Feuer.« Diese Analogie ist auch in anderen Religionen verbreitet. Eine *sesshin* zu durchleben, bedeutet, sich in ein läuterndes Feuer zu begeben. Eido Roshi sagte einmal: »Der *zendo* ist kein friedlicher Hafen, sondern ein Hochofen, in dem unsere egoistischen Täuschungen verbrannt werden sollen.« Ein *zendo* ist kein Ort, an dem wir glückselig sind oder uns entspannen, sondern eine Feuerprobe. Was ist dazu für uns notwendig? Nur eines. Wir haben alle schon davon gehört. Doch wir benutzen dieses Werkzeug sehr selten. Es heißt *Aufmerksamkeit*.

Aufmerksamkeit ist das schneidende, das brennende Schwert, und bei unserem Üben geht es darum, dieses Schwert so intensiv wie möglich zu benutzen. Niemand ist sehr begeistert von der Vorstellung, es zu benutzen. Doch wenn wir es tun, vielleicht auch nur für ein paar Minuten, fährt es brennend drein. Alles Üben hat zum Ziel, unsere Fähigkeit zur Aufmerksamkeit zu erhöhen, nicht nur beim *za-zen*, sondern in jedem Augenblick unseres Lebens. Beim Sitzen erkennen wir, daß unser begrifflicher Gedankenprozeß ein Phantasieprodukt ist, und je mehr wir das begreifen, desto stärker wird unsere Fähigkeit, die Wirklichkeit aufmerksam wahrzunehmen. Einer der großen chinesischen Meister, Huang Po, sagte: »Wenn Ihr euch nur vom Denken in Vorstellungen und Begriffen befreien könntet, hättet ihr alles erreicht. Doch wenn ihr Schüler des Weges euch von diesem Denken nicht blitzartig in einem Augenblick befreit, wird es euch nie gelingen, selbst wenn ihr eine Ewigkeit danach strebt.« Wir befreien uns vom Denken in Begriffen und Vorstellungen, wenn wir durch ausdauernde Beobachtung die Unwirklichkeit unserer egozentrischen Gedankenspiele erkennen. Dann können wir ruhig und klar bleiben, unberührt von ihnen. Das bedeutet nicht, daß wir gefühl- und leidenschaftslos wären. Es bedeutet, daß wir nicht von den äußeren Umständen gefangengenommen und von den Ereignissen hin und her gerissen werden.

Die meisten von uns haben nicht sehr viel davon verwirklicht. Sobald wir unseren Arbeitstag beginnen, bemerken wir, daß wir keineswegs ruhig sind. Wir haben viele emotionale Meinungen und Urteile über alles — unsere Gefühle sind sehr verletzlich. Wir sind keineswegs ruhig, sachlich, unberührt angesichts dessen, was rings um uns her geschieht. Deshalb ist es von so großer Bedeutung, nicht zu vergessen: das Hauptziel unseres Übens besteht darin, die Gedanken im Feuer der Aufmerksamkeit zu verbrennen, damit unser Leben wirklich von ruhiger Klarheit getragen wird und wir durch die äußeren Umstände so weit wie möglich unberührt bleiben. Ich glaube, niemand hier im Raum kann von sich sagen, daß das für ihn vollkommen zuträfe. Dennoch üben wir gerade dies. Wäre es uns schon gelungen, all unsere Bindungen zu verbrennen, hätten wir es nicht nötig zu üben. Aber ich glaube, daß das keiner von sich sagen kann. Wir brauchen täglich eine angemessene Zeit für *za-zen*, in der wir darauf achten, was in unserem Kopf und in unserem Körper vor sich geht. Wenn wir nicht regelmäßig sitzen, können wir nicht verstehen, daß unser Üben gerade darin besteht, wie wir unser Auto waschen oder wie wir auf unseren Chef reagieren.

Meister Rinzai sagte: »Wir können vergangenes Karma nur auflösen, wenn wir den Bezug zu den gegenwärtigen Umständen finden. Wenn es Zeit ist, uns anzuziehen, laßt uns unsere Kleider anlegen. Wenn wir einen Gang machen sollen, so laßt uns gehen. Wendet auch nicht den geringsten

Gedanken daran, nach der Buddhaschaft zu suchen.« Einmal fragte mich jemand: »Joko, glauben Sie, daß Sie einmal die große und endgültige Erleuchtung erlangen werden?« Ich antwortete: »Ich hoffe, daß mir nie ein solcher Gedanke kommen wird.« Es gibt keinen bestimmten Ort oder Zeitpunkt für die große Erkenntnis. Wie Meister Huang Po sagte: »Unterscheidet auf keinen Fall zwischen dem Absoluten und der Sinneswelt.« Es ist nicht mehr als: das Auto parken, die Kleider anziehen, einen Spaziergang machen. Doch wenn wir Braunkohle verbrennen, erkennen wir das nicht. Braunkohle zu verbrennen, bedeutet, daß die Glut unseres Lebens nicht rein ist. Wir sind dann nicht in der Lage, alle äußeren Umstände, die uns begegnen, vollständig zu verbrennen. Schuld daran ist immer unsere emotionale Bindung an die äußeren Umstände. Wenn beispielsweise Ihr Chef etwas Unvernünftiges von Ihnen fordert — was ist in diesem Augenblick der Unterschied zwischen dem Verbrennen von Braunkohle und dem von Glanzkohle? Oder nehmen wir an, wir suchen nach einer Stelle, aber finden nur etwas, was uns keinen Spaß macht. Oder unser Kind hat Schwierigkeiten in der Schule . . . wenn wir mit solchen Dingen zu tun haben, was ist dann der Unterschied zwischen Braunkohle und Glanzkohle? Wenn wir den Unterschied nicht zumindest erahnen, haben wir unsere Stunden in der *sesshin* vergeudet. Die meisten von uns hier sind hinter der Buddhaschaft her. Aber Buddhaschaft ist nichts anderes, als: wie man mit seinem Chef oder seinem Kind, seinem Geliebten oder seinem Partner umgeht. Ihr Leben ist immer absolut: das ist alles. Die Wahrheit liegt nicht irgendwo anders. Doch unser Kopf beschäftigt sich immer mit der Vergangenheit oder mit der Zukunft. Die lebendige Gegenwart — die Buddhaschaft — wird selten wahrgenommen.

Wenn das Feuer im Ofen zur Glut heruntergebrannt ist und Sie ein hell loderndes Feuer möchten, was müssen Sie dann tun? Sie öffnen die Luftklappe. Wir sind ein Feuer; und wenn der Verstand zur Ruhe kommt, können wir tiefer atmen und mehr Sauerstoff aufnehmen. Wir brennen dann mit einer reineren Flamme, und unser Handeln entspringt dieser reinen Flamme. Anstatt im Kopf zu versuchen, uns zurechtzulegen, wie wir handeln sollen, müssen wir nur unsere Basis reinigen, dann wird das Handeln von selbst in Fluß kommen. Der Kopf kommt zur Ruhe, da wir die Gedanken beobachten, anstatt uns in ihnen zu verlieren. Der Atem wird tiefer, und wenn das Feuer dann wirklich brennt, gibt es nichts, was es nicht verbrennen könnte. Wenn das Feuer stark genug ist, gibt es kein Selbst mehr, denn jetzt verzehrt das Feuer alles; es gibt keine Trennung mehr zwischen dem Selbst und dem Anderen.

Wir glauben natürlich nicht, daß wir nur physische Wesen sind; die Verwandlung jedoch, die beim Sitzen vor sich geht, ist etwas Physisches. Sie ist nicht etwa ein Wunder, das in unserem Kopf vor sich geht. Wenn wir Braunkohle verbrennen, mißbrauchen wir unseren Verstand und beschweren ihn immerzu mit der Schlacke der Phantasien, Meinungen, Wünsche, Spekulationen, Analysen und versuchen auch noch, aus all diesem Durcheinander zum richtigen Handeln zu kommen. Wenn etwas in unserem Leben schiefgeht, was versuchen wir dann? Wir setzen uns hin und möchten unbedingt herausfinden, was los ist. Wir grübeln darüber nach, wir spekulieren. Das funktioniert nicht. Es geht darum, unsere geistigen Verirrungen zu erkennen, die nicht das wahre Denken sind. Wir beobachten unsere emotionalen Gedanken. »Ach, ich kann sie einfach nicht ertragen. Sie ist ein schrecklicher Mensch!« Wir nehmen wahr, nehmen wahr, nehmen wahr. Erst wenn

Körper und Geist zur Ruhe gekommen sind und das Feuer heller brennt, kann wirkliches Denken entstehen und die Fähigkeit, sinnvolle Entscheidungen zu treffen. Auch der schöpferische Funke jeder Art entsteht aus diesem Feuer.

Wir wollen denken. Wir wollen spekulieren. Wir wollen phantasieren. Wir wollen alles durch Grübeln herausfinden. Und wir wollen die Geheimnisse des Universums erkennen. Wenn wir all das tun, schwelt das Feuer, es bekommt nicht genug Sauerstoff. Ist es dann ein Wunder, daß wir geistig und körperlich krank sind? Das Feuer ist so gedrosselt, daß nur Schlacke zurückbleibt. Und diese Schlacke macht nicht nur uns schmutzig, sondern alles. Deshalb ist es wichtig, jeden Tag zu sitzen; die Einsicht in den Prozeß des Verbrennens wird sonst so getrübt und geschwächt, daß das Feuer nur schwelen kann. Wir müssen jeden Tag üben. Selbst zehn Minuten sind besser als überhaupt nicht. Für ernsthafte Schüler sind auch *sesshins* sehr notwendig. Das tägliche Sitzen mag ein schwaches Feuer am Leben erhalten, meist aber können die Flammen nicht wirklich hochschlagen.

Setzen wir also unsere *sesshins* fort. Sie entgehen keinem Gefühl, bevor Sie es nicht überwunden haben: Zorn, Eifersucht, Seligkeit, Langeweile. Beobachten Sie, wie Sie an Ihrem Gefühl des Selbstmitleids hängen, wie Sie an Ihren Problemen hängen, wie Sie an dem »schrecklichen« Zustand Ihres Lebens hängen. Das ist Ihr Drama. Die Wahrheit ist, daß wir unser Drama nur zu sehr lieben. Die Leute sagen zu mir, daß sie von ihren Sorgen frei werden wollen; doch wenn wir im eigenen Saft schmoren, können wir uns selbst als das künstliche Zentrum des Universums betrachten. Wir lieben unser Drama. Wir lieben es, uns zu beklagen, zu leiden, zu jammern. »Ist es nicht schrecklich! Ich bin so einsam! Niemand liebt mich.« Wir genießen unser Braunkohlenfeuer. Doch der Schmutz unseres Schwelbrandes kann für uns selbst wie für die anderen tragisch sein. Laßt uns richtig üben.

Der Drang nach Erleuchtung

Eine Lieblingsstelle von mir aus dem *Shōyo Rōku* heißt: »Dem verdorrten Baum entsprießt eine Blüte.« Wenn alles menschliche Streben und Bedürftigsein ein Ende nimmt, bleiben Weisheit und Mitleid übrig. Das ist das Buddha-Sein. Ich persönlich zweifle daran, daß es je einen Menschen gab, der diesen Zustand vollständig verwirklicht hatte. Nun, vielleicht gab es in der Geschichte der Menschheit einige. Aber wir verwechseln Menschen, die große Macht und Erkenntnis haben, mit der Wirklichkeit eines vollkommen erleuchteten Buddha. So lassen Sie uns also sehen, wie der Prozeß des Buddha-Werdens sein könnte, entwickeln wir es.

Für dieses erleuchtete (und vielleicht hypothetische) Wesen gäbe es keine Grenzen. Es gäbe nichts im Universum, über das dieses Wesen nicht mit Berechtigung sagen könnte: *Namu Dai Bosa* »Eins mit dem großen erleuchteten Wesen«. Sie und ich können das wahrhaftig nicht für alles behaupten. Alles, wozu wir befähigt sind, ist, unsere Anlage dazu zu erweitern. Doch der Buddha wäre ein Geschöpf, das ohne Grenzen und Schranken mit allem im Universum eins sein könnte.

Vor solch einer vollständigen Erleuchtung steht das Stadium des vollständig integrierten Menschen. Natürlich gibt es für den Betreffenden noch Begrenzungen, so daß seine Integration da und dort noch Unvollkommenheiten aufweist. Dennoch ist es ein Zustand, den man die Integration von Geist und Körper nennen könnte. Er ist wunderbar und selten. Die meisten von uns befinden sich in Stadien, die dem vorangehen, und das heißt, daß wir noch nicht einmal ganz in unserem eigenen Körper sind. Jede Spannung im Körper bedeutet, daß wir nicht in ihm leben. Wir werden nicht behaupten, daß wir ein Körper sind, sondern daß wir einen Körper haben. Vor diesem existiert ein Stadium, in dem wir überhaupt nicht in unserem Körper sind und uns nur für Geist und Verstand halten. In einem noch früheren Stadium erkennen wir nicht einmal unseren ganzen Verstand. Auch von ihm spalten wir etwas ab.

Wir sehen und verstehen gerade soviel, wie unsere Konditionierung es uns bis jetzt erlaubt. Das letzte Stadium, das ich erwähnte, ist so, daß alles, was darüber hinausführen würde, Angst erzeugt. Wird es zu früh nahegebracht, hat es verheerende Folgen. Und hier begegnen wir auch vielen der merkwürdigen und schädlichen Wirkungen des Übens. Für einen eingeschränkten Menschen sieht das Universum wie ein winziges Lichtpünktchen aus. Begegnet solch ein Mensch einem Licht, das so hell ist wie die Sonne, kann er wahnsinnig werden, was manchmal ja auch geschieht.

Ich habe schon *sesshins* erlebt, in denen geschrien und gedrängt wurde: »Du mußt es schaffen, du mußt sterben!« Und dann weinen die Leute die ganze Nacht, und es mag für ein paar Menschen, die solchen Druck aushalten, auch ganz gut sein, doch andere wiederum sind nicht darauf vorbereitet. Aber sie sind bemüht, konzentrieren sich und schaffen den Durchbruch, sie lassen alle frühen Entwicklungsstadien hinter sich und erkennen einen Augenblick lang, wie in einer Offenbarung. Ist das gut? Nein, nicht unbedingt. Für jene, die bereit sind, ist diese Erfahrung das Schönste, was es auf der Welt gibt. Sie ahnen sie voraus, und sind dann auch offen, sie anzunehmen. Aber für jemanden, der unvorbereitet ist, wird sich das sehr schädlich auswirken. Es kommt nichts Gutes dabei heraus, vielleicht sogar das Gegenteil.

Der Lehrer versucht vielleicht absichtlich, die Sicht des Schülers zu verengen und zu konzentrieren, indem er ihn anleitet, mit einem *koan* wie Mu* zu arbeiten. Doch jemand, der emotional für solch eine Aufgabe noch nicht bereit ist, sollte lieber auf eine andere Weise eingeführt werden. Man muß sehr vorsichtig sein; eine verfrühte Erfahrung der Erleuchtung ist nicht notwendigerweise gut. Solch eine Erfahrung bringt uns die Erkenntnis, daß wir nichts sind (nicht-selbst) und daß das Universum aus nichts als aus Veränderung besteht. Wir begegnen dieser großen elementaren Kraft, die wir selbst sind. Erkennt man das, wenn man dazu bereit ist, so wirkt es ungeheuer befreiend. Aber ein Mensch, der noch nicht offen dafür ist, fühlt sich dadurch ausgelöscht. Und selbst ein Mensch, der für solch eine Erfahrung bereit ist, muß vielleicht noch jahrelang üben, um die übersprungenen Reifegrade zu erfüllen.

Manche Lehrer haben reiche Erfahrung mit fortgeschrittenen Stadien, nicht aber mit den frühen. Natürlich erkennen sie. Aber diese Erkenntnis kann, wenn sie nicht gegründet und eingeordnet wird, Schaden anrichten und bringt keineswegs Harmonie und Frieden.

---

* Mu: Ein *koan*, das oft neuen Schülern gegeben wird, um ihre Konzentration auf einen Punkt zu lenken. Seine wörtliche Übersetzung: »Nein« oder »Nichts« läßt seine Bedeutung in der *zen*-Praxis nur erahnen.

Wir stellen uns vielleicht vor, daß die Erleuchtung so ist, als bekäme man ein Stück Geburtstagskuchen. Doch es hat einmal jemand von solch einer Erfahrung als von einem schrecklichen Schatz gesprochen. Wenn die Struktur nicht stark genug ist, sie zu tragen, bricht vielleicht die ganze Struktur zusammen. Es hat keinen Sinn, mit jemand x-beliebigem anzufangen und ihn dorthin zu drängen. Manche Lehrer verstehen das nicht: sie arbeiten intuitiv, doch mangelt es ihnen an der Einsicht in die Unterschiede zwischen den Menschen. Vor vielen Jahren fragte ich eine große Pianistin: »Wie kann ich diese Passage besser spielen? Ich habe damit Schwierigkeiten.« Und sie antwortete: »Ach, das ist kinderleicht, machen Sie es ganz einfach so.« Für sie war es klar und einfach, doch ihre Worte nützten mir nichts; die Schwierigkeiten blieben.

Ich möchte Sie bitten, geduldig zu sein. Ich begegne manchmal Menschen, die lange Zeit geübt haben, die über Kraft und einige Erkenntnis verfügen, bei denen aber doch vieles im argen liegt, da ihre Entwicklung nicht ausgeglichen verlief. Diese Ausgeglichenheit ist nicht leicht zu erreichen. Während wir üben, erkennen wir allmählich, wie kompliziert wir sind. Und wir stoßen in unserem komplizierten Selbst an verschiedene Klippen und brauchen Menschen mit Erfahrung, die uns helfen können. Im *zen* lösen sich nicht alle Probleme. Wenn die Intensität des Übens zu stark wird, und das zu rasch, besteht die Gefahr, daß wir aus dem Gleichgewicht kommen, und wir müssen deshalb ein wenig langsamer vorgehen. Wir sollten nicht zu viel zu früh sehen.

Warum spricht man überhaupt über Erleuchtung? Wenn ein Mensch bereit dazu ist, wenn der Drang zur Erkenntnis stark genug ist, dann wissen Lehrer und Schüler ganz genau, was der nächste Schritt sein sollte. Wir müssen geduldig mit unserem Leben, mit unserem Wunsch nach Sensationen, nach Sicherheit, nach Macht sein, und niemand von uns hier ist frei davon, auch ich nicht. Deshalb möchte ich Sie bitten, Ihre Gedanken, die sich auf den Wunsch nach Erleuchtung richten, noch einmal zu überprüfen und sich klar zu machen, daß es um eine Aufgabe geht, die Ausdauer und Intelligenz erfordert. Mit geduldigem Üben kann unser Leben ganz allmählich und stetig stärker und harmonischer werden, und dann können wir die sich entfaltende Kraft zum Nutzen aller einsetzen.

Jedesmal, wenn wir im Geist in die Gegenwart zurückkehren, entwickelt sich diese Kraft. Jedesmal, wenn wir uns unseres geistigen Träumens wirklich bewußt werden, entwickelt sich diese Kraft ganz langsam, ganz allmählich. Dann beruhigen und klären sich Geist und Körper von innen heraus. Und das ist etwas, das sich nicht verbergen läßt — wir erkennen solche Menschen auf den ersten Blick. Wenn wir gut üben, gibt es die Gewißheit, daß wir in diesem Leben auf dem Weg ein gutes Stück weiterkommen und vielleicht hier und dort das Erlebnis der Erleuchtung haben, und das ist etwas Schönes. Doch wir sollten die ausdauernde Arbeit, der es bedarf, um mit Illusionen umzugehen, die unsere Reise immerzu unterbrechen, nicht unterschätzen. Sehen Sie sich beispielsweise die Bilder des Ochsen-Zähmers* an: die meisten Menschen wollen von eins gleich auf zehn springen. Doch wir können auch auf neun sein und mit einem Schlag auf zwei zurückrutschen. Fortschritte gehen nicht immer gleichmäßig vor sich und sind nicht unverrückbar. Vielleicht sind wir ein paar Stunden

---

* Die Bilder des Ochsen-Zähmers: eine traditionelle Serie von Zeichnungen, die anhand der Geschichte eines Mannes, der allmählich einen wilden Ochsen zähmt, den fortschreitenden Übungsweg von der Illusion zur Erleuchtung symbolisiert.

lang auf zehn und am nächsten Tag wieder auf zwei. In Retreats fühlen wir uns geistig klar und ruhig — doch wehe, es kommt dann jemand daher und kritisiert uns!

»Dem verdorrten Baum entsprießt eine Blüte.« Oder wie es in der Bibel heißt: »Wenn du nicht stirbst, kannst du nicht wiedergeboren werden.« Und natürlich geht es bei unserem Üben darum, allmählich zu sterben, Schritt für Schritt, und uns nach und nach mit all dem nicht mehr zu identifizieren, in dem wir gefangen sind. Wenn wir noch an irgend etwas hängen, sind wir noch nicht gestorben. Vielleicht identifizieren wir uns mit unserer Familie. Uns nicht mehr mit unserer Familie zu identifizieren, bedeutet nicht, sie nicht mehr zu lieben. Oder denken wir an unseren Mann oder Freund oder unsere Freundin: dieses Hängen an einem Menschen, ihn brauchen. Je länger wir üben, desto geringer wird dieses Bedürfnis. Die Liebe wird größer und das Brauchen geringer. Wir können etwas, das wir brauchen, nicht lieben. Wenn wir Anerkennung brauchen, sind wir noch nicht gestorben. Wenn wir Macht brauchen, wenn wir eine bestimmte Position brauchen, wenn wir es nicht fertigbringen, auch die erbärmlichste Arbeit zu tun, sind wir noch nicht gestorben. Wenn wir auf eine bestimmte Weise gesehen werden wollen, sind wir noch nicht gestorben. Wenn wir haben wollen, daß die Dinge gehen, wie wir sie uns vorstellen, sind wir noch nicht gestorben. Ich bin in all diesen Dingen noch nicht gestorben. Mir ist nur sehr bewußt, woran ich noch hänge, und sie wirken sich nicht sehr oft auf mein Handeln aus. Doch gestorben zu sein, heißt, daß sie nicht mehr da sind. In diesem Sinn ist ein wahrlich erleuchtetes Wesen nicht mehr menschlich — und ich kenne niemanden, der so ist. Mir sind in meinem langen Leben einige bemerkenswerte Menschen begegnet, aber so jemand noch nicht. Deshalb laßt uns zufrieden sein damit, wie wir sind, und laßt uns hart arbeiten. Für uns ist es in diesem Augenblick ganz richtig, so zu sein, wie wir sind.

Mit je weniger wir uns identifizieren, desto mehr können wir in unser Leben aufnehmen. Und das ist das Gelübde des Boddhishattva. In dem Maß also, in dem unser Üben reift, können wir mehr tun, können wir mehr aufnehmen, können wir besser dienen. Und darum geht es auf dem *zen*-Übungsweg. Der Weg besteht darin, so zu sitzen. Laßt uns also mit all dem, was wir haben, üben. Alles, was ich sein kann, ist das, was ich jetzt bin; das kann ich erleben und damit kann ich arbeiten. Das ist alles, was ich tun kann. Der Rest ist ein Traum des Ego.

Der Preis des Übens

Empfinden wir unser Leben als unangenehm oder unerfüllt, dann versuchen wir, dem durch verschiedene subtile Fluchtmechanismen zu entkommen. Bei solchen Versuchen gehen wir mit unserem Leben um, als gäbe es auf der einen Seite mich und auf der anderen Seite das Leben außerhalb meiner selbst. Solange wir unser Leben so betrachten, werden wir unser ganzes Bemühen dareinsetzen, etwas oder jemanden zu finden, der unser Leben für uns in die Hand nimmt. Wir suchen nach einem Geliebten, einem Lehrer, einer Religion, einem Zentrum — also etwas oder jemanden oder irgendeinem Ort, durch den unsere Schwierigkeiten für uns gelöst werden. Solange wir unser Leben so dualistisch sehen, halten wir uns selbst zum Narren in dem Glauben, wir müßten keinen Preis für ein Leben der Selbstverwirklichung zahlen. Dieser Täuschung unterliegen wir alle in verschiedenem Maße; sie führt nur zu Kummer und Leid.

In dem Maß, wie wir auf unserem Übungsweg fortschreiten, wird diese Täuschung entlarvt, und wir beginnen allmählich zu ahnen (welch ein Schrecken!), daß *wir* den Preis für unsere Freiheit zahlen müssen. Niemand anderer als wir selbst kann ihn für uns bezahlen. Als ich diese Wahrheit erkannte, war das einer der erschütterndsten Augenblicke meines Lebens. Ich begriff endlich, daß nur ich den Preis der Selbstverwirklichung zahlen kann: niemand, wirklich niemand, kann es für mich tun. Solange wir diese harte Wahrheit nicht begriffen haben, werden wir uns dem Üben immer wieder entziehen wollen; und auch nachdem wir sie erkannt haben, wird der Widerstand gegen das Üben weiterbestehen, aber vielleicht nicht mehr ganz so hartnäckig. Es ist schwer, diese Erkenntnis in ihrer vollen Tragweite immerzu gegenwärtig zu haben.

Was sind das für Methoden, mit denen wir versuchen, unserer Eigenverantwortung zu entgehen? Eine der entscheidensten ist unsere ständige Abwehr dagegen, unser eigenes Leiden zu ertragen. Wir glauben, wir könnten ihm entrinnen, es ignorieren oder wegdenken oder auch jemand anderen dazu überreden, es uns zu nehmen. Wir glauben, nicht dazu bestimmt zu sein, den Schmerz unseres Lebens auf uns zu nehmen. Verzweifelt hoffen wir auf jemand anderen — unseren Mann oder unsere Frau, unseren Partner, unser Kind —, die sich für uns mit unserem Schmerz auseinandersetzen sollen. Dieser Widerstand unterminiert unser Üben: »Heute morgen möchte ich nicht sitzen; heute fühle ich mich einfach nicht gut.« »Ich gehe nicht zur *sesshin*; das, was da zutage kommt, ist mir unangenehm.« »Ich werde den Mund nicht halten, wenn ich wütend bin. Warum sollte ich das auch?« Nur allzu leicht schwanken wir in unserer Integrität, wenn es schmerzhaft ist, sie aufrecht-zuerhalten. Wir geben eine Beziehung auf, die unsere Träume nicht mehr erfüllt. Hinter all diesen Ausflüchten liegt der Glaube, daß die anderen uns zu dienen hätten, daß sie die Unordnung, die wir anrichten, wieder in Ordnung bringen sollen.

Niemand, wirklich niemand, kann aber unser Leben für uns erleben; niemand kann uns den Schmerz abnehmen, den das Leben unvermeidlich mit sich bringt. Der Preis, den wir für das innere Wachstum zahlen müssen, steht uns immer deutlich vor Augen; und wir werden nie richtig ins Üben kommen, wenn wir nicht erkennen, wie wenig wir dazu bereit sind, überhaupt einen Preis zu bezahlen. Das Traurige dabei ist, daß wir, solange wir ausweichen wollen, uns selbst vom Wunder des Lebens und vom Wunder dessen, was wir sind, ausschließen. Wir versuchen uns an Menschen zu halten, von denen wir glauben, sie könnten unseren Schmerz lindern. Wir versuchen sie zu beherrschen, sie an uns zu binden, ja sie sogar dazu zu verleiten, sich unseres Leidens anzunehmen. Doch leider gibt es nichts gratis. Ein Schatz ist nie ein Gratisgeschenk. Wir müssen ihn uns verdienen durch ausdauernde, unablässige Übung.

Wir müssen ihn uns in jedem Augenblick verdienen, nicht nur im »spirituellen Bereich« unseres Lebens. Die Weise, in der wir unsere Verpflichtungen anderen gegenüber erfüllen, in dem wir ihnen dienen, und die Bereitschaft, die Aufmerksamkeit aufzubringen, die wir in jedem Augenblick unseres Lebens brauchen, all das bedeutet, den Preis für den Schatz zu bezahlen.

Ich spreche nicht davon, daß wir wieder eine ganze Liste von Idealen aufstellen sollten, wie wir zu sein hätten. Ich spreche davon, daß wir die Integrität und die Ganzheit unseres Lebens durch jede Handlung und jedes Wort erwerben müssen. Vom gewöhnlichen Standpunkt aus bezahlen wir damit einen unglaublich hohen Preis — aber wenn wir es klar erkennen, ist es überhaupt kein Preis, den wir bezahlen, sondern ein Privileg, an dem wir teilhaben. In dem Maß, wie wir auf dem Übungsweg fortschreiten, begreifen wir immer mehr, welches Privileg das ist.

Auf diesem Weg entdecken wir, daß unser eigener Schmerz und der Schmerz anderer keine getrennten Welten sind. Man kann nicht sagen: »Mein Üben ist mein Üben und ihr Üben ist ihr Üben.« Denn wenn wir uns unserem eigenen Leben ganz öffnen, öffnen wir uns dem ganzen Leben. Die Täuschung der Vereinzelung und Abgetrenntheit schwindet dahin, wenn wir die Mühe des aufmerksamen Übens auf uns nehmen. Diese Täuschung zu überwinden, bedeutet zu erkennen, daß wir beim Üben nicht nur einen hohen Preis für uns selbst, sondern auch für jeden anderen auf der Welt bezahlen. Solange wir an unserer Vereinzelung festhalten — meine Vorstellung darüber, was ich bin, was du bist und was ich von dir brauche und will — wird diese Vereinzelung und Trennung bedeuten, daß wir den Preis für den Schatz noch nicht bezahlt haben. Den Preis zu bezahlen bedeutet, daß wir das geben müssen, was das Leben von uns fordert (was man nicht mit duldsamer Schwäche verwechseln darf); vielleicht geht es darum, Zeit oder Geld oder materielle Güter abzugeben, manchmal auch darum, diese Dinge zu behalten, weil es so besser ist. Beim Üben und unserem Bemühen auf diesem Weg ist es immer vorrangig, zu sehen, was das Leben von uns fordert und was wir wirklich geben sollen im Gegensatz zu dem, was wir persönlich geben wollen — und das ist nicht einfach. Diese harte Praxis ist die Zahlung, die gefordert wird, wenn wir den Schatz finden wollen.

Wir können unser Üben nicht auf die Zeit reduzieren, die

wir beim *za-zen* verbringen, so wichtig diese Zeit auch sein mag. Unser Üben — das Bezahlen des Preises — muß vierundzwanzig Stunden am Tag währen.

Wenn wir uns darum immerzu bemühen, werden wir mehr und mehr zu würdigen wissen, welcher Schatz unser Leben ist. Doch wenn wir uns weiter aufregen und großes Aufheben von unserem Leben machen, als wäre es ein riesiges Problem, oder wenn wir unsere Zeit damit zubringen, immer unserem imaginären Drama entrinnen zu wollen, wird uns der Schatz stets verborgen bleiben.

Doch selbst wenn er verborgen ist, der Schatz ist immer da — wir werden ihn aber erst erkennen, wenn wir willens sind, den Preis dafür zu bezahlen. Die Entdeckung des Schatzes ist das Ziel unseres Lebens. Sind wir bereit, den Preis dafür zu bezahlen?

Der Lohn des Übens

Wir versuchen immer, aus einem unglücklichen Leben zu einem glücklichen Leben zu kommen. Oder man könnte sagen, daß wir frei werden wollen von Kämpfen und ein leichtes Leben zu führen wünschen. Doch das ist nicht dasselbe: vom Unglück ins Glück zu kommen, ist nicht das gleiche wie vom Kampf zur Leichtigkeit und Freude zu kommen. Manche Therapien versuchen aus einem unglücklichen Selbst ein glückliches Selbst zu machen. Der *zen*-Übungsweg (und vielleicht noch einige andere Disziplinen oder Therapien) könnte uns helfen, von einem unglücklichen Selbst zu einem Nicht-Selbst zu kommen, und das bedeutet Leichtigkeit und Freude.

Ein »Selbst« zu haben, bedeutet, auf sich selbst zentriert zu sein. Egozentrisch zu sein, das heißt, uns selbst als den äußeren Dingen gegenüberstehend zu betrachten, bedeutet Angst und Sorge um sich selbst zu haben. Wir beginnen uns rasch zu sträuben, wenn uns etwas nicht paßt, und nur allzu schnell regen wir uns auf. Und zudem fühlen wir uns sehr schnell verwirrt, weil wir so egozentrisch sind. So erleben die meisten Menschen ihr Leben.

Obwohl uns das Gegenteil des Selbst, das Nicht-Selbst, nicht vertraut ist, wollen wir uns einmal vorstellen, wie das Leben eines solchen Nicht-Selbst aussehen könnte. »Nicht-Selbst« bedeutet nicht, daß man ausgelöscht wäre oder nicht existierte. Es heißt weder egozentrisch noch auf die anderen (oder das andere) zentriert sein, sondern einfach »zentriert sein«. Das Leben eines Nicht-Selbst ist auf nichts Besonderes zentriert, sondern auf alles — das heißt, es ist an nichts gebunden, hängt an nichts — und deshalb können die Charakteristika eines Selbst nicht auftreten. Wir sind dann nicht ängstlich, wir machen uns keine Sorgen, wir geraten nicht rasch in Abwehr, wir regen uns nicht leicht auf, und vor allem hat unser Leben nicht diesen Grundtenor von Verwirrung und Unklarheit. Deshalb bedeutet es Leichtigkeit und Freude, Nicht-Selbst zu sein. Nicht nur das: Da sich das Nicht-Selbst nichts anderem entgegenstellt, keine feindselige Haltung einnimmt, ist es für alle wohltuend und gut.

Die meisten von uns müssen in geduldigem Üben allmählich und schrittweise an der Auflösung des Selbst arbeiten. Der erste Schritt dazu ist, vom Unglück zum Glück zu kommen. Warum? Weil es einfach nicht die geringste Möglichkeit gibt, daß ein unglücklicher Mensch — ein Mensch, der durch sich selbst oder andere oder durch Situationen verstörbar ist, ein Nicht-Selbst erleben kann. Deshalb besteht die erste Phase des Übungsweges darin, sich vom Unglücklichsein zum Glücklichsein hinzuentwickeln; es geht in den ersten Jahren des *za-zen* vor allem um diesen Weg. Für manche Menschen kann eine kluge Therapie in diesem Punkt nützlich sein. Doch die Menschen sind unterschiedlich, und wir dürfen nichts verallgemeinern. Dennoch können wir den ersten Schritt vom relativen Unglücklichsein zum relativen Glücklichsein nicht übergehen und sollten es auch nicht versuchen.

Warum sage ich »relatives Glücklichsein«? Auch wenn wir schon das Gefühl haben, unser Leben sei »glücklich«, können wir doch noch nicht zu einer vollständigen Loslösung gekommen sein, solange unser Leben immer noch auf dem Selbst basiert. Warum kann ein auf dem Selbst basierendes Leben nicht zu dieser Freiheit gelangen? Weil solch ein Leben sich auf eine falsche Voraussetzung gründet, die Voraussetzung, daß wir ein Selbst *sind*. Wir glauben das alle, ohne Ausnahme. Und jeder Übungsweg und jede Therapie, die bei dem Versuch, das Selbst in irgendeiner Weise anzupassen, stehenbleibt, ist letztlich unbefriedigend. Das eigene wahre Wesen als Nicht-Selbst, als Buddha, zu erkennen, ist die Frucht des *za-zen* und des Übungsweges. Entscheidend ist, daß wir diesem Weg folgen, denn nur das ist wirklich befriedigend. Im Kampf mit der Frage nach unserem wahren Wesen — Selbst oder Nicht-Selbst — muß sich unsere Lebensbasis verändern. Um diesen Kampf gut führen zu können, muß sich unser gesamtes Gefühlsleben, unsere Zielsetzung, unsere Lebensbestimmung, wandeln. Wie können die Schritte solch eines Weges aussehen?

Der erste besteht, wie ich sagte, darin, sich vom relativen Unglücklichsein zum relativen Glücklichsein hinzubewegen. Im besten Fall ist das ein sehr wackliger Sieg, der jederzeit in Frage gestellt werden kann. Doch wir müssen ein gewisses Maß an relativem Glücklichsein und Stabilität erreicht haben, um uns auf einen ernsthaften Übungsweg zu begeben. Dann können wir das nächste Stadium erreichen: ein intelligentes und ausdauerndes Filtern der verschiedenen Erscheinungsformen von Geist und Körper durch *za-zen*. Wir beginnen, unsere Muster zu erkennen: wir beginnen zu sehen, was wir wünschen, was unsere Bedürfnisse, unsere egozentrischen Triebe sind, und wir beginnen zu erkennen, daß diese Muster, diese Wünsche und Abhängigkeiten das sind, was wir das »Selbst« nennen. In dem Maß, wie wir auf unserem Übungsweg fortschreiten und Leere und Vergänglichkeit dieser Muster erkennen, merken wir, daß wir sie aufgeben können. Wir müssen nicht *versuchen*, sie aufzugeben, denn sie schwinden ganz allmählich von selbst dahin — wenn das Licht des Bewußtseins auf alles fällt, wird das Falsche von selbst klein und das Wahre verstärkt sich. Und nichts läßt dieses Licht stärker leuchten als mit Intelligenz durchgeführtes *za-zen* in der täglichen Übung und in *sesshins*. Wenn manche dieser Muster allmählich verschwinden, kann das Nicht-Selbst, das immer gegenwärtig ist, sich allmählich zeigen, begleitet von einem Wachsen des inneren Friedens und der Freude.

Diese Entwicklung, über die sich so leicht sprechen läßt, ist manchmal erschreckend mühselig und entmutigend; alles, was wir so lange für uns selbst hielten, wird nun in Frage gestellt. Es kann uns mit großer Angst erfüllen, wenn dieser Umschwung eintritt. Spricht man darüber, so klingt es sehr anziehend, aber wenn man es erlebt, kann es etwas Erschreckendes haben.

Doch diejenigen, die geduldig und entschlossen üben, merken, wie die Freude und der Friede wachsen; wie die Fähigkeit wächst, ein gütiges und mitfühlendes Leben zu führen. Und das Leben, durch die Unannehmlichkeiten der äußeren Umstände so verletzbar, verändert sich ganz subtil. Dieses sich langsam verwandelnde Leben ist jedoch kein Leben ohne Probleme. Es wird sie immer geben. Eine Zeitlang mag unser Leben sogar schwieriger sein als vorher, denn das, was wir unterdrückt und verborgen haben, tritt nun zutage. Doch selbst wenn das geschieht, haben wir das Gefühl wachsender Gesundheit und Einsicht, und unsere Basis ist Zufriedenheit.

Um das Üben auch durch ernsthafte Schwierigkeiten hindurchtragen zu können, müssen wir Geduld, Ausdauer und Mut aufbringen. Warum? Weil unsere gewöhnliche Lebensweise, in der wir nach Glück suchen, in der wir kämpfen, um unsere Wünsche zu erfüllen, in der wir uns gegen geistige und physische Schmerzen wehren, immer durch entschlossenes Üben untergraben wird. Wir wissen nicht nur, sondern es geht uns in Fleisch und Blut über, daß ein freudiges Leben nicht darin besteht, nach dem Glück zu suchen, sondern unsere Lebensumstände zu erleben, wie sie sind, und sie einfach zu sein; nicht in der Erfüllung persönlicher Bedürfnisse, sondern in der Erfüllung der Notwendigkeiten des Lebens; nicht im Vermeiden von Schmerz, sondern im Hineingehen in den Schmerz, wenn es notwendig wird. Ist das ein zu hoher Anspruch? Ist es zu schwer? Im Gegenteil, es ist eigentlich viel leichter.

Da wir nur durch unseren Geist und unseren Körper leben können, gibt es niemanden, der kein psychologisches Wesen wäre. Wir haben Gedanken, wir haben Hoffnungen, wir sind verletzlich, wir können in Aufregung geraten. Doch die wirkliche Lösung muß aus einer Dimension kommen, die von der psychologischen radikal verschieden ist. Das Üben der inneren Unabhängigkeit, das Wachstum des Nicht-Selbst — das ist der Schlüssel zur Erkenntnis. Schließlich wird uns bewußt, daß es keinen Weg und keine Lösung gibt, denn von Anfang an ist unser wahres Wesen der Weg — schon hier und jetzt. Da es keinen Weg gibt, geht es bei unserem Üben darum, diesen Nicht-Weg unaufhörlich zu gehen — und dafür keine Belohnung zu erwarten. Da das Nicht-Selbst alles ist, braucht es keinen Lohn. Vom Nicht-Anfang ist es in sich selbst die vollkommene Erfülltheit.

III. GEFÜHLE

Ein größeres Gefäß

Im Alter von fünfundneunzig Jahren sprach Genpo Roshi, einer der großen *zen*-Meister der modernen Zeit, vom »torlosen Tor« und führte aus, daß es in Wirklichkeit gar kein Tor gibt, durch das wir gehen müssen, um zu erkennen, was unser Leben ist. Doch vom Standpunkt des Übens aus, so sagte er, müssen wir ein Tor durchschreiten, das Tor unseres eigenen Stolzes. Und jeder von uns hier ist, seit er heute morgen aufgestanden ist, auf die eine oder andere Weise seinem Stolz begegnet — jeder von uns. Um also dieses Tor zu durchschreiten, das gar kein Tor ist, müssen wir erst einmal durch das Tor unseres Stolzes gehen.

Das Kind des Stolzes ist Wut. Mit Wut meine ich alle Arten von Frustrationen, auch Ärger, Groll, Eifersucht. Ich spreche so viel von der Wut und wie man mit ihr umgeht, denn wenn man verstanden hat, damit umzugehen, versteht man auch, was es bedeutet, sich dem »torlosen Tor« zu nähern.

Im alltäglichen Leben wissen wir, was es heißt, etwas von einem gewissen Abstand aus zu betrachten. Ich habe zum Beispiel gesehen, wie Laura einen wunderschönen Blumenstrauß zusammenstellte. Sie steht und ordnet, und dann tritt sie irgendwann einen Schritt zurück, um anzusehen, was sie gemacht hat und ob es stimmt. Wenn Sie beispielsweise ein Kleid nähen, machen Sie erst den Schnitt, stecken dann alles zusammen und nähen es, doch zuletzt stellen Sie sich vor den Spiegel und schauen sich an, wie es geworden ist. Sitzen die Schultern, ist der Saum in Ordnung, steht es Ihnen? Ist es ein hübsches Kleid? Sie nehmen Abstand. Ebenso ist es, wenn wir einen Überblick über unser Leben bekommen wollen: Wir nehmen etwas Abstand und betrachten es.

Und genau darum geht es beim Üben des *zen*. Wir entwickeln dabei die Fähigkeit, Abstand zu nehmen und die Dinge in Ruhe zu betrachten. Nehmen wir ein praktisches Beispiel: einen Streit. Das beherrschende Element bei jedem Streit ist Stolz. Nehmen wir an, ich bin verheiratet und streite mit meinem Mann. Er hat etwas getan, was ich nicht richtig finde — beispielsweise die Ersparnisse der Familie für ein neues Auto ausgegeben —, und ich bin der Meinung, das Auto, das wir haben, hätte es auch noch getan. Ich denke, das heißt, *ich weiß*, daß ich recht habe. Ich bin zornig, wütend. Ich möchte losschreien. Was kann ich jetzt mit meinem Zorn tun? Was wäre das sinnvollste? Ich glaube, daß es zunächst einmal ein guter Gedanke wäre, Abstand zu nehmen: so wenig wie möglich zu tun und zu sagen. Und indem ich ein wenig Distanz bekomme, kann ich mich daran erinnern, daß ich eigentlich etwas sein will, das man »ein größeres Gefäß« nennen könnte. Mit anderen Worten: ich muß mein ABC üben (im Englischen von: *A Bigger Container*, »ein größeres Gefäß«, abgeleitet. Anmerkung des Übersetzers.) Wenn wir das tun, begegnen wir uns in einer anderen Dimension — der spirituellen Dimension, wenn wir unbedingt einen Namen dafür finden müssen.

Nehmen wir uns ein paar Schritte des Übens vor, die notwendig sind, weil wir wissen, daß in der Hitze des Zornes, mitten im Drama, es den meisten von uns unmöglich ist, im Üben zu bleiben. Aber versuchen Sie etwas Abstand zu nehmen; tun und sagen Sie sehr wenig. Nehmen Sie sich zurück. Dann, wenn Sie allein sind, setzen Sie sich hin und beobachten Sie sich. Was meine ich mit »beobachten«? Beobachten Sie den Kitschfilm, der sich in Ihrem Kopf abspielt: Was er gesagt hat, was er getan hat, was ich dazu zu sagen habe, was ich unternehmen sollte ... all das sind Phantasien. Sie sind nicht die Wirklichkeit dessen, was geschieht. Wenn es uns möglich ist — und das ist natürlich schwer, wenn wir zornig sind —, sollten wir diese Gedanken benennen. Warum ist es schwierig? Wenn wir zornig sind, stellt sich dem Üben ein riesiges Hindernis entgegen: die Tatsache, daß wir nicht üben *wollen* — wir hätscheln lieber unseren Stolz, in dem Streit »recht zu haben«. (»Suche nicht die Wahrheit, höre nur auf, Meinungen lieb zu haben.«) Deshalb ist der erste Schritt, sich zurückzunehmen und wenig zu sagen. Denn es bedarf vielleicht vieler Wochen harten Übens, bis wir sehen können, daß wir nicht recht haben wollen, und daß wir ein größeres Gefäß, A Bigger Container, ABC, sein wollen. Treten wir einen Schritt zurück und beobachten wir. Benennen wir die Gedanken, die das Drama begleiten: »Nein, das sollte er nicht tun; ja, ich finde es furchtbar, was er tut; ich werde es ihm schon zeigen« — all diese Gedanken bewegen sich vielleicht auf solch einer oberflächlichen Ebene, immer noch ist es nichts weiter als ein kitschiges, rührseliges Drama.

Wenn wir wirklich Abstand nehmen und beobachten — und wie ich sagte, ist das außerordentlich schwierig, wenn wir wütend sind —, werden wir allmählich in die

Lage versetzt, unsere Gedanken als Gedanken, das heißt, als etwas Unwirkliches zu sehen und zu erkennen, daß sie nicht die Wahrheit sind. Manchmal habe ich diesen Prozeß zehn-, zwanzig-, dreißigmal durchgemacht, bevor die Gedanken schließlich abgeklungen waren. Wenn es so weit ist, was bleibt dann? Es bleibt die unmittelbare Erfahrung der physischen Reaktion in meinem Körper, der Bodensatz sozusagen. Wenn ich diesen Bodensatz direkt erlebe (als Spannung, Verkrampfung), werde ich, da es im unmittelbaren Erfahren keine Dualität gibt, allmählich in die Dimension (*samadhi*) gelangen, in der ich *weiß*, was zu tun und was der nächste Schritt ist. Dort weiß ich, was richtiges Handeln ist, nicht nur für mich, sondern auch für die anderen. Indem ich ein größeres Gefäß werde, erfahre ich das »Einssein« auf unmittelbare Weise.

Wir können endlos über das Einssein sprechen. Doch wie trennen wir uns wirklich vom anderen? Wie? Der Stolz, aus dem der Zorn geboren wird, ist es, was uns trennt. Und die Lösung ist ein Übungsweg, durch den wir diese trennende Emotion als eindeutig körperlichen Zustand erleben. Wenn wir das tun, haben wir ein größeres Gefäß geschaffen.

Was geschaffen wird und was wächst, ist das Maß an Leben, das ich aufnehmen kann, ohne daß es mich erregt oder beherrscht. Zunächst ist dieser Raum recht beschränkt. Dann wird er ein wenig größer und dann noch größer. Er muß nie zu wachsen aufhören. Und der Zustand der Erleuchtung ist dieser umfassende und mitfühlende Raum. Doch solange wir leben, merken wir, daß unser Gefäß, das Fassungsvermögen unseres Gefäßes, begrenzt ist, und genau an diesem Punkt müssen wir mit unserem Üben ansetzen. Doch wie können wir wissen, wo dieser entscheidende Punkt ist? Wir sind an diesem

Punkt, wenn wir auch nur das geringste Maß an Aufregung und Ärger empfinden. Das ist das ganze Geheimnis. Und die Kraft unseres Übens zeigt sich darin, wie umfassend das Gefäß wird.

Im Üben müssen wir barmherzig mit uns selbst sein. Wir müssen erkennen, wenn wir nicht bereit sind, es zu tun. Niemand ist immer dazu bereit. Und es ist nicht schlimm, wenn wir es nicht tun. Wir tun immer das, wofür wir bereit sind.

Wenn wir üben, ein größeres Gefäß zu sein, ist das etwas durch und durch Spirituelles, weil es etwas ist, das durch und durch nichts ist. Ein größeres Gefäß ist kein Etwas, Bewußtsein ist kein Etwas, der Zeuge ist kein Ding und kein Mensch. Es gibt niemanden, der Zeuge all dessen ist. Dennoch muß das, was Zeuge meiner körperlichen und geistigen Vorgänge ist, etwas anderes sein als mein Geist und mein Körper. Wenn ich meinen Geist und meinen Körper in zornigem Zustand beobachten kann, wer ist dieses Ich, das dann beobachtet? Es zeigt mir, daß ich etwas anderes bin als meine Wut, daß ich größer als meine Wut bin, und dieses Wissen befähigt mich, ein größeres Gefäß entstehen zu lassen, zu wachsen. Deshalb muß die Fähigkeit zu beobachten stärker werden. Was Sie beobachten, ist immer sekundär. Es ist nicht wichtig, daß wir in Erregung geraten; wichtig ist die Fähigkeit, diese Erregung zu beobachten.

Indem die Fähigkeit wächst, zunächst zu beobachten und zu erleben, wachsen zugleich auch zwei andere Dinge: Weisheit — die Fähigkeit, das Leben so zu sehen, wie es ist (und nicht, wie ich es haben möchte), und Mitleid, das natürliche Verhalten, das aus der Fähigkeit entspringt, das Leben zu sehen, wie es ist. Wir haben kein Mitleid mit Menschen oder der Kreatur, wenn unsere Begegnung mit ihnen durch die Verstrickung in Stolz und Ärger getrübt ist: das ist unmöglich. Mitleid wächst in dem Maß, wie wir zu einem größeren Gefäß werden.

Auf dem Übungsweg erleben wir einschneidende Veränderungen unseres Lebens. Es ist nicht mehr das, was es bisher war; dieser Prozeß geht bei jedem Menschen anders vor sich. Je nach der persönlichen Konditionierung und Geschichte können das allmähliche und fast unbemerkte Veränderungen sein. Bei anderen geschehen sie in Wellen, in starken emotionalen Wellen. Es ist, als bräche ein Damm. Wir fürchten, überflutet, überwältigt zu werden, es ist, als hätten wir einen Teil des Ozeans eingedämmt, und wenn der Damm bricht, flutet das Wasser dorthin zurück, wo es hingehört. Das ist eine Erleichterung, denn nun kann es mit den Strömen des ungeheuren Ozeans fluten.

Dennoch glaube ich, daß der Prozeß nicht zu schnell vor sich gehen dürfte. Geht er zu schnell vor sich, sollte man ihn verlangsamen. Wenn man weinen muß, zittern muß, Erregung verspürt, sind das keine unerwünschten Erscheinungen. Der Damm beginnt allmählich zu brechen. Es ist gut, ihn langsam zusammenbrechen zu lassen; doch geschieht es ganz schnell, ist auch das in Ordnung — nur sollte man nicht annehmen, es müsse so sein. Wir glauben, wir seien alle gleich; aber je repressiver und schwieriger die Kindheit war, desto wichtiger ist es wohl, daß der Damm nicht zu schnell bricht. Doch so glatt unser bisheriges Leben auch verlaufen sein mag, es gibt immer einen Damm, der zu einem bestimmten Zeitpunkt brechen muß.

Vergessen Sie auch nicht, daß ein wenig Humor angesichts all dessen nicht das Schlechteste ist. Im Grunde werden wir ja doch nichts los. Wir müssen nicht all unsere neurotischen Tendenzen abschaffen; wir beginnen einfach zu sehen, wie komisch sie sind, daß sie eigentlich einen Teil der spaßigen Seite des Lebens ausmachen, des Vergnügens, das es bedeuten kann, mit anderen Menschen zusammenzuleben. Denn alle sind verrückt. Und auch wir sind es. Doch wir sehen nie wirklich, daß wir verrückt sind, daran hindert uns unser Stolz. *Ich* bin natürlich nicht verrückt — schließlich bin ich ja hier die Lehrerin.

Die Büchse der Pandora öffnet sich

Die Qualität unseres Übens spiegelt sich immer in der Qualität unseres Lebens wider. Wenn wir wirklich üben, werden wir auch in unserem Leben mit der Zeit eine Veränderung spüren. Eine der Illusionen nun, die wir über das Üben haben können, ist die, daß es die Dinge bequemer, klarer, leichter, friedlicher usw. machen wird. Aber nichts könnte von der Wahrheit weiter entfernt sein. Heute morgen, als ich meinen Kaffee trank, fielen mir plötzlich zwei Märchen ein. Ich glaube, daß es immer irgendeinen Grund hat, wenn uns so etwas einfällt. Märchen verkörpern sehr grundlegende Wahrheiten über die Menschen, deshalb sind sie auch so alt.

Das erste Märchen, das mir in den Sinn kam, handelte von der Prinzessin auf der Erbse. Früher einmal erkannte man eine wahre Prinzessin daran, daß sie, auch wenn sie auf dreißig Matratzen schlief, immer noch die Erbse unter der untersten Matratze spüren konnte. Man könnte nun sagen, daß das Üben uns zu Prinzessinnen macht, denn wir werden sensibler. Wir erfahren Dinge über uns selbst und über andere, die wir vorher nicht wußten. Wir werden empfindsamer, manchmal aber auch empfindlicher, reizbarer.

Die andere Geschichte handelt von der Büchse der Pandora. Sie erinnern sich ... jemand war so neugierig auf den Inhalt dieser geheimnisvollen Büchse, daß er sie schließlich öffnete und damit auch das Böse, das darin enthalten war, befreite und ein Chaos auslöste. So ist das Üben oft für uns — wie das Öffnen der Büchse der Pandora.

Wir alle glauben uns vom Leben getrennt. Wir meinen, von einer Mauer umgeben zu sein. Die Mauer ist vielleicht nicht sichtbar, aber sie ist dennoch vorhanden. Solange wir uns vom Leben getrennt fühlen, spüren wir auch diese Mauer. Ein erleuchteter Mensch hätte keine solche Mauer um sich herum. Doch ich bin noch nie jemandem begegnet, bei dem das so war. Durch das Üben aber wird diese Mauer immer brüchiger und immer durchsichtiger.

Die Mauer hat uns davon abgehalten, Dinge zu spüren, wahrzunehmen. Vielleicht haben wir Angst, vielleicht beunruhigende Gedanken. Unsere Mauer aber schützt uns davor, es wahrzunehmen. In dem Maß jedoch, in dem wir üben (viele von Ihnen kennen das sicher sehr gut), beginnen wir, Löcher in dieser Mauer zu sehen. Wir werden einfach durch das Üben bewußter und sensibler. Wir können nicht eine halbe Stunde reglos dasitzen, ohne etwas zu lernen. Und wenn diese halbe Stunde Tag für Tag wiederkehrt, lernen wir immer weiter. Ob wir es wollen oder nicht, wir lernen.

Ein anderes Bild: Es ist, als lägen große Planken über kochendem Wasser. Allmählich beginnen sie Löcher und

Spalte zu bekommen, durch die das Wasser heraufsprudelt. Natürlich ist das, was wir da zudecken, das, was wir nicht über uns selbst wissen wollen. Wenn es hervorsprudelt (und das wird es tun, wenn wir üben), ist es, als öffnete sich allmählich die Büchse der Pandora. Im Idealfall sollte man diese Büchse beim Üben nie auf einmal weit öffnen. Da man nicht ganz genau voraussehen kann, was dabei herauskommt, kann es Überraschungen geben, und sogar böse. Denn plötzlich drängt alles herauf, was wir nie über uns erfahren wollten, und anstatt uns besser zu fühlen, fühlen wir uns schlechter.

Die Büchse der Pandora ist gefüllt mit unseren egozentrischen Aktivitäten und den damit zusammenhängenden Emotionen, die wir selbst schaffen. Auch wenn wir richtig und gut üben, wird es manchmal Zeiten geben (nicht bei allen, aber bei manchen Menschen), da die Büchse zu explodieren droht; plötzlich werden stürmische Emotionen aufgewirbelt. Die meisten Menschen sitzen nicht gerne, wenn das geschieht. Diejenigen jedoch, bei denen sich diese Eruption am leichtesten auflöst, sind jene, die das Sitzen nie aufgeben, ob sie gerade Lust haben oder nicht. Dieses Freiwerden unterdrückter Dinge geschah in meinem Leben eher schmerzlos, wahrscheinlich, weil ich soviel saß und an so vielen *sesshins* teilnahm.

Wenn ich den Übungsweg meiner Schüler verfolge, so sehe ich bei den meisten, wie sich ihr Leben verändert. Das bedeutet nicht, daß sich bei ihnen die Büchse der Pandora nicht öffnete — beides gehört zusammen: die Verwandlung und das Unbehagen. Für manche ist es eine sehr schmerzhafte Zeit, wenn die Büchse sich öffnet. Es kann beispielsweise völlig unerwarteter Zorn aufsteigen (bitte lassen Sie ihn nicht an jemand anderem aus!). Die Illusion, die wir haben, daß das Üben immer friedlich und liebevoll vor sich geht, sollten wir ablegen. Es ist ganz normal und notwendig, daß die Büchse sich öffnet. Es ist nicht gut oder schlecht, es ist einfach das, was geschehen muß, wenn wir wollen, daß unser Leben in Ordnung kommt und wir vom bloßen Reagieren freiwerden. Nichts an diesem Prozeß ist unerwünscht, nein, wenn wir richtig damit arbeiten, ist es sogar sehr erwünscht, was da geschieht. Doch wie wir mit diesem Hervorquellen unterdrückter Dinge arbeiten, ist entscheidend.

Der Übungsweg ist nicht einfach. Er *wird* unser Leben verändern. Doch haben wir die naive Vorstellung, daß diese Veränderung vor sich gehen kann, ohne daß wir einen Preis dafür bezahlen müßten, so täuschen wir uns. Man sollte nicht mit dem Üben beginnen, bevor man nicht das Gefühl hat, es gäbe keine andere Möglichkeit mehr. Surfen Sie nur noch mehr, betreiben Sie noch mehr Physik oder Musik. Wenn Sie das zufriedenstellt, tun Sie es. Üben Sie erst dann, wenn Sie glauben, Sie müßten. Es braucht unglaublichen Mut, um wirklich zu üben. Sie müssen sich dann nämlich mit allem auseinandersetzen, was in dieser Büchse verborgen ist, und dazu gehören auch einige sehr unangenehme Dinge, von denen Sie lieber nichts wüßten.

Um den *zen*-Übungsweg zu gehen, müssen wir uns eine bestimmte Art von Leben wünschen. Traditionell gesprochen, ist das ein Leben, in dem Ihre Gelübde schwerer wiegen als gewöhnliche persönliche Erwägungen. Wir müssen entschlossen sein, daß unser Leben sich in einen universellen Zusammenhang stellt und daß auch das Leben der anderen diesen Zusammenhang erkennt. Wenn wir in unserem Leben in einem Stadium sind (und das ist weder gut noch schlecht, es ist einfach ein Stadium), in dem das einzige, was für uns zählt, das ist, wie wir uns fühlen und was wir wollen, dann ist es wohl zu schwer für uns, den Übungsweg zu gehen. Vielleicht sollten wir noch ein wenig warten. Als Lehrer kann ich das Üben erleichtern und einen Menschen in seinen Bemühungen natürlich auch ermutigen, ich kann aber niemandem diese erste Entschlossenheit vermitteln, und die muß man haben, um das Üben durchzuhalten.

Die Büchse, die sich jetzt für viele von Ihnen öffnet — wie werden Sie damit umgehen? Es gibt einige Dinge, die Sie über diese aufregende Phase des Übens wissen sollen. Einmal, daß es für Menschen auf diesem Weg normal, ja notwendig ist. Dann, daß diese Phase nicht ewig dauert. Und schließlich: Jetzt gilt es mehr als zu jedem anderen Zeitpunkt, zu wissen, warum wir üben und was Geduld ist. Vor allem aber ist jetzt die Zeit für *sesshins* gekommen. Wenn Sie zwanzig oder dreißig Jahre lang *za-zen* geübt haben, ist es nicht mehr so wichtig, ob Sie an *sesshins* teilnehmen oder nicht. Es gibt aber Jahre, in denen es lebensnotwendig ist und in denen man an so vielen teilnehmen sollte, wie es eben die Lebenssituation erlaubt. Vorausgesetzt, daß Sie die Stärke haben, mit solcher Intensität zu üben. Es ist nicht »schlecht«, sich auf solch ein hingebungsvolles Üben noch nicht einlassen zu wollen. Das möchte ich betonen. Manchmal braucht man noch zehn oder mehr Jahre des Herumsuchens, in denen man sich vom Leben Lektionen erteilen lassen muß, bevor man so weit ist, sich einem intensiven Übungsweg zu widmen.

Die Büchse der Pandora enthält also das, was uns aufregt und beunruhigt, das (manchmal überwältigende) Auftauchen des bisher Unbewußten, unsere Wut auf das Leben. Früher oder später muß sie hervorbrechen. Dies ist das

Ego, der Zorn darüber, daß unser Leben nicht so ist, wie wir es gerne hätten. »Es paßt mir nicht!« »Es gibt mir nicht, was ich will!« »Ich will, daß das Leben angenehm für mich ist!« Es ist unsere Wut darüber, daß Menschen oder Ereignisse in unserem Leben uns einfach nicht das geben, was wir fordern.

Vielleicht erleben Sie gerade jetzt, wie sich die Büchse öffnet. Zu einem bestimmten Zeitpunkt fände ich es richtig, wenn Sie das, was Sie beim Üben herausgefunden haben, miteinander teilten. In gewisser Weise kann ein Schüler dem anderen nützlicher sein, als jemand wie ich, der sich kaum noch an dieses Stadium zu erinnern vermag. Ich verstehe den Konflikt sehr gut, aber die lebendige Erinnerung daran, wie schwierig es sein kann, ist doch verblaßt. Das ist das Gute an einer *sangha*: es ist eine Gruppe von Menschen, die innerhalb eines gemeinsamen Rahmens arbeiten. In der *sangha* können wir aufrichtig sein, wir müssen unsere Kämpfe nicht verbergen oder unterdrücken. Das Schmerzhafteste ist, glauben zu müssen, es sei etwas nicht in Ordnung mit einem und niemand anders habe die gleichen Schwierigkeiten wie man selbst. Natürlich ist das nicht wahr.

»Ärgere dich nicht«

Wenn ich einen Vortrag halte, möchte ich auf jede mir mögliche Weise zu erhellen versuchen, was das Leben für mich bedeutet und was es für andere bedeuten könnte, im Gegensatz zu unseren Illusionen, die wir darüber haben. Es ist sehr schwer, darüber zu sprechen. Nie halte ich einen *dharma**-Vortrag, der mir nicht selbst mißfiele, denn es ist nie möglich, die Wahrheit ganz genau auszusprechen: Immer neige ich dazu, ein wenig in das eine oder andere Extrem zu gehen, oder ich benutze die falschen Worte und verwirre damit die Menschen... doch auch das gehört zu unserem Übungsweg. *Dharma*-Vorträge sind nicht notwendigerweise etwas, das man verstehen muß: Wenn sie die Zuhörer aufrütteln und verwirren, ist es manchmal gerade das Richtige. Beispielsweise: Man kann sagen, daß jeder im Universum gerade in diesem Augenblick das Beste tut, was er oder sie kann. Aber schon das Wort »das Beste« stiftet Verwirrung. Wir haben hier die gleiche Schwierigkeit wie mit dem Satz: »Alles ist so, wie es ist, vollkommen.« Vollkommen? Das Beste tun? Soll das heißen, daß jemand, der etwas Schreckliches tut, das Beste tut, was er kann? Durch unseren Wortgebrauch werden wir im Leben wie auf unserem Übungsweg oft furchtbar verwirrt.

Unser ganzes Leben ist von Unklarheit überschattet, da wir unsere Begriffe (die für sich genommen absolut notwendig sind) mit der Wirklichkeit verwechseln. Und so werden durch *dharma*-Vorträge unsere gewöhnlichen Konzepte in Frage gestellt. Die Worte auf eine bestimmte Weise zu benutzen, macht die Verwirrung nur noch größer, und das ist gut so. Auch heute möchte ich die Verwirrung noch vergrößern. Ich werde Ihnen eine kleine Geschichte erzählen und mich dann in eine andere Richtung

* *dharma*, die Lehre des Buddha, das zweite der drei buddhistischen Kleinodien (triratna), *Buddha, dharma, sangha*. Auch Pflichtbewußtsein, Rechtschaffenheit und Gesetz; ethische Lebensführungsregel, die von einer Generation zur nächsten übermittelt wird. Die drei traditionellen Feinde des *dharmas* sind Wollust, Habgier und Zorn (Anmerkung des Übersetzers).

wenden; wir werden sehen, was wir mit all dem anfangen. In diesem Zentrum sprechen wir nicht viel von Geboten oder vom achtfachen Pfad*, und das aus gutem Grund: Die Leute interpretieren Gebote falsch, im Sinne von Verboten, im Sinne von »Du sollst nicht!« Das aber gerade sind sie nicht. Dennoch spreche ich heute über das Gebot »Ärgere dich nicht«. Ich werde diesen Satz nicht mehr aussprechen. Aber das ist mein Thema: »Ärgere dich nicht«.

Stellen wir uns vor, wir seien auf einem See. Es ist etwas neblig, nicht zu sehr, aber ein wenig, und wir rudern in unserem kleinen Boot dahin und sind vergnügt. Und dann plötzlich taucht aus dem Nebel ein anderes Ruderboot auf und treibt genau auf uns zu . . . Peng! Nun, einen Augenblick lang sind wir wirklich ärgerlich — was macht dieser Idiot da, ich habe gerade mein Boot frisch gestrichen! Und er stößt einfach mit mir zusammen! Und dann plötzlich bemerken wir, daß das Ruderboot leer ist. Und was ist jetzt mit unserem Ärger? Nun, er verraucht. Ich werde mein Boot wieder neu streichen müssen. Das ist alles. Doch hätte in dem anderen Ruderboot jemand gesessen, wie hätten wir reagiert? Wir wissen, was geschehen wäre. Unsere Begegnungen mit dem Leben, mit anderen Menschen, mit Ereignissen, sind nun aber genauso, als stießen wir mit einem leeren Ruderboot zusammen. Doch so erleben wir es nicht. Wir erleben es so, als seien Menschen in diesem anderen Ruderboot, und die wür-

---

* Achtfacher Pfad, nach Gautama Buddha der Weg zur Erreichung des Nirwana. Es sind dies: Rechtes Erkennen, rechtes Entschließen, rechtes Reden, rechtes Handeln, rechtes Erwerben, rechtes Bemühen, rechte Achtsamkeit und rechte Versenkung. Die ersten beiden repräsentieren die Weisheit, die folgenden drei die Moral und die letzten drei die Konzentration. (Anmerkung des Übersetzers).

den uns vor den Bug fahren. Wovon spreche ich, wenn ich sage, daß unser ganzes Leben eine Begegnung, ein Zusammenstoß mit einem Ruderboot ist?

Lassen wir diese Frage einen Augenblick beiseite. Ich werde immer wieder gefragt: »Was habe ich vom Üben? Was verändert sich?« Der *zen*-Übungsweg bedeutet harte Arbeit. Er schränkt uns ein, er macht uns Schwierigkeiten. Man sagt uns, wir müßten jeden Tag sitzen. Was haben wir davon? Die Menschen meinen gewöhnlich: »Ich werde besser werden. Ich gerate leicht in Zorn, aber vielleicht wird mir das nicht mehr so schnell passieren, wenn ich eine Weile *za-zen* geübt habe.« Oder: »Um ehrlich zu sein, ich bin nicht so besonders freundlich zu anderen; vielleicht werde ich durch das Üben ein freundlicherer Mensch.« Aber das ist nicht ganz richtig. Deshalb möchte ich Ihnen ein paar kleine Ereignisse erzählen, die vielleicht zur Klärung dieser Fragen beitragen.

Ich möchte über die Abwaschschüssel in unserem Haus sprechen, in dem ich mit Elizabeth lebe. Seit ich nicht mehr arbeite, bin ich meistens zu Hause. Nachdem ich das Waschbecken gereinigt habe, pflege ich die Waschschüssel hineinzustellen, und wenn während des Tages eine Tasse übrigbleibt, kann ich sie in die Schüssel stellen. So benutze ich sie, und das ist natürlich richtig, nicht wahr? Doch wenn Elizabeth Geschirr wäscht, wäscht sie auch die Waschschüssel aus und dreht sie um, damit sie trocknen kann. Mittags habe ich das Haus für mich, aber um fünf Uhr kommt sie nach Hause. Das weiß ich. Und so denke ich: Bin ich ein Mensch oder bin ich eine Maus? Was soll ich mit der Waschschüssel machen? Soll ich sie so hinstellen, wie Elizabeth es haben möchte? Was tue ich also? Nun, meistens vergesse ich diese Gedanken und stelle sie so hin wie immer.

Und dann ist da noch etwas mit Elizabeth. Ich lebe mit ihr zusammen, und sie ist wunderbar. Aber zwei Menschen können nicht verschiedener sein als wir beide. Was mich unglaublich freut, ist, im Schrank etwas zu finden, was ich wegwerfen könnte. Elizabeth hat alles dreimal und möchte nichts wegwerfen. Das heißt, wenn ich etwas suche, finde ich es nicht, weil ich es weggeworfen habe, und wenn sie etwas sucht, findet sie es nicht, weil sie zu viele Sachen hat.

Noch ein Beispiel, und dann werde ich Ihnen sagen, warum ich Ihnen all das erzähle. Ich sage Ihnen, wie das ist, wenn ich mit meiner Tochter ins Kino gehe: »Mama, du weißt doch, daß du einen unmöglichen Geschmack hast, was Filme anbelangt!« Und ich antworte: »Erinnerst du dich nicht an den Film, den *du* neulich unbedingt sehen wolltest? Und was ist damit?« Und dann zanken wir uns eine Weile und gehen schließlich in einen Film, der . . . nun ja, egal.

Was sollen all diese Geschichten sagen? Es könnte mir doch im Grunde gleich sein, was mit der Waschschüssel ist. Aber wir verlieren durch das Üben keineswegs all unsere kleinen neurotischen Sonderlichkeiten. Weder meiner Tochter noch mir ist es so wichtig, wer nun den besseren Film ausgewählt hat; doch diese kleinen Streitereien kommen nun mal im Leben vor. Das ist das Lustige daran. Verstehen Sie das? Wir müssen das nicht analysieren, auseinandernehmen oder darüber »kommunizieren«. Das Wunder, mit all diesen Dingen zu leben, ist . . . was? Es ist richtig, so wie es ist, es ist »vollkommen«.

Nun werden Sie sagen, daß das schön und gut ist mit Dingen auf dieser Ebene, die natürlich recht trivial sind. Wie aber steht es mit ernsthaften Problemen, mit Dingen, die Kummer und Angst erzeugen? Das gerade meine ich:

es ist nichts anderes. Wenn jemand stirbt, der Ihnen sehr nahesteht, dann besteht das Wunder des Lebens darin, dieser Kummer selbst ganz und gar zu sein. Und Sie sind dieser Kummer auf Ihre Weise, und diese Weise ist wiederum anders als meine. Üben bedeutet bereit zu sein, die Dinge anzunehmen, wie sie sind und so zu sein, wie man ist. Selbst das Wort »bereit sein« ist nicht ganz richtig. Das Leben ist, wie wir an den Geschichten, die ich Ihnen erzählte, sahen, meistens komisch und heiter. Mehr kann man darüber nicht sagen. Wir sehen es aber nicht als komisch oder heiter an. Wir glauben, unser Gegenüber müßte anders sein, so, wie wir es uns vorstellen. Wenn wir zu Krisenpunkten in unserem Leben gelangen, ist es nicht lustig. Nein, das behaupte ich nicht, aber es ist immer noch so, wie es ist. Es ist immer noch in sich vollkommen und richtig.

Ebenso möchte ich auf etwas anderes hinweisen: Ich glaube, daß Fortschritt und Reife im Üben die Fähigkeit bedeutet, das Leben anzunehmen und in ihm zu sein, wie es ist. Das bedeutet nicht, daß Sie ganz frei sein werden von all Ihren kleinen Grübeleien zu all dem inneren Hin und Her. Das wird bleiben. Darum geht es nicht. Aber Sie gehen anders damit um. Und Üben bedeutet einfach, den entscheidenden Punkt ein wenig weiter hinauszuschieben, so daß wir mehr und mehr auf diese ruhige Weise annehmen können. Zunächst sind es nur einige Dinge, die wir so sehen. Doch nach einem halben Jahr des Übens können Sie soviel auf diese Art und Weise annehmen. Und in einem Jahr vielleicht mehr. Und in zehn Jahren noch mehr, und so weiter. Und dann kommt immer wieder dieser Punkt, der uns begrenzt. Wir alle haben diesen Punkt. Solange wir leben, werden wir ihn haben. In dem Maß, wie unser Üben differenzierter und feiner wird, können wir unsere unerhörten Mängel, unsere schrecklichen Grausamkeiten wahrnehmen. Wir sehen die Dinge im Leben, derer wir uns nicht annehmen können. Dinge, die wir nicht loslassen können, Dinge, die wir hassen, Dinge, die wir einfach nicht ausstehen können. Und wenn wir lang genug geübt haben, bereitet uns das Kummer. Doch was wir nicht sehen, ist der Bereich, in dem durch das Üben etwas gewachsen ist — der Bereich, in dem wir wirklich Mitgefühl mit dem Leben haben können, einfach weil es so ist, wie es ist. Das Wunder, daß Elizabeth Elizabeth ist. Sie sollte gar nicht anders sein, sie ist vollkommen, so wie sie ist. Und ich selbst auch. Und Sie alle. Dieser Bereich wächst, und doch bleibt da immer dieser Punkt, an dem wir die Vollkommenheit nicht mehr sehen können; das ist der Punkt, an dem unser Üben ansetzt. Wenn man nur eine kurze Zeit lang *za-zen* geübt hat, dann ist er hier, und das ist gut. Warum sollte er woanders sein? Und dann wird dieser entscheidende Punkt im Laufe eines Lebens immer weiter verrückt, aber immer noch ist er da. Immer gibt es ihn. Und das ist es, woran wir hier arbeiten. Sitzen, wie wir sitzen, und das, was in uns vorgeht, vorgehen lassen, dasein und sterben. Geschehen lassen, dasein und sterben. Doch wenn wir an den entscheidenden Punkt kommen, werden wir uns an all das nicht erinnern! Denn es ist hart, wenn wir an diesen Punkt kommen. Der Übungsweg ist nicht einfach.

Die kleinen Sachen des Lebens regen mich nicht besonders auf. All diese kleinen Dinge erfreuen mich, sie machen Spaß! Es macht mir Spaß, mit meiner Tochter zu zanken. »Mama, kannst du nach all den Jahren immer noch nicht den Sicherheitsgurt anlegen?« »Nein, ich kann es nicht.« Das ist der Spaß, der Spaß, mit einem anderen

Menschen zusammenzusein. Aber was ist mit diesem entscheidenden Punkt? Darum geht es beim Üben. Und das zu verstehen und damit zu arbeiten und auch nicht zu vergessen, daß wir meistens gar nicht bereit sind, damit zu arbeiten, auch das ist Üben. Wir versuchen nicht, eine Art Heiliger zu werden, sondern reale Menschen zu sein, mit all unseren kleinen Problemchen und mit der Großzügigkeit, all das auch bei anderen zuzulassen. Und wenn wir es nicht können, dann wissen wir, daß ein Signal dafür gegeben wurde: Es ist Zeit zum Üben. Ich weiß, wovon ich rede, denn ich habe letzte Woche einen solchen Punkt überwunden. Es war nicht einfach. Und dennoch, ich habe es durchgestanden, und jetzt wartet der nächste Punkt dieser Art auf mich. Ich werde ihm nicht entgehen. Und das wird mein Üben sein.

Wenn wir sensibler für unser Leben werden und dafür, was es in Wahrheit ist, können wir nicht davonlaufen. Wir können das eine Weile versuchen; die meisten von uns werden es so lange wie möglich versuchen. Aber endlos können wir nicht davonlaufen. Und wenn wir ein paar Jahre *za-zen* geübt haben, wird es immer schwieriger, davonzulaufen. Deshalb wünschte ich, Sie könnten Ihr Sitzen schätzen und Ihr Leben schätzen und einander schätzen. Das ist alles, worum es geht. Nichts Überstiegenes. Und seien Sie sich des entscheidenden Punktes bewußt. Wir alle kommen an ihn. Sie können sich von ihm abwenden und sich weigern, ihn zu sehen, aber wenn Sie das tun, werden Sie nicht wachsen, und auch das Leben um Sie herum wird nicht wachsen. Doch wahrscheinlich können Sie es sowieso nur eine Zeitlang vermeiden.

SCHÜLER: Manchmal, wenn ich über *zen* lese, scheint es mir, als sei man eigentlich nur ein Zuschauer.

JOKO: Nein, nein, kein Zuschauer. *Zen* ist Handeln.

SCHÜLER: Und es scheint etwas mit dem entscheidenden Punkt zu tun zu haben. Wenn man an diesem Punkt ist, handelt man offensichtlich nicht so klug, wie man könnte...

JOKO: Kehren wir zum Ruderboot zurück. Die meisten von uns, die beispielsweise mit kleinen Kindern zu tun haben, sehen doch, daß alles, was sie tun, selbst wenn sie einem gegen das Schienbein treten, mit einem leeren Ruderboot vergleichbar ist. Das soll man einfach annehmen. Ich glaube, der Buddha sagte: »Die ganze Welt ist mein Kind.« Es geht einfach darum, diesen entscheidenden Punkt zu verschieben. Wir müssen üben, wenn wir es nicht zulassen können, daß die ganze Welt unser Kind ist. Ich glaube, das meinten Sie.

SCHÜLER: Um die Analogie weiterzutreiben: Sagen wir, das Kind will einem nicht gegen das Schienbein treten, sondern das Haus anzünden.

JOKO: Nun, dann hindern Sie es daran! Nehmen Sie ihm die Zündhölzer weg! Aber es tut einfach, was es tut. Aus welchem Grund auch immer. Versuchen Sie, eine Möglichkeit zu finden, daß es aus dem Vorfall etwas lernen kann.

SCHÜLER: Wenn man es einfach davon abhält, ist es dann anders, als wenn man das Gefühl hätte, es hätte einen persönlich angegriffen?

JOKO: Nun ja, wenn wir ehrlich sind, haben wir bei unseren Kindern oft den Eindruck, es sei ein persönlicher Angriff, nicht wahr? Doch wenn wir einen Augenblick lang nachgedacht haben, erkennen wir meist, daß wir mit seinem Verhalten in einer Weise umgehen müssen, die dem Kind angemessen ist. Das können wir, wenn wir nicht das Gefühl haben, unser Ego sei durch das Verhalten unseres Kindes bedroht. Und das ist *kein* leeres Ruderboot. Alle Eltern reagieren manchmal so. Wir wollen, daß unsere Kinder vollkommen sind. Sie sollen vorbildlich sein, weil uns sonst die anderen Leute kritisieren würden. Aber unsere Kinder sind einfach Kinder. Wir sind nicht vollkommen, und sie sind nicht vollkommen.

SCHÜLER: Sie erwähnten den Satz: *Ärgere dich nicht*. Dazu möchte ich Sie etwas fragen. Sie sagten, daß wir es geschehen lassen sollen, wenn Ärger aufsteigt. Da sein und wahrnehmen. Doch wenn man auf etwas Bestimmtes immer wieder mit Ärger reagiert, wie soll man ihn loslassen?

JOKO: Indem man den Ärger, nonverbal, physisch ausdrückt. Sie können ihn nicht zwingen, zu verschwinden, aber Sie müssen ihn nicht notwendigerweise an anderen Menschen auslassen.

SCHÜLER: Ich möchte die Analogie mit dem Ruderboot noch erweitern: Wenn wir sähen, daß das Ruderboot auf uns zutriebe und daß jemand darinsäße, würden wir wahrscheinlich rufen: »Vorsicht, nicht hierher!« Aber wenn es ein leeres Ruderboot wäre, dann würden wir wahrscheinlich unser Ruder nehmen und das Boot davon abhalten, an unseres zu stoßen.

JOKO: Ja, wir würden das Sinnvollste tun.

SCHÜLER: Ich weiß nicht. Oft schreit man trotzdem, auch wenn es ein leeres Ruderboot ist. Man verflucht das Universum oder was auch immer!

JOKO: Es ist ein bißchen wie mit der Waschschüssel. Man schreit vielleicht, aber es ist ein Unterschied zwischen dieser augenblicklichen Reaktion und den Gedanken, die man dann für die nächsten Stunden hat.

SCHÜLER: Doch auch wenn da niemand ist, denken wir, das Universum täte uns etwas an. Selbst wenn das Ruderboot leer ist, setzen wir jemanden hinein.

JOKO: Ja, richtig. Aber es ist *immer* ein leeres Ruderboot. Doch auch hier gilt wieder: je länger wir üben, desto weniger oft passiert uns das. Nicht, weil wir uns sagen: »Ich will nicht ärgerlich sein«, nein, wir reagieren einfach nicht so. Wir empfinden anders und wissen vielleicht nicht einmal, warum.

SCHÜLER: Wenn man spürt, daß der Ärger auftaucht, ist das ein sicheres Zeichen dafür, daß man an dem entscheidenden Punkt ist?

JOKO: Ja, deshalb habe ich diesen Vortrag überschrieben: *Ärgere dich nicht*. Aber es ist eben entscheidend zu verstehen, was das Üben im Zusammenhang mit dem Ärger bedeutet. Es ist kein Verbot, denn das wäre nutzlos.

SCHÜLER: Ja, natürlich muß ich mehr üben. Ich denke eben, wenn mir etwas Tragisches zustößt: »Ich verdiene es nicht«, »Mein Freund verdient es nicht«, »Wie konnte das geschehen?« Und dann beschäftige ich mich mit der

Ungerechtigkeit des Geschehenen und wehre mich dagegen.

JOKO: Ja, es ist schwierig, sehr, sehr schwierig. Aber es ist eine Gelegenheit zum Üben.

SCHÜLER: Ich verstehe nicht, was es heißen soll, wenn ich von plötzlicher Erleuchtung höre. Wenn es um einen Prozeß geht, wie kann man dann einen Zustand der Erleuchtung erleben?

JOKO: Aber ich habe ja gerade eben gesagt, daß es das nicht gibt! Das Erlebnis der Erleuchtung, bei dem man plötzlich die Wirklichkeit sieht, wie sie ist, bedeutet einfach, daß man für einen Augenblick lang die persönlichen Lebensanschauungen über Bord werfen kann. Für eine Sekunde lang sieht man das Universelle. Das Problem bei den meisten Erleuchtungserlebnissen besteht darin, daß die Menschen an ihnen festhalten, sie hätscheln, und sie so zu einem Hindernis werden lassen. Dieses Erlebnis ist nicht das Entscheidende — unser Leben geht weiter. Und der Wert, den dieses Erlebnis hat, liegt in uns selbst; darum brauchen wir uns keine Sorgen zu machen. Für die meisten von uns ist das Ruderboot immer voller Menschen; sehr selten erscheint es uns leer. Und deshalb liegt der entscheidende Punkt *hier*, wir arbeiten mit dem, was wir jetzt sind, wo wir sind. Denken Sie an die zwei Verse des fünften Patriarchen — der eine poliert unaufhörlich den Spiegel, und der andere sieht, daß es noch nie einen Spiegel gegeben hat, der gereinigt werden muß. Die meisten Menschen glauben, da das zweite die richtige Erkenntnis ist, sei das erste nutzlos. Aber nein, unser Üben dreht sich paradoxerweise um das erste

Gedicht. Das Reinigen des Spiegels. Der entscheidende Punkt liegt dort, wo Sie den Spiegel reinigen. Er ist absolut notwendig. Denn nur, indem man das tut, wird man schließlich die Vollkommenheit aller Dinge sehen, so wie sie sind. Und das können wir erst sehen, wenn wir einen wirklich strengen Übungsweg gegangen sind.

SCHÜLER: Dann ist es also gut, sich zu ärgern.

JOKO: Wenn Sie daraus lernen. Ich habe nicht darüber gesprochen, was es bedeutet, den Ärger an anderen auszulassen. Das ist etwas ganz anderes. Das tun wir vielleicht ab und zu. Ich behaupte nicht, daß das nicht manchmal passieren wird, aber produktiv ist es nicht. Sich zu ärgern geht ganz im stillen vor sich. Es muß keineswegs etwas Geräuschvolles sein.

SCHÜLER: Ich glaube, das Problem entsteht, wenn Sie einerseits sagen: »Ärgere dich nicht«, und dann zugleich: »Ärgere dich«.

JOKO: Wir wollen hier sehr genau sein ... ich sage, daß man den Ärger wahrnehmen sollte, wenn man gerade ärgerlich ist. Denn das ist die Wirklichkeit des Augenblicks. Wenn wir aber so tun, als seien wir gar nicht ärgerlich und den Ärger mit einer Forderung wie: »Ärgere dich nicht« zudecken, dann ist einfach keine Chance da, den Ärger wirklich als das kennenzulernen, was er ist. Auf der Seite jenseits des Ärgers liegt, wenn wir seine Leere wahrnehmen und durch sie hindurchgehen, immer Mitgefühl. Aber nur, wenn wir wirklich und tatsächlich hindurchgegangen sind. Genug damit.

Falsche Ängste

Da wir alle Menschen sind, neigen wir dazu, uns falsche Probleme zu schaffen. Das Problem besteht darin, daß wir nicht anders können, als aus unserer besonderen und eigenartigen geistigen Verfassung heraus zu leben. Unsere Art zu denken gleicht nicht der einer Katze, der eines Pferdes oder eines Delphins. Da wir unsere geistigen Fähigkeiten mißbrauchen, verwechseln wir zwei Arten von Angst. Die eine Art, die Furcht, ist etwas ganz Gewöhnliches. Wenn wir physisch bedroht sind, reagieren wir — wir laufen weg, wir kämpfen oder rufen nach der Polizei. Wir tun etwas, das ist die natürliche, gewöhnliche Furcht. Doch ein großer Teil unseres angsterfüllten Lebens basiert nicht auf Furcht, sondern auf falscher Angst.

Die falsche Angst gibt es nur, weil wir unseren Verstand mißbrauchen. Da wir unser Selbst oder »Ich« als etwas Losgelöstes sehen, schaffen wir die vielfältigsten Vorstellungen, bei denen das Ich das Subjekt ist. Diese Vorstellungen drehen sich darum, was diesem Ich geschehen ist oder geschehen könnte, wie man diese Geschehnisse analysieren oder kontrollieren könnte, und diese beinahe unaufhörliche gedankliche Aktivität führt zu einer dauernden ängstlichen (Fehl-)Einschätzung unserer selbst und der anderen.

Die Angst, die aus diesem falschen Bild entspringt, hindert uns daran, intelligent zu handeln; aus dieser Angst heraus versuchen wir, zu manipulieren. Sobald wir eine Situation oder einen Menschen »eingeschätzt« haben, handeln wir vielleicht, doch dieses Handeln basiert sehr oft auf einem Irrtum — dem irrtümlichen Denken, daß es ein »Ich« gäbe, das von der Handlung getrennt sei. Vielleicht denken wir Sachen wie: »Ich werde das Diplom nicht bekommen.« »Ich werde keinen guten Eindruck machen.« »Am Schluß bleibt mir gar nichts.« »Ich bin doch erhaben über so eine Tätigkeit wie Geschirrspülen.« Aus diesem Ich-Denken erwächst ein bestimmtes Wertsystem. Wir neigen dazu, nur Menschen oder Ereignisse zu schätzen, von denen wir hoffen können, daß sie ein sicheres geschütztes Leben dieses »Ichs« erhalten oder ermöglichen. Wir schätzen uns selbst ein und entwickeln verschiedene Strategien, um dieses Ich zu erhalten. Im Jargon der südkalifornischen populären Psychologie sagen wir vielleicht: »Ich muß mich selbst lieben.« Doch wer liebt wen? Wie um alles in der Welt kann es einem »Ich« gelingen, ein »Mich-Selbst« zu lieben? Wir glauben, ich muß mich selbst lieben, ich muß gut zu mir sein, ich muß gut zu dir sein. All diesen Vorstellungen liegt eine überwältigende Angst zugrunde, eine Angst, die nichts Produktives hervorbringt. Wir haben ein tiefes »Ich«, das wir zu lieben und zu schützen versuchen. Den größten Teil unseres Lebens verbringen wir damit, dieses sinnlose Spiel zu spielen. »Was wird geschehen? Wie wird es ausgehen? Werde ich etwas davon haben?« Ich, ich, ich. Es ist ein illusionäres Gedankenspiel; wir verlieren uns vollständig darin.

Man könnte ja nun annehmen, daß das Spiel, wenn wir es einmal als solches gesehen haben, vorbei wäre, aber nein. Es ist, als würde man einem Betrunkenen sagen, er sollte nicht betrunken sein. Wir sind unaufhörlich betrunken. Aber uns deshalb zu tadeln und zu ermahnen, bewirkt auch nichts Gutes. »So will ich nicht sein.« Das ist nicht die Antwort. Aber was ist die Antwort? Wir müssen uns dem Problem aus einer anderen Richtung nähern, wir müssen zur Hintertür hereinkommen. Zunächst sollten wir uns unserer Illusion, unserer Trunkenheit, bewußt werden. Die alten Schriften sagen: »Erleuchte den Geist, laß ihn licht werden, sei aufmerksam.« Das ist nicht dasselbe wie besser werden oder unser Leben in den Griff bekommen. Es ist *shikan* — also einfach sitzen, wahrnehmen, die Illusion (die Ich-Behauptungen) erkennen als das, was sie sind.

Nicht das »Ich« hört die Vögel singen, sondern wir sind das *Einen-Vogel-Singenhören*. Lassen Sie sich selbst ein Sehender, ein Hörender, ein Denkender sein. Das ist es, worum es beim *za-zen* geht. Das falsche Ich zerstört das Wunder durch den dauernden Wunsch, über das Ich nachzudenken. Und das Wunder geschieht immerzu: die Vögel singen, die Geräusche der Stadt sind im Hintergrund, die Körperempfindungen gehen weiter, das Herz schlägt — das Leben ist ein Wunder, das in jedem Augenblick geschieht. Doch da wir unsere Ich-Träume träumen, entgeht es uns. Deshalb laßt uns einfach das Sitzen üben und das annehmen, was uns als Unklarheit erscheint. Fühlen wir es, seien wir es, schätzen wir es. Dann durchschauen wir vielleicht immer öfter den falschen Traum, der unser Leben verdunkelt. Und was bleibt dann?

Keine Hoffnung

Vor ein paar Tagen erfuhr ich vom Selbstmord eines Freundes, den ich viele Jahre nicht mehr gesehen hatte. Schon damals sprach er andauernd von Selbstmord, und so überraschte mich die Nachricht nicht. Ich glaube nicht, daß das Sterben eine Tragödie ist. Wir alle sterben;

das ist nicht die Tragödie. Vielleicht ist nichts eine Tragödie, doch ich glaube, man kann sagen, daß Leben ohne Wertschätzung dieses Lebens zumindest eine Schande ist.

Es ist ein kostbares Geschenk, als Mensch leben zu dürfen. Jemand hat einmal gesagt, daß das Glück, das Leben eines Menschen leben zu dürfen, so ist, als würde ein Sandkorn aus allen Sandkörnern eines Strandes herausgehoben. Es ist solch eine seltene Möglichkeit, und doch kann, wie im Fall meines Freundes, darüber ein Irrtum entstehen. Ein wenig unterliegen wir alle diesem Irrtum — denn wir schätzen nicht wirklich, was es bedeutet, leben zu dürfen.

Heute möchte ich darüber sprechen, was es bedeutet, keine Hoffnung zu haben. Das klingt schrecklich, nicht wahr? Aber es ist überhaupt nicht schrecklich. Ein Leben ohne Hoffnung ist ein Leben voller Frieden, Freude und Mitgefühl. Solange wir uns mit diesem Geist und mit diesem Körper identifizieren — und das tun wir alle —, hoffen wir auf Dinge, von denen wir glauben, sie würden uns zugute kommen. Wir hoffen auf Erfolg. Wir hoffen auf Gesundheit. Wir hoffen auf Erleuchtung. Wir hoffen auf alle möglichen Dinge. Doch alle Hoffnung beruht darauf, daß wir die Vergangenheit einschätzen und sie in die Zukunft projizieren.

Jeder, der eine Weile *za-zen* geübt hat, sieht, daß es keine Vergangenheit und keine Zukunft gibt — außer in unserem Kopf. Es gibt nichts als das Selbst, und das Selbst ist immer hier, gegenwärtig. Es ist nicht verborgen. Wir rennen herum wie verrückt und versuchen etwas zu finden, was Selbst genannt wird, dieses wunderbare, verborgene Selbst. Wo ist es verborgen? Wir hoffen auf etwas, das sich dieses kleinen Selbst annehmen wird, da wir nicht erkennen, daß wir schon selbst sind. Es gibt nichts um uns herum, was nicht selbst ist. Was suchen wir also?

Kürzlich lieh mir ein Schüler ein Buch über einen Text von Dōgen Zenji mit dem Titel TENZO KYŌKUN. Es enthält Dōgen Zenjis Ansichten darüber, wie ein *tenzo*, ein Chefkoch, sein sollte — seine Eigenschaften, sein Leben.

Nach Ansicht des Dōgen Zenji sollte der *tenzo* einer der reifsten und sorgfältigsten Schüler im Kloster sein. Übt er nicht so, wie ein *tenzo* üben sollte, so leidet das Leben des ganzen Klosters darunter. Doch Dōgen Zenji spricht, wenn er diese Eigenschaften eines *tenzo* beschreibt und Anleitungen dafür gibt, wie er seine Arbeit verrichten sollte, nicht nur über den *tenzo*. Er spricht über das Leben eines jeden *zen*-Schülers, eines jeden *bodhisattva**. Und so ist das Buch eine sehr lehrreiche und sinnvolle Lektüre.

Wie aber beschreibt er das Leben eines Erleuchteten? Gibt es da mystische Visionen? Zustände der Verzückung? Keineswegs. Aber es gibt viele Abschnitte darüber, wie man den Reis vom Sand befreit oder den Sand vom Reis. Ganz detailliert. Keine Einzelheit der Arbeit in der Küche hat Dōgen Zenji ausgelassen. Er beschreibt, wie man die Schöpflöffel anordnet, wie man sie aufhängt, usw.

Lassen Sie mich einen Abschnitt vorlesen: »Weiter sollte man das Wasser, das nach dem Waschen des Reises übrigbleibt, nicht achtlos wegschütten. In alten Zeiten benützte man ein Stück Tuch, um das Wasser zu filtern, wenn man es wegschüttete. Wenn man das Waschen des Reises beendet hat, gebe man ihn in den Kochtopf. Man achte sehr darauf, daß nicht aus Versehen eine Maus hineinfällt. Unter keinen Umständen sollte man jemandem, der sich zufällig in der Küche aufhält, erlauben, die Dinge mit

* Erleuchtungswesen, künftiger Buddha.

seinen Fingern zu betasten oder in den Topf zu schauen.«

Was will der Dōgen Zenji uns damit sagen? Er schrieb das ja nicht nur für den *tenzo*. Was können wir alle daraus lernen?

In diesem Buch gibt der Dōgen Zenji eine berühmte Geschichte wieder. Wenn wir diese Geschichte verstanden haben, haben wir verstanden, worum es beim *zen*-Übungsweg geht. In seiner Jugend reiste Dōgen Zenji nach China, um zu Übungs- und Studienzwecken Klöster zu besuchen. Einmal, an einem sehr heißen Juninachmittag, sah er einen älteren *tenzo*, der vor der Küche im Schweiße seines Angesichts arbeitete. Er breitete Pilze aus, um sie auf einer Strohmatte zu trocknen.

Er hielt einen Bambusstab in der Hand, trug aber keinen Hut auf dem Kopf. Die Sonne brannte so heftig hernieder, daß die Platten am Weg einem die Füße verbrannten. Er arbeitete hart, der Schweiß rann ihm übers Gesicht. Ich konnte nicht anders, als ihn wegen seiner anstrengenden Arbeit zu bedauern. Sein Rücken war ein straff gespannter Bogen, seine langen Augenbrauen waren kranichweiß.

Ich trat herzu und fragte ihn nach seinem Alter. Er antwortete, daß er achtundsechzig Jahre alt sei. Dann fragte ich ihn, warum er keine Helfer hätte. Er antwortete: »Andere Menschen sind nicht ich.«

»Ihr habt recht«, sagte ich; »ich sehe, daß eure Arbeit die Arbeit des *Buddha-dharma* ist, aber warum arbeitet Ihr so hart in dieser glühenden Hitze?«

Er antwortete: »Wenn ich es nicht jetzt tue, wann soll ich es dann tun?«

Darauf blieb mir nichts mehr zu sagen. Den Weg weitergehend, begann ich innerlich zu spüren, was die wahre Bedeutung der Aufgabe des *tenzo* ist.

Der alte *tenzo* hatte gesagt: »Die anderen Menschen sind nicht ich.« Betrachten wir diesen Satz genauer. Er sagt damit, mein Leben ist absolut. Niemand kann es für mich leben. Niemand kann für mich fühlen, niemand kann für mich dienen. Meine Arbeiten, meine Leiden, meine Freuden sind absolut. Es gibt keine Möglichkeit, daß du beispielsweise den Schmerz in meiner Zehe spürst oder daß ich den Schmerz in deiner Zehe spüre. Keine Möglichkeit. Du kannst nicht für mich schlucken. Du kannst nicht für mich schlafen. Und das ist das Paradoxon: wenn ich mir den Schmerz, die Freude und die Verantwortung für mein Leben ganz zu eigen mache — wenn ich erkenne, was das bedeutet —, dann bin ich frei. Ich habe keine Hoffnung, ich habe kein Bedürfnis nach etwas anderem. Doch wir leben gewöhnlich in der vergeblichen Hoffnung auf Menschen oder Dinge, die unser Leben leichter und angenehmer machen werden. Wir verbringen einen großen Teil unserer Zeit damit, unser Leben so einzurichten, daß sich das verwirklicht; wo doch die Freude unseres Lebens gerade darin liegt, alles, was getan werden muß, ganz zu tun, und was getragen werden muß, zu tragen. Dōgen Zenji spricht von dem Selbst, das sich ganz natürlich im Selbst eingerichtet hat. Was meint er damit? Er meint, daß nur Sie Ihren eigenen Schmerz, Ihre eigene Freude empfinden können. Wenn es einen Eindruck in Ihrem Leben gibt, der nicht empfangen wird, dann sterben Sie in diesem Augenblick ein kleines bißchen. Niemand von uns lebt vollständig auf diese Weise, aber wir müssen doch nicht neunzig Prozent unserer Lebenserfahrung aufs Spiel setzen.

»Wenn ich es nicht jetzt tue, wann soll ich es dann tun?« Nur ich kann mich vom Morgen bis zum Abend um das Selbst kümmern. Ich kann das Leben empfangen. Es ist diese Berührung in jeder einzelnen Sekunde, von der Dōgen Zenji spricht, wenn er den Tag des *tenzo* beschreibt. Tu das, kümmere dich um jenes, wasch nicht nur den Reis, sondern tue es sorgfältig, Korn für Korn. Schütte das Wasser nicht weg. Jeder Bissen unseres Essens, das wir zu uns nehmen. Jedes Wort, das ich sage. Jedes Wort, das du sagst. Jede Begegnung, jede Sekunde, das ist es. Nicht mit dem Geist irgendwo anders herumspazieren. Nicht das Geschirr nur halbherzig waschen. Nichts halbherzig tun.

Ich erinnere mich, daß es eine Zeit gab, in der ich buchstäblich vier oder fünf Stunden am Tag vor mich hinträumte. Und jetzt sehe ich mit Trauer, wie so viele Menschen ihr Leben verträumen. Manchmal träumt ein Mann oder eine Frau von einem Idealpartner, sie träumen und träumen. Doch wenn wir unser Leben mit Träumen und Hoffnungen verbringen, dann entgeht uns das, was das Leben bieten kann — der Mann, die Frau, die gerade neben uns sitzen, ganz gewöhnlich und unauffällig — das Wunder des Lebens entgeht uns, weil wir auf etwas anderes, auf etwas Besonderes, auf etwas Ideales hoffen. Und Dōgen Zenji sagt uns, daß das wirkliche Üben damit nichts zu tun hat.

Wir sagen noch einmal, daß *za-zen*, das Sitzen, schon die Erleuchtung ist. Warum? Weil das Sitzen, Sekunde für Sekunde, alles ist. Der alte *tenzo* breitete Pilze aus. Das ist ein leidenschaftliches Leben, sein Leben damit zuzubringen, Nahrung für andere zuzubereiten. Im Grunde bereiten wir alle immerzu Nahrung für andere zu. Diese »Nahrung« kann aus Schreibmaschinenschreiben bestehen; sie kann aus Mathematik oder Physik bestehen; sie kann darin bestehen, daß wir uns um unsere Kinder kümmern. Doch leben wir in dieser Haltung der Wertschätzung unserer Arbeit? Oder hoffen wir immerzu: »Ach, es muß irgend etwas geben, was mehr als das ist.« Ja, das hoffen wir alle.

Wir hoffen es nicht nur, sondern wir geben unser Leben für diese Hoffnung hin, für diese vergeblichen Gedanken und Phantasien. Und wenn sie sich nicht verwirklichen, haben wir Angst, ja, wir geraten in Verzweiflung.

Ein Schüler erzählte mir kürzlich eine gute Geschichte. Sie handelt von einem Mann, der auf dem Dach eines Hauses saß, weil eine Flutwelle sein Dorf überspülte. Das Wasser war schon bis zum Dach gestiegen, als eine Rettungsmannschaft in einem Ruderboot daherkam. Sie versuchten mühsam, zu ihm zu gelangen und riefen ihm dann zu: »Komm, steig ins Boot!« Er antwortete: »Nein, nein, Gott wird mich retten.« Das Wasser stieg höher und höher, und er kletterte höher und höher aufs Dach. Obwohl die Wellen hochschlugen, gelang es einem anderen Boot, sich bis zu ihm durchzuarbeiten. Auch diese Mannschaft bat ihn, ins Boot zu steigen und sich retten zu lassen. Aber er sagte wieder: »Nein, nein, nein, Gott wird mich retten. Ich bete, Gott wird mich retten!« Schließlich schaute nur noch sein Kopf aus dem Wasser. Da kam ein Hubschrauber geflogen. Er blieb über ihm in der Luft stehen, und man rief ihm zu: »Komm, das ist deine letzte Chance, steig ein!« Aber er sagte immer noch: »Nein, nein, nein, Gott wird mich retten!« Schließlich stieg das Wasser über seinen Kopf, und er ertrank. Als er in den Himmel kam, beklagte er sich bei Gott: »Gott, warum hast du mich nicht gerettet?« Und Gott sagte: »Das habe ich doch getan. Ich habe dir zwei Ruderboote und einen Hubschrauber geschickt.«

Wir verbringen viel Zeit damit, nach etwas zu suchen, das Wahrheit heißt. Aber es gibt so etwas nicht, außer in jeder Sekunde, jeder Aktivität unseres Lebens. Doch unsere vergebliche Hoffnung auf einen Platz zum Ausruhen, der irgendwo sein soll, macht uns für das, was hier ist, blind. Was heißt es also, bei *sesshins*, beim *za-zen*, keine Hoffnung zu haben?

Ich meine, daß man einfach *za-zen* üben, das heißt sitzen soll. Träume und Phantasien sind nicht schlecht, aber halten Sie sich nicht an ihnen fest; sehen Sie ihre Unwirklichkeit und wenden Sie sich von ihnen ab. Bleiben Sie bei dem, was einzig wahr ist, die Erfahrung des Atems, des Körpers und der Umgebung.

Keiner von uns möchte seine Hoffnung aufgeben. Und um ehrlich zu sein, keiner von uns wird sie gleich ganz aufgeben. Aber es können Zeiten kommen, in denen wir für ein paar Minuten oder für ein paar Stunden erleben, daß ist, was ist: einfach diesen Fluß. Und dann sind wir dem einzigen, was wir je haben werden, näher: unserem Leben.

Wenn wir also auf diese Weise üben, wie wird dann unsere Belohnung aussehen? Wenn wir wirklich so üben, erfordert das alles, was wir haben. Was springt dabei für uns heraus? Die Antwort ist natürlich: nichts. Deshalb laßt uns keine Hoffnung hegen. Wir werden nichts bekommen. Natürlich. Das haben wir ja schon. So laßt uns nicht sein wie mein Freund und unser Leben und unser Üben nicht schätzen. Dieses Leben *ist* Nirwana. Wo glaubten wir, daß es sei?

Denken wir an den alten *tenzo*. Wenn wir so üben, wie er die Pilze ausbreitete, dann können wir mit diesem *Nichts* belohnt werden.

Liebe

Liebe ist ein Wort, das in buddhistischen Texten nicht oft erwähnt wird. Und die Liebe (das Mitgefühl), von dem diese Texte sprechen, ist keine Emotion, jedenfalls nicht das, was wir gewöhnlich für eine Emotion halten. Es ist ganz gewiß nicht das, was wir Verliebtheit oder Schwärmerei nennen, denn das hat wenig mit Liebe zu tun. Es ist gut, einmal dem nachzugehen, was Liebe ist und wie es mit dem Üben zusammenhängt, denn die beiden Früchte unseres Übens sind Erkenntnis und Mitleid.

Menzan Zenji (1683—1769) war einer der größten Gelehrten des *soto-zen*, und er macht uns mehr als die anderen alten Meister klar, was das Üben ist. Manchmal lesen wir die alten Texte und machen uns ein Bild vom Üben, das nichts zu tun hat damit, zum Bäcker zu gehen und Brot zu kaufen. Menzan Zenjis Worte sind klar. Er sagt: »Wenn die Wirklichkeit des *za-zen* durch das Üben ganz klar geworden ist, wird der Eisblock der Emotionsgedanken ganz von selbst dahinschmelzen.« Aber er sagt auch: »Wenn du glaubst, du hättest das illusionäre Denken abgeschnitten, anstatt wahrzunehmen, wie die Emotionsgedanken dahinschmelzen, werden die Emotionsgedanken wieder aufkommen, als hättest du Halme eines Grasbüschels abgeschnitten oder den Stamm eines Baumes abgesägt und die Wurzel am Leben gelassen.« Viele Menschen glauben, das Üben sei Abschneiden von illusionären Gedanken. Natürlich sind Gedanken illusionär. Aber wie Zenji sagt: Wenn man sie abschneidet, anstatt wahrzunehmen, wie die Emotionsgedanken dahinschmelzen, lernt man nur wenig. Viele Menschen haben nur spärliche Erleuchtungserlebnisse. Aber weil sie nicht klar wahrnehmen, wie ihre Emotionsgedanken dahinschmelzen, müssen sie in ihrem alltäglichen Leben die sauren Früchte der Emotionsgedanken ernten. Er schreibt: »Emotionsgedanken sind die Wurzeln der Täuschung, ein hartnäckiges Festhalten an einem einseitigen Standpunkt, der aus unseren bedingten Wahrnehmungen entsteht.«

Bei unserem Üben geht es hauptsächlich darum, klar wahrzunehmen, wie die Emotionsgedanken dahinschmelzen. Zunächst müssen wir sehen, was das eigentlich ist: unsere emotionalen, egozentrischen Gedanken, mit denen wir uns die ganze Zeit herumschlagen. Ihre Abwesenheit, so sagt er, *ist* der Zustand der Erleuchtung, ist *satori*.

Wir sind alle, ohne Ausnahme, in Emotionsgedanken gefangen, doch in sehr verschieden hohem Maße. Es ist ein großer Unterschied zwischen einem Menschen, der fünfundneunzig Prozent seiner Zeit davon eingenommen ist, und einem anderen, bei dem es fünf Prozent der Zeit sind.

Genau betrachtet leben wir mit allen in Beziehung, mit der Tasse, dem Teppich, den Bergen, den Menschen. Doch heute sprechen wir von Beziehungen mit Menschen, da sie immer die größten Schwierigkeiten hervorzurufen scheinen. Und wenn wir uns nicht die letzten zwanzig Jahre in einer Höhle verkrochen hatten, so haben wir alle mit jemandem eine Beziehung. In dieser Beziehung lebt immer etwas aufrichtige und etwas falsche Liebe. Wieviel von unserer Liebe aufrichtig ist, hängt davon ab, wie wir mit der falschen Liebe übend umgehen, die in den Emotionsgedanken der Erwartungen, Hoffnungen und der Konditioniertheit gedeiht. Wenn wir die Emotionsgedanken nicht als leer erkennen, erwarten wir, daß unsere Beziehung uns Wohlbefinden schenken sollte. Solange diese Beziehung unser Bild davon, wie die Dinge sein sollten, nährt, halten wir sie für eine gute Beziehung.

Wenn wir mit einem Menschen nahe zusammenleben, hat diese Art von Traum jedoch keine große Chance. Im Laufe der Monate bricht der Traum unter dem Druck der Einsicht zusammen, daß wir unsere schönen Bilder von uns selbst und von unserem Partner nicht aufrechterhalten können. Natürlich möchten wir das Idealbild, das wir von uns selbst haben, erhalten. Ich glaube nur zu gern, daß ich eine gute Mutter bin, geduldig, verständnisvoll, klug. (Wenn meine Kinder nur derselben Meinung wären, dann wäre es bestens!) Doch dieser Nonsens der Emotionsgedanken beherrscht unser Leben.

Vor allem in der Verliebtheit geraten unsere Emotionsgedanken außer Rand und Band. Ich erwarte von meinem Partner, daß er mein idealisiertes Selbstbild füllen solle. Und wenn er das nicht mehr tut (was früher oder später geschehen wird), sage ich: »Die Begeisterung ist vorbei, was ist denn mit ihm los? Er tut lauter Dinge, die ich nicht ertrage.« Und ich frage mich, warum ich mich so elend fühle. Mein Partner paßt mir nicht mehr, er reflektiert mir mein Traumbild von mir selbst nicht mehr, er verschafft mir nicht mehr Annehmlichkeiten und Vergnügen. Aber keine dieser emotionalen Forderungen hat etwas mit Liebe zu tun. Wenn die Bilder zerbrechen — und das werden sie bei einer engen Beziehung immer — wird aus solcher »Liebe« Feindseligkeit, sie artet in Streitereien aus.

Wenn wir also in einer engen Beziehung leben, werden wir ab und zu leiden, da keine Beziehung uns je vollständig »auf den Leib geschneidert« sein wird. Niemand, mit dem wir leben, wird uns je alles recht machen, so wie wir es gerne wollen. Wie können wir mit dieser Täuschung umgehen? Wir müssen immer weiter üben, um der Erfahrung unseres Schmerzes, unserer Enttäuschung, unserer zerstörten Hoffnungen und Bilder näher zu kommen. Und diese Erfahrung ist letztlich non-verbal. Wir müssen den gedanklichen Inhalt so lange beobachten, bis er neutral genug ist, daß wir in die unmittelbare und non-verbale Erfahrung der Enttäuschung und des Leidens eindringen können. Wenn wir das Leiden unmittelbar erfahren, kann das Dahinschmelzen der falschen Emotionen beginnen, und wahres Mitgefühl kann entstehen.

Unsere Versprechen zu erfüllen, ist das einzige, was wir füreinander tun können. Je mehr wir im Lauf der Jahre üben, desto offener und liebevoller wird unser Geist werden. Wenn diese Entwicklung vollendet ist (was bedeutet, daß es nichts mehr auf der Erde gibt, das wir verurteilen), dann sind wir im Zustand der Erleuchtung und des Mitleids. Der Preis, den wir dafür bezahlen müssen, ist lebenslängliches Üben im Umgang mit unserer Bindung an unsere Emotionsgedanken, das Hindernis für Liebe und Mitleid.

IV. BEZIEHUNGEN

Die Suche

Jeder Augenblick unseres Lebens ist Beziehung. Es gibt nichts als Beziehung. In diesem Augenblick habe ich eine Beziehung zu dem Teppich, zu dem Zimmer, zu meinem eigenen Körper und zum Klang meiner Stimme. Es gibt nichts außer meinem In-Beziehung-Sein, in jeder Sekunde. Und auf unserem Übungsweg wächst dies: zunächst unsere Erkenntnis, daß es im Leben nichts gibt als das In-Beziehung-Sein zu allem, was in jedem Augenblick geschieht, und dann unsere wachsende Hingabe an diese Beziehungen. Das scheint nun ganz einfach — was aber stellt sich dem entgegen, was blockiert unsere Hingabe an eine bestimmte menschliche Beziehung, an das Studium, an die Arbeit, daran, uns des Lebens zu erfreuen? Was ist das Hindernis?

Da wir nicht immer begreifen, was es bedeutet, in Beziehung zum gegenwärtigen Augenblick zu sein, suchen wir. Wenn ich im Zentrum Anrufe entgegennehme, frage ich: »Was haben Sie auf dem Herzen?« Und die Antwort ist dann vielleicht: »Ich bin ein Mensch auf der Suche.« Sie sagen, daß Sie ein spirituelles Leben suchen. Menschen, die neu ins Zentrum kommen, erzählen mir: »Ich bin hier, weil ich etwas suche.« Das ist als erster Impuls zum Üben nicht schlecht. Wir werden uns auf die Suche machen, wenn wir spüren, daß in unserem Leben etwas fehlt. In herkömmlichen Begriffen ausgedrückt, suchen wir nach Gott, oder, in modernen Worten, nach unserem »wahren Selbst«, unserem »wahren Leben«, oder wie auch immer man es nennen mag. Es ist jedoch sehr wichtig, zu verstehen, was es bedeutet, auf der Suche zu sein. Wenn wir ein gesundes oder klares oder friedvolles Leben haben möchten, müssen wir begreifen, was es mit dieser Suche auf sich hat.

Wonach suchen wir? Das scheint von unserem persönlichen Leben, von unserem Hintergrund und unserer Erziehung abzuhängen, und es scheint bei jedem etwas anderes zu sein; in Wirklichkeit aber suchen wir alle nach einem idealen Leben. Wir definieren es vielleicht als der ideale Partner, der ideale Beruf, der ideale Wohnort. Auch wenn die Ideale anderer Menschen uns fremd vorkommen, jeder ist sich dessen, was er finden zu müssen glaubt, sehr sicher. Und er sucht danach.

Auf einem Übungsweg wie diesem neigen wir dazu, nach etwas zu suchen, was man den Zustand der »Erleuchtung« nennen könnte. Das ist eine sehr subtile Form der Suche. Doch man muß wissen, wo man sucht. Wenn man nachts den Himmel von San Diego ansieht und hofft, das Kreuz des Südens zu sehen, wird man es nie finden. Man muß nur nach Australien gehen, dort ist es. Wir müssen erkennen, wie man richtig hinschaut. Wir müssen unsere Vorstellungen über diese Suche umkehren, und Üben ist eine Art von Umkehrung. Erleuchtung ist nicht etwas, wonach wir suchen können, und doch glauben wir, wir müßten nach etwas suchen. Was also tun wir?

Obwohl ich mitten im Leben bin, interessiert es mich nicht, mitten im Leben zu sein. Irgend etwas scheint mir genau dort zu fehlen, und so lenke ich meine Aufmerksamkeit darauf, nach dem Fehlenden zu suchen. Erst gehe ich dorthin, dann gehe ich hierhin, ich versuche dieses, ich lehne jenes ab. Das eine erscheint mir günstig, das andere nicht. Ich suche, suche, suche. Vielleicht suche ich nach dem richtigen Partner: »Sie hat ein paar gute Eigenschaften, aber bestimmt fehlt ihr in anderen Bereichen etwas.« Je nachdem, wie unwohl wir uns fühlen, suchen, suchen, suchen wir. Wir glauben vielleicht, nie die richtige Arbeit zu haben. So suchen wir und machen eine Menge Aufhebens. Entweder wollen wir unsere Arbeitsbedingungen verbessern oder wir glauben: »Ich sage es niemandem, aber hier bleibe ich nicht lang!« Und in gewissem Sinn ist das auch in Ordnung. Ich will damit nicht sagen, daß man ewig auf einer bestimmten Stelle bleiben soll. Nicht die Ungeduld unseres Handelns ist wertlos, sondern die Tatsache, daß wir die Suche selbst für wertvoll halten.

Wenn wir aufhören, uns umzusehen und zu suchen, was bleibt dann? Es bleibt das, was schon immer hier in der Mitte des Lebens war. Unter all dem Suchen verbirgt sich Kummer. Es verbirgt sich Unbehagen. Und der Augenblick, in dem wir das erkennen, bedeutet auch die Erkenntnis, daß es nicht um die Suche geht, sondern um den Kummer, das Unbehagen, die die Suche motivieren. Das ist der magische Augenblick, wenn wir erkennen, daß es nicht darum geht, außerhalb unserer selbst zu suchen. Zunächst dämmert es uns nur ein klein wenig. Doch je länger wir leiden, desto klarer wird es uns mit der Zeit: All das, wonach wir suchen, wird uns enttäuschen. Denn es gibt keine vollkommenen Wesen, keine vollkommenen Arbeitsplätze, keine vollkommenen Wohnungen. Und deshalb endet die Suche immer an dem einen Ort, und dieser Ort heißt Enttäuschung. Ein guter Ort.

Wenn wir auch nur ein bißchen Verstand haben, dämmert es uns schließlich: Ich tue ja immer wieder dasselbe. Und wir beginnen zu erkennen, daß wir am falschen Ort suchen. Wir kehren immer wieder zur Enttäuschung zurück, die immer wieder der Mittelpunkt von allem ist. Und was ist der Grund all des Suchens? Unbehagen, Kummer, das Gefühl von Schwäche und Elend. Wir leiden, weil wir die Suche benutzen, um unser Leiden zu lindern. Wir beginnen zu sehen, daß der Schmerz daher rührt, daß wir uns selbst quälen und einengen. Und schon diese Erkenntnis ist Erleichterung, gibt uns sogar Frieden. Der Frieden, nach dem wir so verzweifelt gesucht haben, liegt in der Erkenntnis dieser Tatsache: Ich quäle mich selbst, niemand anderes tut es mir an.

Und so geben wir das Suchen auf und beginnen zu erkennen, daß der Übungsweg keine Suche ist. Üben, das heißt bei dem und in dem zu sein, was die Suche motiviert. Unser Unbehagen, unser Kummer. Und das ist der Punkt, an dem sich alles wendet.

Das geschieht aber nie auf einmal. Unser Drang, etwas nachzulaufen, ist so mächtig, daß er uns überwältigt. Gleichgültig, was ich gesagt habe, wenn wir diesen Raum verlassen haben, werden wir fünf Minuten später alle nach etwas suchen, was uns rettet. »Wünsche sind unerschöpflich.« Doch durch Suchen werden wir die Wünsche nicht erschöpfen. Wir werden sie erschöpfen, indem wir das erleben, was ihnen zugrunde liegt.

Und so beginnen wir Einsicht zu gewinnen in die Notwendigkeit des Übens. Der Übungsweg ist nicht etwas, für das wir uns nach Belieben einschreiben wie für Schwimmstunden. Es gibt Leute, die sagen zu mir: »In diesem Semester habe ich keine Zeit zum Üben. Ich bin zu sehr beschäftigt. Wenn ich wieder mehr Zeit habe, komme ich zurück.« Das zeigt, daß man nicht verstanden hat, worum es beim Üben geht. Das Üben besteht gerade auch darin: beschäftigt zu sein, gehetzt zu sein, und eben das wirklich zu erleben.

So bleiben zwei Fragen: Erkenne ich die Notwendigkeit des Übens? Und damit meine ich nicht nur *za-zen*, das Sitzen. Begreife ich, daß es notwendig ist, daß mein ganzes Leben Übungsweg ist? Und die zweite: Weiß ich, was Üben ist, weiß ich es wirklich? Ich habe Menschen kennengelernt, die zwanzig Jahre lang etwas machten, was sie Üben nannten. Sie hätten besser an ihrem Golfschlag arbeiten sollen.

Doch jetzt kann jeder von uns einen Blick auf das eigene Leben werfen. Wonach suchen wir? Wenn wir beginnen, das Suchen zu durchschauen, wissen wir dann auch, wohin wir schauen müssen? Erkennen wir, was wir tun können? Die Bereitschaft zum Üben wird aus der Überzeugung entstehen, daß nichts anderes zu tun bleibt. Und diese Entscheidung kann fünfundzwanzig Jahre in Anspruch nehmen. Und so bleiben diese beiden Fragen: Erkenne ich die Notwendigkeit zum Üben, und weiß ich, was Üben ist?

SCHÜLER: Ich glaube, beim Üben geht es darum, Augenblick für Augenblick offen für all die sinnlichen Eindrücke zu sein, die auf mich einstürmen, ebenso wie für meine Gedanken.

JOKO: Grundsätzlich ist das wahr. Aber es bedarf noch einer Erweiterung. Doch hinsichtlich unseres Übens stimmt es.

SCHÜLER: Ich glaube, beim Üben geht es darum, sich der Trauer und des Unbehagens im Inneren bewußt zu werden und damit in unseren Beziehungen zu arbeiten.

JOKO: Was bedeutet das, damit zu arbeiten?

SCHÜLER: Beispielsweise, wenn wir wirklich ärgerlich sind, der Ärger zu sein, ihn physisch zu erleben, die Gedanken zu sehen, die er hervorbringt.

JOKO: Ja, aber manchmal sagen mir Leute, sie täten das, und sie tun es offensichtlich doch nicht.

SCHÜLER: Das liegt daran, daß wir nicht hineingehen und uns nicht wirklich erlauben, diesen ganz bestimmten Kummer in diesem ganz bestimmten Augenblick zu fühlen und zu erleben.

JOKO: Ich gebe Ihnen recht. Doch nehmen wir jetzt einmal an, Sie würden einen einführenden Kurs geben. Wenn Sie dort diese beiden Dinge sagen, so werden die Leute Sie ratlos ansehen und fragen: »Von was sprechen Sie eigentlich?« Oder sie werden sagen: »Nun gut, ich bin mein Ärger, aber nichts weiter geschieht.« Es ist nicht so einfach, diese Worte zu verstehen.

SCHÜLER: Üben bedeutet, ganz im Augenblick zu sein, in dem zu sein, was wir Jetzt nennen. Es bedeutet zu lernen, hier und jetzt zu sein.

JOKO: Das Problem liegt darin, daß wir den gegenwärtigen Augenblick als etwas Angenehmes interpretieren wollen. »Lernen, im Augenblick zu sein« klingt großartig. Aber wenn mir gerade jemand gesagt hat: »Die Einführung, die Sie eben gegeben haben, war schrecklich«, dann möchte ich mich nicht mit diesem Augenblick identifizieren. Niemand erlebt gerne eine Demütigung oder Zurückweisung.

SCHÜLER: Mir scheint, wenn ich wirklich meine Wut bin, dann könnte ich so wütend werden, daß ich in dieser unmittelbaren Erfahrung imstande wäre, jemanden umzubringen.

JOKO: Nein, wenn wir die Wut wirklich erleben, tun wir es nicht. Wenn wir unseren wütenden *Gedanken* glauben, dann könnten wir jemanden angreifen. Doch die reine Erfahrung hat keine verbale Komponente, und so gäbe es nichts zu tun. Reine Wut ist sehr ruhig und mit ihr würden Sie nie jemandem etwas zuleide tun.

Üben bedeutet nicht, daß wir mitten im Kampf mit jemandem innehalten und sagen: »Ich will das jetzt ganz erleben.« Je gereifter wir auf unserem Übungsweg sind, desto eher können wir das ganz natürlich tun, in dem Augenblick, in dem die Wut aufkeimt. Doch die meisten Menschen handeln, wenn sie wütend werden, aus ihren Gedanken. Und so müssen sie fast immer später zurückkehren zur wirklichen Erfahrung dieser Erregung, da sie noch nicht so weit sind, das schon in dem Augenblick zu tun, in dem sie sich bedroht fühlen.

SCHÜLER: Das Üben hat etwas mit Aufmerksamkeit zu tun. Wenn ich meine Aufmerksamkeit vollkommen etwas zuwende — beispielsweise einer Situation, in der ich mit meinem Sohn zusammen bin —, dann geschieht etwas Dynamisches, das nicht von meiner Persönlichkeit oder von guten Ideen ausgeht.

JOKO: Ja, das ist wahr. Hier gibt es keinen Dualismus. In der vollkommenen Erfahrung gibt es nicht mehr mich, der die Erfahrung hat, sondern nur noch die Erfahrung. Und wenn es keine Trennung mehr gibt, dann liegt darin Kraft und auch die Einsicht in das, was zu tun ist. Wie Sie sagen, es geschieht etwas Dynamisches. Aber es geschieht eben nicht so oft, daß wir etwas wirklich erleben. Die schönen Worte kennen wir alle. Aber wir gelangen selten zur Erfahrung, weil sie schmerzhaft ist.

SCHÜLER: Ein Teil meiner Suche besteht jetzt darin, bereit zu sein, in unangenehmen Situationen oder bei unangenehmen Gefühlen in mir selbst zu bleiben und mich zu bemühen, mit den blinden Flecken, die den Augenblick verdunkeln, vertrauter zu werden.

JOKO: Das ist gut, solange es nicht eine bloße Idee bleibt.

SCHÜLER: Meistens ist es aber so.

JOKO: Ja, bei den meisten von uns kann man das gewöhnlich nicht anders sagen. Wir können nach einiger Zeit das Blaue vom Himmel herunterreden, und das ist ein Grund dafür, warum sogenannte fortgeschrittene Schüler immer die schwierigsten sind. Sie glauben, sie wüßten. Und sie wissen doch nicht. Sie reden nur.

SCHÜLER: Die Worte, die mir zum Thema Üben einfallen, sind »Verletzlichkeit« und »Miterleben«. Es ist die Bemühung, ohne Selbstschutzmechanismen handeln und leben zu können oder sich zumindest ihrer bewußt zu sein.

JOKO: Das ist wahr. Doch bei den meisten von uns funktioniert der Selbstschutz automatisch. Daher entsteht unsere Wut. Was könnte man sonst noch über die Verletzlichkeit sagen?

SCHÜLER: Man verbirgt seine Gefühle nicht.

JOKO: Verletzlichkeit bedeutet, daß ich mich nicht verberge, auch wenn ich verletzt worden bin. Ich schließe die Türe nicht. Ich möchte die Türe offenlassen, damit ich hinaus kann, wenn ich Schmerz empfinde. Es geht darum, Schmerz vielleicht zu empfinden, aber nicht deshalb zu fliehen. Ich beobachte oft, daß Leute, die vom Tisch im Hof aufstehen, ihre Stühle nicht wieder zurückschieben. Sie kümmern sich nicht um diese Stühle. Sie glauben: »Der Stuhl ist nicht wichtig. Ich muß in den *zendo* gehen und etwas über die *Wahrheit* erfahren.« Aber die Wahrheit *ist* der Stuhl. Sie ist da, wo wir jetzt gerade sind. Wenn wir die Türe offenlassen, so ist das jener Teil von uns, der nicht in Beziehung mit allem sein möchte, und deshalb laufen wir hinaus. Wir suchen nach der Wahrheit, anstatt das Unbehagen und der Kummer zu sein, der da ist, wo wir jetzt gerade sind, der wir sind.

Üben in Beziehungen

> Der Geist der Vergangenheit ist nicht faßbar;
> der Geist der Zukunft ist nicht faßbar;
> der Geist der Gegenwart ist nicht faßbar.
> *Diamant-sūtra*

Was ist Zeit? Gibt es Zeit? Was können wir über unser alltägliches Leben in Zusammenhang mit der Zeit, mit der Nicht-Zeit, dem Nicht-Selbst, sagen? Was können wir über Beziehungen lernen in Zusammenhang mit dieser Nicht-Zeit, diesem Nicht-Selbst?

Gewöhnlich glauben wir, ein *dharma*-Vortrag oder ein Konzert oder irgendein anderes Ereignis im Leben hätte einen Anfang, eine Mitte und ein Ende. Doch wenn ich beispielsweise an irgendeinem Punkt dieses Vortrages innehalte, jetzt beispielsweise, wo sind dann die Worte, die ich bereits gesagt habe? Sie sind nicht da. Und wenn ich später innehalte, wo sind dann die Worte, die bis dahin gesagt wurden? Sie sind nicht da. Und wenn die Rede vorbei ist, wo ist sie? Es gibt keine Rede. Alles, was bleibt, sind Erinnerungsspuren in unserem Gehirn. Und diese Erinnerung ist, wie immer sie sein mag, fragmentarisch und unvollständig; wir erinnern uns nur an Teile jedes wirklichen Erlebnisses. Das gleiche gilt auch für ein Konzert — ja, es gilt auch für unseren Tagesablauf, für unser ganzes Leben. In diesem Augenblick — wo ist da unser vergangenes Leben? Es ist nicht da.

Nun, was hat das mit Beziehungen, mit unseren Beziehungen zu irgend etwas und irgend jemandem zu tun — unserer Beziehung zu unserem Sitzkissen, zu unserem Frühstück, zu einem Menschen, zum Büro, zu unseren Kindern?

Gewöhnlich sehen wir eine Beziehung so: »Diese Beziehung ist dort, außerhalb, und sie soll mir Freude machen. Zumindest sollte sie mir keine Unannehmlichkeiten bereiten.« Mit anderen Worten machen wir aus einer Beziehung gleichsam einen Eisbecher. Dieser Becher mit süßem Eis ist da, um mir Vergnügen zu bereiten und mir gutzutun. Und sehr wenige von uns sehen eine Beziehung in einem anderen Licht als: »Das ist unsere Beziehung, ich habe dich ausgesucht, und du weißt, was du zu tun hast.« Wenn wir also Schwierigkeiten mit Beziehungen haben, sprechen wir meistens nicht von ihren angenehmen Seiten. Oft können die angenehmen Seiten sogar im Vordergrund stehen. Doch was uns vor allen Dingen beschäftigt, ist das *Unangenehme*, das, was wir einfach nicht akzeptieren wollen. Und wenn ich sage »unangenehm«, so kann das von bloßem Ärger bis zu sehr viel heftigeren Dingen reichen.

Was hat dies alles mit Nicht-Zeit, mit Nicht-Selbst zu tun?

Nehmen wir zum Beispiel einen Streit beim Frühstück. Beim Mittagessen sind wir immer noch ärgerlich. Nicht nur ärgerlich, sondern wir erzählen auch jedem davon, werden getröstet, bekommen Sympathie, Zustimmung, und schon sind wir wieder in unserem Kopf. »Wenn ich ihn heute abend sehe, muß ich mit ihm darüber sprechen; wir müssen die Sache wirklich klären.« Wir haben also den Streit beim Frühstück, die Aufregung beim Mittagessen und dann auch noch die Zukunft, nämlich das, was wir mit der Aufregung zu tun gedenken.

Doch was ist *jetzt*, was ist in diesem *Augenblick*? Wenn wir beim Mittagessen sitzen, wo ist dann der Streit vom Frühstück? Wo ist er? Der Geist der Vergangenheit ist nicht faßbar. Wo *ist* er? Das Abendessen, bei dem wir all das wirklich klären müssen (zu unserer Zufriedenheit natürlich), wo *ist* es? Der Geist der Zukunft ist nicht greifbar. »Es gibt ihn nicht.«

Was ist wirklich da? Was ist real? Es gibt nur meine Erregung, die ich jetzt hier beim Mittagessen habe. Meine Geschichte, mit der ich beschrieb, was beim Frühstück geschah, ist nicht wirklich das, was geschah. Es ist *meine* Geschichte. Wirklich ist der Kopfschmerz, ist das Flattern in meinem Magen. Und mein Gerede ist die Manifestation dieser physischen Energie. Außerhalb der physischen Erfahrung gibt es nichts Wirkliches. Und ich weiß noch nicht einmal, ob *das* wirklich ist; das ist alles, was wir darüber sagen können.

Vor ein paar Wochen kam eine junge Frau (keine *zen*-Schülerin) zu mir und wollte mir erzählen, was ihr Mann ihr vor drei Wochen angetan hatte. Sie war sehr, sehr erregt; sie konnte kaum sprechen vor Aufregung. Da sagte ich: »Wo ist Ihr Mann jetzt?«

»Ach, mein Mann ist an seiner Arbeitsstelle.«

»Und wo ist die Aufregung, wo ist der Streit, wo?«

»Nun, ich habe Ihnen ja davon erzählt.« Ich sagte: »Aber wo ist er? Zeigen Sie ihn mir.«

»Ich kann ihn Ihnen nicht zeigen, aber ich erzähle Ihnen ja davon.«

»Aber wann war es? Vor drei Wochen? Wo ist es jetzt?«

»Ach, . . .« Sie ärgerte sich immer mehr. Aber schließlich sah sie, daß ihre Aufregung überhaupt nichts Reales war. Und dann sagte sie: »Aber wenn das alles ist, wie kann ich die Sache mit meinem Mann klären?«

Entscheidend dabei ist, daß wir komplizierte Systeme, Emotionen und Dramen aus unserem Glauben an die Zeit entstehen lassen, an Vergangenheit, Gegenwart und Zukunft. Jeder von uns hat das getan. Und glauben Sie mir, das zu tun, ist nichts Geringfügiges. Die Menschen haben sich in einen Zustand gebracht — auch ich habe das getan —, in dem sie kaum mehr handlungsfähig waren. Sie können ihre Verpflichtungen nicht mehr erfüllen, machen sich krank, körperlich und geistig.

Heißt das also, daß wir nichts tun, wenn wir aufgeregt sind? Nein, wir tun in jedem Augenblick das Beste, was wir gerade tun können. Doch handeln, das auf Verwirrung und Unwissenheit fußt, führt unmittelbar zu noch mehr Verwirrung, Aufregung und Unwissenheit. Es ist nicht gut oder schlecht, und wir alle, ohne Ausnahme, handeln so. Und so leben wir in unserer Unwissenheit, in unserem Glauben an dieses lineare Leben — »Das ist gestern geschehen« und »Das ist jetzt so und wird immer weiter so sein« — in einer Welt der Klagen, als Opfer oder Angreifer, in einer Welt, die uns feindlich zu sein scheint.

Nun gibt es aber nur einen einzigen Ursprung dieser feindseligen Welt, und das sind unsere Gedanken — unsere Bilder und unsere Phantasien. Sie schaffen eine Welt der Zeit, des Raumes und des Leidens. Und dennoch, wenn wir versuchen, die Vergangenheit oder Zukunft zu finden, mit denen sich unsere Gedanken beschäftigen, so merken wir, daß es unmöglich ist. Sie sind ungreifbar.

Ein Schüler sagte mir, daß er wie vor einer Mauer stehe, seit er gehört habe, wie ich über die Zeit spreche, denn er hatte nach seiner Vergangenheit gesucht. Er sagte: »Wenn es keine Vergangenheit und keine Zukunft gibt und ich selbst die Gegenwart nicht fassen kann — ich meine, ich versuche sie zu fassen, und dann ist sie schon vergangen —, wer bin ich dann?« Eine gute Frage, eine, die wir alle stellen können. »Wer bin ich?«

Nehmen wir einen typischen Gedanken von der Art, wie

wir ihn alle kennen: »Peter macht mich krank.« Und schon haben wir uns selbst und Peter und dieses Gefühl, krank gemacht zu werden, diese Emotion. Hier bin ich, hier ist Peter und hier das Kranksein. Alles ist verteilt. Ich habe mich geschaffen, ich habe Peter geschaffen und aus all dem irgendwie auch dieses Aufgeregtsein.

Nun wollen wir statt dessen sagen: »Ich/Peter/krank.« Nur das. »IchPeterkrank.« Nur diese Erfahrung, wie sie ist, gerade jetzt. Wir werden immer herausfinden, daß wir, wenn wir nur diese Erfahrung sind, die Lösung schon darin enthalten ist. Sie ist nicht nur darin enthalten, die Erfahrung *selbst* und die Lösung sind nicht zwei getrennte Dinge. In dem Augenblick, in dem wir sagen: »Sie hat mich krank gemacht.« »Er ärgert mich.« »Sie hat das getan.« »Es macht mich krank, es ärgert mich, es verletzt mich«, dann haben wir Sie, den anderen und das, was Sie sich da zusammengebraut haben. Anstatt: Es ist nichts da, außer dem gegenwärtigen, ungreifbaren Augenblick von Ich — du — Ärger. So einfach ist die Lösung.

Doch solange wir in unseren Gedanken Worte kreisen lassen, wie: »Peter macht mich krank«, haben wir ein Problem. Sie sehen, daß der Satz einen Anfang, eine Mitte und ein Ende hat. Und daraus entsteht diese Welt: feindselig, erschreckend und gespalten.

Es ist freilich nichts falsch an unseren Sätzen. Wir alle müssen in einer relativen Welt leben; sie besteht nun einmal aus Frühstück, Mittagessen und Abendessen. Und es ist nichts Falsches an dieser begrifflichen, relativen Welt. Was falsch ist, ist die Tatsache, daß wir es nicht sehen als das, was es ist. Und es nicht zu sehen, als das, was es ist, bedeutet, daß wir unsere Freunde und liebsten Menschen benutzen, wie ein Fernsehprogramm.

Wir treffen beispielsweise ein hübsches Mädchen und

denken: »Oh, sie sieht aus wie das vierte Programm. Und das vierte Programm macht mich immer ruhig, und ich fühle mich immer wohl dabei; ich weiß, was ich beim vierten Programm zu erwarten habe, eine Auswahl von diesem und jenem, ein paar Neuigkeiten, mit einem Vierten-Programm-Menschen geht es mir sicher ganz gut.« Und so tun wir uns zusammen, und eine Weile geht auch alles ganz gut. Es gibt viel Angenehmes und Übereinstimmungen. Es scheint eine gute Beziehung zu sein.

Doch was passiert nach einiger Zeit? Irgendwie ist aus dem vierten Programm das sechste Programm geworden, und so gibt es Verwirrung und Ärger; manchmal wird daraus das neunte Programm, lauter Träume und Phantasien. Was tue ich die ganze Zeit? Ich habe doch so gelebt, als sei ich ein Vierter-Programm-Mensch. Aber nein, jetzt sieht es so aus, als würde ich gerne viele Stunden mit dem dritten Programm, mit Kindergeschichten, zubringen, bei denen es vor allem um meine Traumprinzessin oder meinen Traumprinzen geht. Und dann habe ich noch andere Programme, wie beispielsweise Programm sieben, düstere Stimmung, Depressionen und Rückzug. Und manchmal, wenn ich mich gerade düster, deprimiert und rückzugsbedürftig fühle, ist meine Freundin phantasievoll und lustig. Und das paßt nicht zusammen. Oder manchmal scheinen alle Programme auf einmal abzulaufen. Und dann gibt es Aufregung und viel Krach, und einer der beiden Partner oder beide kämpfen oder ziehen sich zurück.

Was soll man da tun? Jetzt haben wir das gewöhnliche Durcheinander, unser gewöhnliches Szenario, und wir müssen damit zurechtkommen, oder nicht? Irgendwie war doch alles so glücklich. Also *müssen* wir doch versuchen, beide dazu zu bringen, zum vierten Programm zurückzukehren. Und wir sagen zu ihr: »Du solltest so sein, und das solltest du tun, in solch einen Menschen habe ich mich verliebt.« Eine Weile geben sich beide Beteiligten Mühe, und auf dem vierten Programm herrscht künstlicher Friede (und eine ganze Menge Langeweile). Die meisten Ehen sehen nach einiger Zeit so aus. Irgend jemand sagte einmal, daß man in einem Restaurant genau sagen könne, wer verheiratet ist — das Paar, das nicht miteinander spricht.

Merkwürdigerweise stellt, wenn die Programme durcheinanderkommen, niemand die Frage, wer sie eigentlich eingeschaltet hat, wer die Ursache all dieser Aktivität ist. Wer hat unser Handeln bestimmt? Was ist die Ursache dafür? Das ist die entscheidende Frage.

Wenn wir sie nicht stellen und das Leiden zu sehr überhandnimmt, verlassen wir die Beziehung einfach und schauen nach einem neuen »vierten Programm«, denn wenn wir Vierte-Programm-Menschen mögen, neigen wir dazu, immer gerade auf sie zu treffen. Und dieses Szenario gilt nicht nur für intime Beziehungen, sondern auch in der Arbeit, in den Ferien oder sonstwo. So verhalten wir uns.

Nachdem wir eine Reihe solch unglücklicher Episoden erlebt haben, beginnen wir vielleicht, das Gesamtbild unseres Lebens zu betrachten. Manchmal wagt ein seltener, glücklicher Einzelner sich die große Frage zu stellen, was er mit seinem Leben tut, und zu überlegen: »Wer bin ich? Woher komme ich? Wohin werde ich gehen?«

Manchmal erkennen wir vielleicht voller Trauer, daß wir einem Menschen, mit dem wir lange gelebt haben, nie begegnet sind, daß wir ihn nie gekannt haben. Ich habe das fünfzehn Jahre lang getan. Manche Menschen leben ein ganzes Leben nebeneinander und begegnen sich nie. Ihre

Programme stimmen manchmal überein, aber sie begegnen einander nicht.

Dann haben wir vielleicht das Glück, einer großen Lehre zu begegnen. In der buddhistischen Tradition sagt die Lehre des Buddha: »Sie wird allen Schmerz aufheben. Das ist die Wahrheit, keine Lüge.« Wir verstehen womöglich überhaupt nicht, was das bedeutet, aber wenn wir zu den Glücklichen gehören, begeben wir uns vielleicht auf einen sinnvollen Übungsweg, in der Bemühung, die Lehre zu verstehen.

Intelligentes *za-zen* bedeutet immerzu, subtile Veränderungen herbeizuführen, Schritt für Schritt; erst von den gröberen Ebenen zu den subtileren und dann zu den noch subtileren; es bedeutet zu durchschauen, was wir unsere Persönlichkeit nennen, jene Persönlichkeit, von der wir sprachen. Wir beginnen unseren Geist, unseren Körper, unsere Gedanken, unsere Sinneswahrnehmungen, alles, was wir für uns selbst hielten, wirklich anzusehen.

Der erste Teil unseres Übungsweges sieht aus, als seien wir mitten auf einer belebten Straße voller Chaos. Wir können kaum einen Platz zum Gehen finden, der Verkehr strömt in alle Richtungen. Es ist verwirrend und erschreckend. Aber so läuft für die meisten von uns das Leben ab. Wir sind so sehr damit beschäftigt, dem, was auf uns zukommt, auszuweichen, daß wir unser eigenes Verfangensein in dem ganzen Verkehrsgetriebe nicht verstehen. Doch wenn wir es eine Weile beobachten, beginnen wir zu sehen, daß hie und da eine Lücke im Verkehrsfluß auftritt. Vielleicht gehen wir auch auf den Bürgersteig und beginnen das Ganze mit objektiveren Blicken zu überschauen. Und wie dicht der Verkehr auch sein mag, hier und da entdecken wir Freiräume.

Und der dritte Schritt könnte darin bestehen, daß wir nun in ein hohes Gebäude gehen und von einem Balkon im dritten Stock aus alles beobachten. Wir können sehen, welche Richtung der Verkehr nimmt, und wir erkennen, daß er in gewissem Sinn mit uns gar nichts zu tun hat. Er fließt einfach so dahin.

Je höher wir hinaufgehen, desto eher sehen wir, daß der Verkehr nur noch aus Mustern besteht, es ist ein schöner, kein erschreckender Anblick mehr. Er ist einfach das, was er ist, und wir beginnen ihn als ein riesig großes Panorama wahrzunehmen. Wir sehen besonders schwierige Situationen, die nicht notwendigerweise gut oder schlecht sind, als Teil des Ganzen. Sie gehören einfach zum Leben. Und nach Jahren des Übens erreichen wir vielleicht einen Ort, an dem es uns gelingt, uns einfach dessen zu erfreuen, was wir sehen, uns zu erfreuen, alles anzunehmen, wie es ist. Wir können uns darüber freuen, doch wir sind nicht davon gefangen, wir sehen, daß es nicht dauerhaft, sondern im Fluß ist.

Dann gehen wir noch einen Schritt weiter und kommen in das Stadium, in dem wir Zeuge unseres eigenen Lebens werden. Alles geschieht, alles ist erfreulich, doch wir sind von nichts gefangen. Und im letzten Stadium unseres Übens bewegen wir uns wieder auf der Straße, auf dem Marktplatz, mitten im Chaos. Doch da wir all das Verworrene um uns sehen als das, was es ist, sind wir frei davon. Wir können es lieben, wir können uns daran erfreuen, wir können ihm dienen, und wir sehen unser Leben als das, was es ist und war — frei und unabhängig.

Die meisten von uns beginnen den Übungsweg dort, wo wir mitten im Verkehrschaos stehen. Dort sehen viele von uns auch ihre Beziehungen als verworren, befremdlich und voller Bitterkeit, denn wir erwarten, daß unsere Beziehung der eine friedliche Platz inmitten des Chaos sein möge.

Wenn wir uns jedoch bemühen, unsere Beziehungen als Übung zu betrachten, so lernen wir auch zu erkennen, daß sie die beste Möglichkeit für unser inneres Wachstum bieten. In ihnen können wir sehen, was unser Geist, unser Körper, unsere Sinne, unsere Gedanken wirklich sind. Warum sind Beziehungen ein so hervorragendes Übungsfeld? Warum helfen sie uns, nach und nach in das einzudringen, was wir den allmählichen Tod unseres Ichs nennen könnten? Denn abgesehen von unserem üblichen *za-zen* gibt es nichts Besseres als unsere Beziehungen, um zu erkennen, wo wir steckengeblieben sind und an was wir uns noch festhalten. Und solange wir immer wieder anecken und aufgestört werden, haben wir die große Chance, zu lernen und zu wachsen. Deshalb ist jede Beziehung ein wertvolles Geschenk. Nicht, weil sie uns glücklich macht — das tut sie oft keineswegs, sondern weil wir in jeder engen Beziehung, wenn wir sie als Übung betrachten, den unbestechlichsten Spiegel vorgehalten bekommen, den es gibt.

Man könnte sagen, daß Beziehungen die offene Tür zu unserem wahren Selbst, zum Nicht-Selbst sind. In unserer Angst klopfen wir wieder an eine Tapetentür, eine Tür, die nur aus unseren Träumen, aus unseren Hoffnungen und unseren Bestrebungen besteht; und wir gehen dem Schmerz aus dem Weg, der Angst vor dem torlosen Tor, der offenen Tür des Seins im Seienden, was es auch sein mag, hier und jetzt.

Es fasziniert mich, wie viele Menschen keinerlei Beziehung zwischen ihrem Elend und ihren Klagen sehen — ihrem Gefühl, Opfer zu sein, dem Gefühl, alle Welt tue ihnen etwas an. Es ist wirklich erstaunlich. Wie oft wurde in *dharma*-Vorträgen über diesen Zusammenhang gesprochen? Wie oft! Und doch wollen wir aus Angst nicht hinsehen.

Nur Menschen mit großer Intelligenz, Energie und Geduld werden jenen Ruhepunkt finden, um den sich das Universum dreht. Leider ist das Leben für jene, die dem gegenwärtigen Augenblick nicht ins Auge schauen wollen oder können, oft gewalttätig, es straft sie, es ist keineswegs angenehm, es scheint sich nicht um sie zu kümmern. Doch wahr ist, daß das nicht das Leben ist. Es sind wir selbst, die das Unglück hervorbringen. Wenn wir uns jedoch weigern anzusehen, was wir tun — und es tut mir weh zu sehen, wie wenige Menschen dazu bereit sind —, dann werden wir durch unser eigenes Leben bestraft. Und dann wundern wir uns, warum es so hart mit uns umspringt. Doch jene Menschen, die geduldig üben — sitzen, sitzen, sitzen —, die beginnen, ausdauernd im alltäglichen Leben zu üben, werden immer mehr von der Freude erfahren, die in einer Beziehung liegt, in der das eine Nicht-Selbst einem anderen Nicht-Selbst begegnet. Mit anderen Worten: Offenheit begegnet Offenheit. Das ist sehr selten, aber es kann geschehen, und ich weiß nicht einmal, ob wir das Wort »Beziehung« gebrauchen können, wenn es geschieht. Wer tritt da mit wem in Beziehung? Man kann nicht sagen, ein Nicht-Selbst tritt in Beziehung zu einem Nicht-Selbst. Deshalb gibt es für diesen Zustand, für dieses Erlebnis keine Worte. Und in dieser zeitlosen Liebe und in diesem Mitgefühl ist, wie der dritte Patriarch sagte: »Kein Gestern, kein Morgen, kein Heute.«

Erfahrung und Verhalten

Mit Erfahrung meine ich den ersten Augenblick, in dem wir Leben er-leben, noch bevor sich der Verstand einschaltet. Beispielsweise, bevor ich denke: »Ah, das ist ein rotes Hemd«, sehe ich es einfach. So können wir auch vom einfachen Hören, einfachen Fühlen, einfachen Schmecken und einfachen Denken sprechen. Das ist das Absolute: Man nenne es Gott, die Buddha-Natur, wie auch immer. Diese Erfahrung, die durch meinen speziellen Aufnahmemechanismus gefiltert wird, macht meine Welt aus. Wir können nichts in der Welt finden, ob es nun scheinbar innerhalb oder außerhalb unserer selbst liegt, das nicht durch Erfahrung aufgenommen und erlebt wird. Aber das, was wir ein menschliches Leben nennen, würde nicht entstehen, wenn sich diese Erfahrung nicht in Verhalten umsetzte. Mit Verhalten meine ich das von selbst Geschehende. Als Mensch beispielsweise drückt man dieses Geschehen so aus: Man sitzt, man bewegt sich, man ißt, man spricht. Sogar ein Teppich »verhält sich«. Sein Verhalten besteht einfach darin, dort zu liegen. Könnten wir ihn durch ein starkes Mikroskop beobachten, würden wir sehen, daß er keineswegs bewegungslos daliegt. Er ist ein Fluß von Energie und besteht aus Teilchen, die sich mit unglaublicher Geschwindigkeit bewegen.

So können wir das Entstehende — also Gott, die Buddha-Natur, das Absolute oder was auch immer es sein mag — unterscheiden von der Welt, die sich augenblicklich bildet, die andere Seite des Entstehenden. Beide Seiten sind im Grunde das gleiche. Zwischen dem Entstehenden und dem, was wir die Welt nennen, besteht kein

Unterschied. Könnten wir das wirklich erfassen, würden wir keine Schwierigkeiten mehr mit unserem Leben haben. Und es wäre dann offensichtlich, daß es weder Vergangenheit noch Zukunft gibt. Zudem müßten wir erkennen, daß es unsinnig ist, uns über so vieles Sorgen zu machen.

Meistens sind wir uns unserer Erfahrung nur halb bewußt. Doch wir ahnen, daß unser Verhalten und unsere Erfahrung in irgendeiner Weise miteinander in Beziehung stehen. Wenn wir Kopfschmerzen haben und etwas Unvernünftiges tun, erkennen wir wahrscheinlich, daß es eine Beziehung zwischen dem Hämmern in unserem Kopf und unserem unvernünftigen Verhalten gibt. So erleben wir uns zumindest nicht von unserer Erfahrung getrennt, auch wenn wir uns ihrer nicht vollständig bewußt sind. Doch wenn andere Menschen sich unvernünftig verhalten, neigen wir dazu, ihr Verhalten von ihrer Erfahrungswelt zu trennen. Wir können ihre Erfahrungen nicht nachvollziehen, und so beurteilen wir ihr Verhalten. Wenn wir denken »Sie sollte nicht so arrogant sein«, sehen wir nur ihr Verhalten und beurteilen es, da wir kein Bewußtsein für das haben, was für sie wahr ist (ihre Erfahrung, ihre Körperempfindung, ihre Angst). Wir sind sehr schnell auf der Ebene einer persönlichen Ansicht über ihre vermeintliche Arroganz.

Verhalten ist das, was wir beobachten. Erfahrung können wir nicht beobachten. Sobald wir über ein Ereignis Beobachtungen anstellen, ist es schon Vergangenheit, und Erfahrung liegt nie in der Vergangenheit. Deshalb sagen die *sutras*, daß wir es nicht berühren können, es nicht sehen können, es nicht hören können, daß wir nicht darüber nachdenken können — denn in dem Augenblick, in dem wir das versuchen, haben wir schon Zeit und Trennung (unsere Welt der Erscheinungen) geschaffen. Wenn ich beobachte, wie mein Arm sich hebt, bin ich es nicht mehr. Wenn ich meine Gedanken beobachte, sind sie nicht mehr ich. Wenn ich denke: »Das bin ich«, versuche ich dieses »Ich« zu schützen. So ist alles, was ich an mir selbst beobachte (auch wenn es ein interessantes Phänomen ist, mit dem ich innig verbunden bin), nicht ich. Das ist mein Verhalten, die Welt der Erscheinungen. Ich selbst bin einfach Wahrnehmung, die sich ihrer immer unbewußt bleibt. Im Augenblick, in dem ich sie benenne, ist sie schon nicht mehr Gegenwart.

Verhalten und Erfahrung sind jedoch nicht grundsätzlich getrennt. Wenn ich ein Du erfahre (dieses Du sehe, berühre, höre), ist dieses Du meine Erfahrung, und es ist genau das, was es ist. Doch der Mensch neigt dazu, hierbei nicht stehenzubleiben. Anstatt das Du einfach die eigene Erfahrung bleiben zu lassen, füge ich noch meine Meinungen über das hinzu, was es zu tun scheint, und dann habe ich mich von diesem Du getrennt. Wenn die Welt von mir getrennt zu sein scheint, glaube ich, sie müßte geprüft, analysiert, beurteilt werden. Wenn wir so leben, anstatt die Erfahrung selbst zu leben, kommen wir in Schwierigkeiten. Wir müssen eine Erinnerung haben, wir müssen Begriffe bilden. Verstehen wir sie aber nicht richtig und benutzen sie nicht sinnvoll, so schaffen wir nur Durcheinander.

Wie wir selbst, so leben auch andere Menschen einfach in Erfahrung, die wie Verhalten aussieht. Wir sehen jedoch nur ihr Verhalten und sind uns ihrer Erfahrung nicht bewußt: In Wahrheit ist die Erfahrung das Universelle, denn sie ist, was wir sind. Wenn wir erkennen, wie töricht unsere Bindung an unsere Gedanken und Meinungen ist, und wenn wir immer mehr Leben als Erfahrung leben, sind wir auch fähiger, das wahre Leben und die wahre Erfahrung eines anderen Menschen wahrzunehmen. Wenn wir ein Leben führen, das nicht von persönlichen Meinungen beherrscht, sondern reine Erfahrung ist, beginnen wir uns jedes Wesens anzunehmen, unserer selbst wie der anderen. Dann können wir die anderen Menschen nicht mehr als Objekte sehen, reduziert auf ihre Verhalten.

Beim Üben geht es einzig darum, uns zur reinen Erfahrung zurückzuführen. Daraus wird sinnvolles Denken und Handeln entspringen. Gewöhnlich sind wir dazu aber nicht in der Lage, sondern handeln gehorsam nach den Gedanken und Meinungen, die sich in unserem Kopf bewegen — in einer Rückwärtsbewegung.

Fast immer beurteilen wir andere Menschen nur nach ihrem Verhalten. Wir sind nicht daran interessiert, daß ja auch ihr Verhalten nicht von ihrer Erfahrung getrennt werden kann. Bei uns selbst können wir das in einem gewissen Maß erkennen, doch auch hier nicht vollständig. Beim *za-zen* sehen wir, daß wir nur einen Teil unserer selbst kennen, und in dem Maß, wie die Fähigkeit zur reinen Erfahrung wächst, wandelt sich auch unser Handeln: Es wird nicht mehr so sehr von unserer Erziehung, unseren Erinnerungen geprägt, sondern vom Leben, wie es ist, in diesem Augenblick.

Das ist wahres Mitleid. In dem wir mehr und mehr unsere Erfahrung selbst sind, erkennen wir, daß wir zwar einen Körper und einen Geist haben, die sich auf eine bestimmte Art und Weise verhalten, daß es aber etwas (ein Nicht-Etwas) gibt, in dem Körper und Geist enthalten sind. Wir ahnen dann, daß jeder in dieser Weise in etwas Größerem enthalten ist. Und selbst wenn das Verhalten eines anderen Menschen unverantwortlich sein mag, und wenn wir uns diesem Verhalten mit aller Entschiedenheit entgegenstellen müssen, so sind wir und dieser andere im Grunde nicht trennbar. Nur in dem Maß, wie wir ein Leben der Erfahrung leben, können wir auch das Leben eines anderen möglicherweise verstehen. Mitleid ist keine Idee, kein Ideal, es ist ein formloser, über allem stehender Raum, der im *za-zen* immer umfassender wird.

Dieser Raum ist immer vorhanden. Es ist nicht etwas, dem wir nachjagen oder den wir zu erlangen versuchen müssen. Es ist immer das, was wir sind, denn es ist unsere Erfahrung. Wir können nichts anderes als dies sein; doch wir können es durch unser Unwissen verdecken. Wir müssen nichts »finden« — und deshalb sagte der Buddha auch, daß er nach vierzig Jahren noch nichts erreicht habe.

Was gibt es auch zu erreichen? Es ist ja immer schon da.

Das Scheitern von Beziehungen

Vor einiger Zeit bin ich aus Australien zurückgekommen. Ich fuhr dorthin, in der Hoffnung, daß das Wetter einigermaßen normal sein würde; doch es regnete die ersten beiden Tage, was ich noch erträglich fand. Aber dann wehte die letzten fünf Tage der *sesshin* in Brisbane ein eisiger Sturm. Er war so stark, daß man kaum vorwärtskam, wenn man von einem Gebäude ins nächste laufen wollte. Wir mußten uns gegen den Wind stemmen, um nicht umgeweht zu werden. Die ganze Zeit heulte der Sturm ums Haus. Es war dennoch eine gute *sesshin,* und was ich erfuhr (wie immer), ist, daß, wo man auch hingeht, Menschen Menschen sind: Sie sind alle wunderbar, und sie haben alle Schwierigkeiten, wie überall auf der Welt; und die Australier werden von denselben Fragen gequält wie wir. Sie haben ebenso viele Schwierigkeiten mit Beziehungen wie wir. Deshalb möchte ich jetzt ein wenig über die Illusionen sprechen, die wir darüber haben, daß Beziehungen zu funktionieren hätten. Sie tun es nicht. Sie funktionieren einfach nicht. Es gab noch nie eine Beziehung, die gut ging. Sie fragen nun vielleicht: »Warum üben wir denn eigentlich so viel, wenn das wahr ist?« Es ist die Tatsache, daß wir wollen, daß etwas funktioniert, was unsere Beziehungen so unbefriedigend macht.

Das Leben *kann* natürlich gut gehen, aber nicht deshalb, weil wir meinen, wir müßten etwas tun, damit es funktionierte. In allem, was wir in bezug auf andere Menschen tun, liegt subtile oder weniger subtile Erwartung. Wir denken: »Irgendwie werde ich diese Beziehung schon hinkriegen, und dann werde ich bekommen, was ich will.« Wir möchten alle etwas von den Menschen, mit denen wir in Beziehung stehen. Niemand von uns kann sagen, daß wir von den anderen Menschen nichts wollen. Und selbst wenn wir Beziehungen aus dem Wege gehen, ist das nur eine andere Art, etwas zu wollen. Und so funktionieren Beziehungen einfach nicht.

Nun, was aber funktioniert? Das einzige, was funktioniert, wenn wir den Übungsweg wirklich gehen, ist der Wunsch, nichts für sich selbst zu haben, sondern alles Leben, auch individuelle Beziehungen, zu stärken und zu stützen. Nun mögen Sie sagen: »Das klingt gut. Ich werde es tun.« Aber niemand möchte das wirklich tun. Wir möchten andere nicht unterstützen. Jemanden wirklich zu unterstützen, bedeutet, ihm alles zu geben und nichts zu erwarten! Das hieße, dem anderen Zeit, Arbeit, Geld, alles zu geben. »Wenn du es brauchst, gebe ich es dir.« »Liebe erwartet nichts.« Wir aber spielen ein anderes Spiel: »Ich werde mit dir sprechen, und dann wird unsere Beziehung besser sein«, was in Wirklichkeit bedeutet: »Ich werde mit dir sprechen, damit du weißt, was ich will.« Die unterschwelligen Erwartungen, die diesem Spiel zugrunde liegen, werden die Beziehungen unausweichlich scheitern lassen. Wenn wir das wirklich erkennen, können manche von uns vielleicht den nächsten Schritt verstehen, sie werden eine andere Seinsweise erahnen. Ab und zu leuchtet es uns für einen Augenblick ein: »Ja, ich kann das für dich tun, ich kann dein Leben schützen und stützen, und ich erwarte nichts. Nichts.«

Es gibt da die wahre Geschichte einer Frau, deren Mann im Krieg in Japan war. In Japan lebte er mit einer Japanerin, mit der er gemeinsam zwei Kinder hatte. Er liebte die Japanerin sehr. Als er nach Hause zurückkehrte, sagte er seiner Frau nichts über diese Liebe. Doch schließlich, als er im Sterben lag, gestand er ihr die Wahrheit über diese Beziehung und die Kinder. Zunächst war sie sehr betroffen. Doch dann begann sich in ihr etwas zu bewegen, und sie kämpfte innerlich mit ihren verstörten Gefühlen. Schließlich versprach sie, bevor ihr Mann starb: »Ich werde mich um sie kümmern.« Und so reiste sie nach Japan, suchte die junge Frau auf und nahm sie und die beiden Kinder mit sich in die Vereinigten Staaten. Sie zogen zusammen, und die Frau tat alles, was sie konnte, damit die junge Japanerin Englisch lernte, eine Stelle bekam, und sie unterstützte sie bei der Erziehung der Kinder. Das ist Liebe.

Meditatives Üben ist nicht irgend etwas Versponnenes, sondern ein Weg, der uns mit unserem eigenen Leben in Berührung bringt. Wenn wir auf dem Übungsweg voranschreiten, bekommen wir immer deutlicher die Vorstellung von dieser anderen Art zu leben und wenden uns allmählich ab von unserer egozentrischen Orientierung — nicht zu einer Orientierung hin, die sich auf den anderen zentriert (denn das wären wieder wir selbst), sondern zu einer vollkommen offenen Orientierung. Führt unser Übungsweg uns aber nicht in diese Richtung, dann ist er kein wirklicher Übungsweg. Wenn wir immer noch irgend etwas wollen, dann wissen wir, daß wir noch weiter üben müssen. Da niemand von uns irgend etwas anderes sagen kann, bedeutet das schlicht, daß wir alle weiter zu üben haben. Ich übe schon sehr lange, und doch habe ich auf dieser Reise nach Australien (die für mein Alter eine lange Reise war, auch wenn die *sesshin* wirklich gut war und auf viele Menschen sehr stark wirkte) bemerkt: »Es war doch zuviel für mich. Ich weiß nicht, ob ich nächstes Jahr wieder hierher reisen werde. Vielleicht brauche ich mehr Ruhe.« So ist das menschliche Denken. Wie alle anderen möchte ich es bequem haben. Ich möchte mich wohl fühlen. Ich möchte nicht müde sein, und Sie sagen nun vielleicht: »Nun, was ist daran so falsch, wenn Sie es ein bißchen bequem haben wollen?« Es ist nichts falsch daran, daß man es haben möchte, wenn es nicht unvereinbar ist mit dem, was wichtiger für mich ist als Bequemlichkeit, meine Grundorientierung im Leben. Wenn meine Grundorientierung nicht aus dem Übungsweg klar hervorgeht, dann übe ich nicht richtig. Doch kennen wir diese Grundorientierung, so werden wir genau wissen, worum es uns vor allem geht, und das wird sich auf jede Lebenseinzelheit auswirken, auf unsere Beziehungen, auf unsere Arbeit, auf alles.

Wenn aus dem Üben nicht etwas entsteht, was mehr ist

als das, was ich gerade will, was mein Leben angenehmer machen würde, dann ist es kein wirkliches Üben.

Doch wir wollen das Problem nicht zu sehr vereinfachen. Üben wir auf diese Weise *za-zen*, müssen wir zwei, drei Aspekte des Übens weiterentwickeln. Es ist bereits sehr wertvoll, in starker Konzentration zu sitzen. Doch wenn wir nicht aufmerksam sind, können wir gerade dieses Sitzen und Meditieren benutzen, um dem Leben zu entfliehen. Man kann die Kräfte, die sich daraus entwickeln, sogar auf recht ungute Weise einsetzen. Konzentration ist ein Aspekt des Übens. Wir betonen sie hier nicht, doch diese Fähigkeit muß in einem bestimmten Maß erworben werden. Die *vipasana*-Technik (die ich vorziehe), und bei der man wahrnimmt, wahrnimmt, wahrnimmt, ist sehr sinnvoll, und ich glaube, daß sie sich als grundlegende Übung am besten eignet. Das kann aber dazu führen, daß die Menschen sehr unpersönlich werden (was ich, glaube ich, früher einmal war). Ich empfand emotional nichts mehr, da ich zu einer beobachtenden Maschine geworden war. Das kann manchmal die Schattenseite dieses Übungsweges sein. Es gibt aber auch andere Arten von Üben. Jede hat ihre Stärken und jede hat ihre Schwächen. Zudem gibt es vielerlei wertvolle psychologische und therapeutische Trainings und Techniken, aber auch diese haben ihre Schattenseiten. Die Entwicklung eines Menschen zu einem ausgeglichenen, weisen und zu Mitleid fähigen Menschen ist eben nicht einfach.

Wann immer wir in einer Beziehung ein Gefühl des Unbehagens haben — also an jenem Punkt, an dem die Beziehung uns nicht paßt —, sollten wir uns sofort fragen, was mit uns los ist. Wie können wir mit diesem Unbehagen übend umgehen? Ich will damit nicht sagen, daß man jede Beziehung für immer aufrechterhalten sollte, denn der Sinn einer Beziehung hat nichts mit der Beziehung selbst zu tun. Der Sinn einer Beziehung liegt in der größeren Kraft, die das Leben bekommt, wenn man sie als einen »Kanal« versteht. Eine gute Beziehung läßt mehr Kraft ins Leben einfließen. Wenn zwei Menschen zusammen stark sind, kann das Leben sich stärker verwirklichen als durch zwei einzelne Menschen. Es ist, als hätte sich etwas Drittes, Größeres gebildet, das Kraft weiterleiten kann. Und genau das will das Leben. Es kümmert sich nicht darum, ob man in seiner Beziehung »glücklich« ist. Es sucht nach einem Medium, und dieses Medium muß stark sein. Wenn es nicht stark ist, wird das Leben es sobald wie möglich links liegen lassen. Dem Leben ist es egal, wie »angenehm« unsere Beziehungen sind. Es sucht nach Gefäßen für seine Kraft, damit es so gut wie möglich wirken kann. Um diese Wirkung geht es bei uns allen; das Drama, das sich zwischen mir und ihm und ihr abspielt, interessiert das Leben nicht. Das Leben sucht eine Ausdrucksmöglichkeit und wird wie ein heftiger Wind an der Beziehung rütteln, um sie zu prüfen. Wenn die Beziehung die Prüfung nicht aushält, muß sie entweder stärker werden, um zu bestehen, oder sie muß sich auflösen, damit aus den Ruinen etwas Neues und Junges erwachsen kann. Ob sie zerbricht oder nicht, ist nicht so wichtig wie das, was wir daraus gelernt haben. Viele Menschen heiraten beispielsweise, obwohl ihre Beziehung zu nichts dient. Damit möchte ich natürlich nicht sagen, daß nun alle ihre Ehen auflösen sollten. Wenn eine Beziehung nicht funktioniert, heißt das, daß beide Partner vor allem mit ihrem Ich beschäftigt sind: »Ich will . . .« oder »Das ist nicht gut für mich . . .« Wenn man sehr wenig will, dann ist die Beziehung stark und wird funktionieren. Nur daran hat das Leben Interesse. Als isoliertes »Ich« mit seinen ganz persönlichen Wünschen und Begierden ist man für das Leben bedeutungslos. Und alle schwachen Beziehungen geben ein Zeichen dafür, daß jemand darin etwas für sich persönlich will.

Es sind große Fragen, die sich hier erheben, und Sie werden vielleicht nicht mit allem übereinstimmen, was ich sage. Doch es ist so: Auf dem *zen*-Übungsweg geht es darum, selbstlos zu sein, zu erkennen, daß man ein Nicht-Selbst ist. Das heißt nicht, daß man ein Nichts, wesenlos, sein sollte. Es bedeutet, sehr stark zu sein. Doch stark zu sein heißt nicht, starr zu sein. Ich habe einmal von einer Art von Häusern gehört, die man an der Küste baut, wo heftige Stürme sie überfluten können: Wenn das Wasser sie überflutet, bricht die Mitte des Hauses zusammen, und die Flut strömt hindurch, ohne das ganze Haus mitzunehmen. Das Haus kann so stehen bleiben. Eine gute Beziehung ist etwas Ähnliches. Sie hat eine flexible Struktur und die Fähigkeit, Anstürmen standzuhalten und unversehrt zu bleiben, weiterzubestehen. Doch wenn Beziehungen vor allem aus »Ich will« bestehen, so ist ihre Struktur starr. Und sie können dem Druck des Lebens nicht standhalten und damit dem Leben nicht dienen. Das Leben will, daß die Menschen beweglich sind, damit es sie für das brauchen kann, was es vollbringen will.

Wenn wir *za-zen* und unseren Übungsweg richtig erkennen, können wir beginnen, uns selbst kennenzulernen und zu erfahren, wie unsere störenden Emotionen unser Leben ruinieren. Wenn wir dann ganz langsam, Jahr für Jahr, üben, entwickelt sich unsere Stärke. Manchmal ist das ein sehr harter Weg. Sagt Ihnen irgend jemand etwas anderes, dann spricht er nicht von wirklicher Meditation. Wirkliche Meditation ist keineswegs etwas Rosiges, Angenehmes. Doch wenn wir uns ganz darauf einlassen, werden wir allmählich erkennen, wohin unser Weg geht, was wir anstreben, und wir beginnen zu sehen, wer wir sind. Deshalb wünschte ich, Sie könnten Ihr Üben wirklich schätzen und richtig üben. Durch Ihr Üben biegen Sie Ihr Leben nicht irgendwie zurecht. Das Üben ist die Grundlage. Ist sie nicht da, so ist nichts da. Betrachten wir also nüchtern, wie unser Üben im Augenblick ist. Und wer weiß, vielleicht ist auch einer von uns in einer Beziehung, die wirklich gut geht — eine Beziehung, die auf einer ganz, ganz anderen Basis steht. Es liegt an uns, diese Basis zu schaffen. Tun wir also einfach dies.

Die Beziehung zu uns selbst

Wir sitzen in der *sesshin*, um zu erfahren, wer wir sind. Wir haben Geist und Körper, doch diese Elemente erklären nicht das Leben, das wir sind. Polonius sagt in Hamlet: »To thine own self be true and it must follow, as the night the day, thou canst not then be false to any man.« (Sei ehrlich zu dir selbst, und daraus folgt wie die Nacht auf den Tag, daß du zu keinem anderen falsch sein kannst.)
Wir möchten unser *wahres Selbst* kennenlernen. Wir können uns ein Bild von etwas machen, das wir das »wahre Selbst« nennen, als wäre es ein wirkliches Wesen, das irgendwo herumschwebt. Wir sind in der *sesshin*, um unser wahres Selbst zu entdecken, es zu *sein*. Aber was ist das nur?
Wenn Sie das wahre Selbst definieren müßten, was würden Sie sagen? Lassen Sie uns einen Augenblick nachden-

ken. Was kommt mir in den Sinn? Etwas wie: das Wirken eines Menschen, der keine egozentrische Motivation hat. Man kann unschwer erkennen, daß solch ein Wesen kaum etwas Vertraut-Menschliches an sich hätte. Von einem anderen Standpunkt aus wäre solch ein Mensch allerdings im eigentlichen Sinne Mensch — doch nicht auf die Weise, in der wir in normaler Weise uns selbst und andere sehen. Solch ein Wesen wäre im Grunde ein Niemand.

Wenn wir uns durchs Leben kämpfen und die Mängel unserer Beziehungen zu diesem oder jenem Menschen, zu unserer Arbeit oder zu einer bestimmten Aktivität erfahren, unterliegen wir dem großen Irrtum gerade durch die Vorstellung, wir stünden zu dieser bestimmten Person oder diesem bestimmten Ereignis »in Beziehung«. Nehmen wir an, ich sei verheiratet. Normalerweise betrachten wir die Ehe so: »Ich bin mit ihm verheiratet.« Doch solange wir sagen: »Ich bin mit ihm verheiratet«, sind da zwei Menschen; für das wahre Selbst aber können es nicht zwei sein. Das wahre Selbst kennt keine Trennung. Es sieht vielleicht so aus, als sei ich »mit ihm« verheiratet, doch das wahre Selbst — man kann es auch das unendliche Energiepotential nennen — kennt keine Abgrenzung. Das wahre Selbst gestaltet sich zwar in verschiedenen Formen, bleibt aber essentiell ein Selbst, ein Energiepotential. Wenn ich sage: »ich bin mit dir verheiratet« oder »ich habe einen Toyota« oder »ich habe vier Kinder«, so stimmt das, was die Alltagssprache anbelangt. Doch wir müssen sehen, daß das nicht die wirkliche Wahrheit ist. Ich bin nicht mit jemandem verheiratet, mit etwas verbunden, ich bin dieser Mensch, ich bin dieses Ding. Das wahre Selbst kennt keine Trennung.

Sie sagen nun vielleicht, das ist ja alles ganz schön, aber

wenn wir es einmal praktisch betrachten, was machen wir dann mit den großen Schwierigkeiten, die sich in unserem Leben einstellen? Wir alle wissen, daß uns die Arbeit in große Probleme bringen kann, ebenso unsere Kinder, unsere Eltern, jede Beziehung zu Menschen. Nehmen wir an, ich sei mit jemandem verheiratet, der außerordentlich schwierig ist — nicht nur ein bißchen schwierig, sondern extrem schwierig. Nehmen wir weiter an, die Kinder litten unter dieser Ehe. Ich habe oft darüber gesprochen, daß, wenn wir leiden, wir das Leiden werden müssen. Nur so wachsen wir, das ist leider allzu wahr. Doch gilt das auch, wenn eine Situation so schwierig ist, daß jeder der Beteiligten darunter leidet? Was sollen wir dann tun? Und es gibt ja noch viele Variationen von Beziehungsproblemen. Nehmen wir an, ich hätte einen Partner, der sehr intensiv an einem bestimmten Gebiet arbeitet, und er könnte dieses Studium nur auf einem drei- oder vierjährigen Afrika-Aufenthalt betreiben, meine Arbeit aber würde mich hier festhalten. Was soll ich da tun? Oder ich habe alte Eltern, die meiner Fürsorge bedürfen, mein Beruf aber, meine Verpflichtungen, rufen mich anderswo hin. Was soll ich tun? Aus solchen Problemen besteht das Leben. Nicht alle Probleme sind so schwierig wie diese, doch auch schon weniger gravierende können uns graue Haare wachsen lassen.

In jeder Situation sollten wir uns nicht dem anderen Menschen per se hingeben, sondern dem wahren Selbst. Natürlich verkörpert der andere das wahre Selbst, und doch ist das nicht genau dasselbe. Wenn wir mit einer Gruppe zu tun haben, so besteht unsere Beziehung nicht zu der Gruppe, sondern zum wahren Selbst der Gruppe. Das wahre Selbst, von dem ich spreche, ist kein mystisches Wesen, das irgendwo über einem schwebt. Das wahre

Selbst ist nichts, und doch ist es das einzige, das unser Leben bestimmen sollte. Es ist der einzige Meister. Wenn wir *za-zen* üben oder eine *sesshin* erleben, dient das nur dem Zweck, unser wahres Selbst besser zu verstehen. Wenn wir es nicht verstehen, werden wir immer weiter ratlos vor Problemen stehen und nicht wissen, was wir tun sollen. Das Einzige, dem wir dienen sollten, ist nicht ein Lehrer, nicht ein Zentrum, nicht ein Beruf oder ein Ehepartner, nicht ein Kind, sondern unser wahres Selbst. Wie aber können wir wissen, wie man das tut? Es ist nicht einfach, und es braucht Zeit und Ausdauer, um es zu lernen.

Durch das Üben wird deutlich, daß wir uns fast nie allzu sehr für unser wahres Selbst interessieren; im Leben interessiert uns nur unser kleines Selbst — was wir wollen, was wir denken und worauf wir hoffen, was uns angenehm wäre, was unserer Gesundheit guttäte, unserem Wohlbefinden; da hinein legen wir unsere Energie. Durch bewußtes Üben wird uns das allmählich klar. Und es ist nicht gut oder schlecht, daß wir so sind, es ist einfach so. Wenn nun Licht auf unsere gewöhnliche, egozentrische Aktivität fällt, wenn wir uns des Kummers und des Leidens bewußt werden, die daraus hervorgehen, können wir uns manchmal davon abkehren. Vielleicht erahnen wir sogar einen anderen Seins-Zustand: das wahre Selbst.

Wie können wir in einer konkreten Situation dem wahren Selbst dienen? Manchmal mag das sehr schwer, sehr mühsam aussehen, manchmal aber auch gerade das Gegenteil davon. Es gibt keine Rezepte. Vielleicht gebe ich meine gute Stelle in New York auf und bleibe zu Hause, um meine Eltern zu pflegen. Vielleicht tue ich es auch nicht. Nur mein wahres Selbst kann mir sagen, was ich tun soll.

Wenn wir auf unserem Übungsweg so gereift sind, daß wir uns nicht mehr so oft selbst täuschen, weil wir mit unserer wirklichen Erfahrung in Berührung sind, dann werden wir auch immer genauer wissen, was das richtige, von Mitleid getragene Handeln ist. Wenn wir niemand sind, also Nicht-selbst sind (und das werden wir nie vollständig sein), ist es vollkommen klar, was wir zu tun haben.

Aus allen Beziehungen können wir etwas lernen, und manche von ihnen müssen leider beendet werden. Es kann ein Zeitpunkt kommen, von dem ab es am besten ist, allein weiterzugehen, wenn man dem wahren Selbst dienen will. Niemand kann mir sagen, was das Beste ist; niemand weiß es, außer meinem wahren Selbst. Es ist nicht wichtig, was meine Mutter dazu sagt oder meine Tante; ja, in einem gewissen Sinne ist nicht einmal wichtig, was *ich* dazu sage. Ein Lehrer behauptete einmal: »Dein Leben geht dich nichts an.« Doch unser Üben, das geht uns etwas an. Und dieses Üben besteht darin, zu lernen, was es bedeutet, dem zu dienen, was wir weder sehen, noch berühren, noch schmecken, noch riechen können. Das wahre Selbst ist dem Wesen nach ein Nicht-Ding, ein Nichts, und dennoch ist es unser Meister. Und wenn ich sage, es sei ein Nichts, dann meine ich nicht »nichts« im gewöhnlichen Sinn; der Meister ist Nicht-Etwas und dennoch ist er das Einzige. Sind wir verheiratet, so sind wir nicht miteinander verheiratet, sondern mit dem wahren Selbst. Lehren wir eine Gruppe von Kindern, so lehren wir nicht die Kinder, sondern wir drücken das wahre Selbst in einer Weise aus, die für die Klasse sinnvoll ist.

Das mag nun idealistisch und verstiegen klingen; dennoch haben wir alle paar Minuten die Möglichkeit, uns damit auseinanderzusetzen. Beispielsweise der Umgang mit jemandem, der uns irritiert; eine Begegnung, die uns verärgert und bei der wir denken, die anderen hätten es doch besser wissen müssen; die Beunruhigung, wenn meine Tochter sagt, sie würde mich anrufen, und es dann vergißt. Was ist das wahre Selbst unter all diesen Umständen? Gewöhnlich können wir das wahre Selbst nicht sehen. Wir können nur sehen, wie es uns entgeht. Wir können uns unserer Irritation, unserer Verärgerung, unserer Ungeduld bewußt werden. Und solche Gedanken können wir benennen. Wir können das in aller Geduld tun, wir können die Spannungen erleben, die diese Gedanken hervorbringen. Mit anderen Worten: Wir können das erfahren, was wir *zwischen* uns selbst und unser wahres Selbst stellen. Wenn wir solch sorgfältiges Üben in unserem Leben an die erste Stelle setzen, dienen wir dem Meister, und dann wächst unsere Erkenntnis dafür, was getan werden muß.

Es gibt nur einen Meister. Der Meister bin nicht ich, es ist auch niemand anders, weder ein Priester noch ein Guru; niemand kann der Meister sein, und kein Zentrum kann irgend etwas anderes sein als das Werkzeug eines Meisters. Keine Ehe, keine Beziehung kann etwas anderes sein. Um das aber zu erkennen, müssen wir unser Handeln nicht nur einmal, sondern zehntausendmal beleuchten. Wir müssen unsere unfreundlichen Gedanken über Menschen und Situationen in aller Schärfe beobachten. Wir müssen es uns bewußt machen, was wir fühlen, was wir wollen, was wir erwarten, für wie schrecklich wir jemand anderen halten oder wie schrecklich wir sind — diese dunklen Wolken, die über allem hängen. Wir sind wie kleine Tintenfische, die alles in dunkle Tintenwolken hüllen, damit man unsere Bosheit nicht sieht. Wenn wir morgens aufwachen, beginnen wir sofort, unsere Tinte um uns herumzuspritzen. Was ist unsere Tinte? Unsere Beschäftigung mit uns selbst. Damit können wir jedes Wasser trüben. Wenn wir ein egozentrisches Leben führen, schaffen wir Leid. Wir behaupten vielleicht, daß wir keine Schauergeschichten lieben, aber wir lieben sie doch. Etwas in uns ist fasziniert von unserem Drama, und so halten wir daran fest und bringen uns selbst durcheinander.

Das wahre Üben führt uns mehr und mehr in jenen schlichten, undramatischen Raum, in dem die Dinge einfach das sind, was sie sind — sie gehen einfach vor sich. Und dieses ungestörte Vorsichgehen entsteht niemals aus Egozentrik. Wenn wir oft *sesshins* erleben, erhöht das unsere Chance sehr, einen größeren Teil unseres Lebens in diesem schlichten Raum zu verbringen. Doch wir müssen geduldig sein und Haltung beweisen; wir müssen gleichmütig sein und sitzen. Das wahre Selbst ist nichts. Es ist die Abwesenheit von etwas anderem. Die Abwesenheit wovon?

V. LEIDEN

Wahres Leiden und falsches Leiden

Gestern sprach ich mit einer Freundin, die sich vor kurzem einer schweren Operation hatte unterziehen müssen und die auf dem Weg der Genesung war. Ich fragte sie, was ein gutes Thema für einen *dharma*-Vortrag wäre, und da lachte sie und sagte: »Geduld und Schmerz.« Sie fand es interessant, daß sie in den Tagen unmittelbar nach der Operation den Schmerz als klar, rein und scharf empfand; er war damals kein Problem für sie. Dann, als sie sich allmählich stärker fühlte, begann ihr Verstand zu arbeiten und das Leiden begann. Die Gedanken *über* das, was mit ihr geschah, traten in den Vordergrund.

In gewisser Weise sitzen wir ohne einen bestimmten Zweck. Das ist eine Seite des Übens. Die andere Seite jedoch ist, daß wir vom Leiden frei werden wollen. Wir wollen auch, daß andere vom Leiden frei werden. Deshalb ist ein entscheidender Punkt unseres Übens das Verständnis dafür, was Leiden ist. Wenn wir das Leiden wirklich verstehen, sehen wir, wie wir zu üben haben, nicht nur während wir sitzen, sondern in unserem ganzen übrigen Leben. Wir können dann unser tägliches Leben verstehen und erkennen, daß es keineswegs ein Problem ist.

Ich habe manchmal zwischen Leiden und Schmerz unterschieden, möchte jetzt aber nur das Wort Leiden benutzen, im Sinn von erleiden, ertragen, um zwischen dem zu unterscheiden, was ich *falsches* und *richtiges* Leiden nenne. Dieser Unterschied in der Auffassung erscheint mir sehr wichtig. Die Grundlagen unseres Übens, die erste der vier edlen Wahrheiten, ist die Aussage des Buddha: »Leben ist leiden.« Er sagt nicht, es bedeute, manchmal zu leiden — er sagte, Leben sei leiden. Und zwischen diesen beiden Arten von Leiden möchte ich unterscheiden.

Nun sagen die Leute: »Natürlich sehe ich ein, daß Leben leiden bedeutet, wenn alles schiefgeht, wenn alles unangenehm ist, aber ich verstehe es nicht, wenn alles gut läuft und ich mich wohl fühle.« Doch es gibt verschiedene Kategorien des Leidens. Wir leiden beispielsweise, wenn wir etwas nicht bekommen, was wir wollen. Doch wir leiden ebenso, wenn wir es bekommen, da wir wissen, daß wir es auch verlieren können, ebenso wie wir es bekommen haben. So ist es also gleichgültig, ob wir es bekommen oder nicht, ob es uns widerfährt oder nicht. Wir leiden, weil das Leben sich immerzu verändert. Wir wissen, daß wir die angenehmen Dinge nicht festhalten können, und wir wissen, daß, selbst wenn das Unangenehme sich auflöst, es wieder zurückkehren kann.

Das Wort leiden impliziert nicht notwendigerweise eine wichtige, dramatische Erfahrung, selbst der angenehmste Tag ist nicht frei von Leiden. Vielleicht haben Sie an einem Tag ein wunderbares Frühstück, sie treffen gerade den Freund oder die Freundin, die Sie schon lange sehen wollen, Sie gehen zur Arbeit, alles läuft glatt. Es gibt nicht viele Tage, die so angenehm sind wie dieser, aber selbst dann wissen wir, daß es am nächsten Tag auch ganz anders sein kann. Das Leben gibt uns keine Garantien, und da wir das wissen, fühlen wir uns unwohl und ängstigen uns. Wenn wir unsere Lebenssituation vom gewöhnlichen Standpunkt aus genau betrachten, ist Leben leiden, und wenn es sich auch nur in einer gewissen Betrübnis äußert.

Meine Freundin nun hatte festgestellt, daß sie gar kein so großes Problem hatte, als es nur um den physischen Schmerz ging. In dem Augenblick, als sie über ihre Schmerzen nachzudenken begann, begann sie auch zu leiden und sich elend zu fühlen. Das erinnert mich an die Zeilen des Meisters Huang Po: »Dieser Geist ist kein Geist der begrifflichen Gedanken, er hat sich von der Form völlig losgelöst. So besteht kein Unterschied zwischen Buddhas und den fühlenden Wesen. Wenn man sich nur von dem begrifflichen Denken befreien kann, so hat man alles erlangt. Wenn ihr Schüler des Weges euch nicht in einem Augenblick vom begrifflichen Denken befreit, werdet ihr es nie erlangen, selbst wenn ihr Jahrhundert um Jahrhundert danach strebt.«

Uns geschieht es immer wieder, daß wir uns in Gedankenspielen verlieren, daß wir alles in Begriffe fassen wollen. Das ist das Problem. Es ist per se nicht schlecht, etwas in Begriffe zu fassen; doch wenn wir unsere Meinungen über alles Mögliche für eine Art absolute Wahrheit halten und nicht erkennen, daß es nur Meinungen sind, so leiden wir. Das ist das falsche Leiden. »Ein haarbreiter Unterschied, und Himmel und Erde sind getrennt.«

Nun muß gesagt werden, daß es ganz gleich ist, was geschieht, es mag ungerecht sein, es mag grausam sein. Uns allen widerfahren Dinge, die ungerecht, böse und grausam sind. Und gewöhnlich denken wir dann: »Wie schrecklich!« Wir kämpfen dagegen, wir wehren uns. Wir versuchen das zu tun, was Shakespeare im Hamlet in die Worte faßte: »To take arms against a sea of troubles, and by opposing, end them« (Zu den Waffen greifen gegen ein Meer von Kümmernissen und sie durch Widerstand beenden).

Es wäre schön, wenn dadurch »the slings and arrows of most outrageous fortune« (die Schläge und die Pfeile des wütenden Geschicks) besiegt wären. Tag für Tag begegnen uns Dinge, die uns höchst ungerecht erscheinen, und wir meinen, daß die einzige Möglichkeit, auf einen »Angriff« von außen zu reagieren, darin bestünde, uns zu wehren. Und wir wehren uns und kämpfen mit unserem Verstand. Wir bewaffnen uns mit unserer Wut, unseren Meinungen, unserer Selbstgerechtigkeit, als müßten wir uns eine kugelsichere Weste anlegen. Und wir glauben, so müßten wir leben. Doch alles, was wir damit erreichen, ist, die Trennung zu verstärken, unsere Wut zu steigern und uns selbst und andere unglücklich zu machen. Wenn also diese Methode nicht funktioniert, wie sollen wir mit dem Leiden in unserem Leben umgehen? Darüber gibt es eine Sufi-Geschichte.

Es war einmal ein Mann, dessen Vater einer der größten Lehrer seiner Generation war, von allen geehrt und geachtet. Und dieser junge Mann, der sein Leben lang gehört hatte, wie sein Vater weise Worte sprach, glaubte, er wisse alles, was es zu wissen gäbe. Doch sein Vater sagte: »Nein, ich kann dich nicht lehren, was du wissen mußt. Ich möchte, daß du zu einem einfachen Lehrer gehst, einem ungebildeten Mann, einem Bauern.« Der Sohn hörte das nicht gerne, doch er machte sich auf den Weg und lief unwillig zu dem Dorf, in dem dieser Bauer lebte. Der Bauer war gerade zu Pferd auf dem Weg von seinem Haus zu einem anderen Haus und sah den jungen Mann auf sich zugehen.

Als er sich ihm näherte und sich vor ihm verbeugte, sah der Lehrer herab und sagte: »Nicht genug.« Da kniete der junge Mann nieder, doch der Bauer sagte wieder: »Nicht genug.« Da neigte er sich vor den Knien des Pferdes. Doch wieder sagte der Lehrer: »Nicht genug.« So beugte sich der junge Mann noch tiefer, bis zu den Hufen des Pferdes. Da sagte der Lehrer zu ihm: »Du kannst nun zurückkehren, du hast genug gelernt.« Und das war alles.

Nur wenn wir uns also niederbeugen und das Leiden des Lebens tragen, wenn wir, anstatt uns dagegen zu wehren, es annehmen, es *sind*, können wir erkennen, was unser Leben ist. Das bedeutet keinesfalls Passivität oder Aufgabe des Handelns. Es bedeutet Handeln aus einem Zustand vollkommenen Annehmens heraus. Doch auch das Wort annehmen ist nicht ganz richtig. Es geht darum, das Leiden ganz einfach zu sein. Es ist nicht wichtig, daß wir uns selbst schützen oder etwas anderes annehmen. Vollkommene Offenheit, vollkommene Verletzlichkeit dem Leben gegenüber ist — und das mag uns überraschen — die einzig zufriedenstellende Weise, wie wir unser Leben leben können.

Das werden Sie natürlich, wenn Sie nur ein wenig so wie ich sind, vermeiden, solange es möglich ist, denn man kann leicht darüber sprechen, doch es ist sehr, sehr schwer zu tun. Gelingt es uns aber, so geht es uns in Fleisch und Blut über, wer wir sind und wer die anderen sind. Und die Grenze zwischen uns selbst und den anderen hat sich aufgelöst.

Unser Üben, das unser Leben lang währt, dreht sich nur darum: Immer wieder haben wir starre Gesichtspunkte oder Haltungen dem Leben gegenüber; manche Dinge lassen wir zu, andere Dinge schließen wir aus. Daran halten wir lange Zeit fest. Doch wenn wir aufrichtig üben, wird dieses Üben die Standpunkte lockern; wir können sie dann nicht mehr aufrechterhalten. Beginnen wir, unsere Standpunkte in Frage zu stellen, und versuchen, mit dieser neuen Lebenserkenntnis zurechtzukommen, wird es Kampf und Aufregung bedeuten; wahrscheinlich werden wir für lange Zeit das Neue leugnen oder uns dagegen wehren. Das gehört zum Übungsweg. Doch schließlich sind wir bereit, unser Leiden zu erleben, anstatt uns dagegen zu wehren. Wenn wir das tun, verändert sich unser Standpunkt und unsere Anschauung des Lebens mit einem Schlag. Und mit dieser neuen Sicht leben wir wieder eine Weile, bis ein neuer Zyklus beginnt.

Dann tritt wieder dieses Unbehagen auf, wir müssen kämpfen, wir müssen hindurchgehen. Jedesmal, wenn das geschieht, jedesmal, wenn wir das Leiden annehmen und zulassen, wird unsere Lebenserkenntnis umfassender. Es ist, als bestiegen wir einen Berg. Mit jedem Schritt sehen wir mehr, und das, was wir sehen, leugnet nichts von dem, was hinter uns liegt, es schließt alles ein, aber es wird umfassender mit jedem Stückchen Höhe, das wir uns erkämpft haben. Und je mehr wir sehen, je umfassender unser Blick wird, desto eher wissen wir, was wir zu tun haben, wie wir handeln müssen.

In meinen Gesprächen mit vielen Menschen merke ich immer wieder, daß sie vor allem das Leid nicht verstehen. Auch ich verstehe es natürlich nicht immer. Auch ich versuche es zu vermeiden, wie alle anderen. Doch wenn man ein gewisses theoretisches Wissen darüber hat, was das Leiden bedeutet und wie man übend damit umgeht, so ist das außerordentlich nützlich, vor allem in einer *sesshin*. Dann verstehen wir besser, wozu eine *sesshin* da ist, wie wir sie am besten nutzen und wie wir wirklich üben können.

Der Geist, der das falsche Leiden hervorbringt, bleibt während der *sesshin* ununterbrochen in Tätigkeit. Keiner von uns ist frei davon. Gestern abend bemerkte ich es wieder einmal. Ich hörte, wie ich mich innerlich beklagte: »Was, schon wieder eine *sesshin*, du hast doch gerade letzte Woche eine erlebt.« So sieht es in unserem Kopf aus. Und wenn wir erkennen, was für ein Unsinn diese Gedanken sind, erinnern wir uns wieder daran, was wir wirklich für uns und die anderen wollen, und dadurch kommen unsere Gedanken wieder zur Ruhe.

Wenn wir *za-zen* üben, wehren wir uns geduldig gegen die Herrschaft dieser Gedanken und Meinungen über uns selbst, über Ereignisse, über Menschen. Wir kehren immer wieder zu der einzig gewissen Wirklichkeit zurück: zu diesem gegenwärtigen Augenblick. Indem wir das tun, vertiefen sich unsere Einsichten, die *samadhi*, immer mehr. Beim *za-zen* ist der Verzicht des Bodhisattva dieses Üben, dieses Sichabwenden von unseren Phantasien und unseren persönlichen Träumen und das Sichzuwenden der Wirklichkeit des Augenblicks. In einer *sesshin* schenkt uns jeder Augenblick, in dem wir auf diese Weise üben, das, was wir auf andere Weise nicht erlangen können, das unmittelbare Wissen über uns selbst. Wir öffnen uns dann unmittelbar diesem Augenblick, wir öffnen uns dem Leiden. Und wenn wir endlich bereit sind, uns dem hinzugeben, es zu sein, dann wissen wir, was wir sind und was die anderen sind, ohne daß man es uns sagen müßte.

Manchmal behaupten die Leute: Nun, das ist zu schwer. Doch *nicht* zu üben ist noch viel schwerer. Wir täuschen uns, wenn wir nicht üben. Deshalb bitte ich Sie, sich ganz klar zu machen, was getan werden muß, um das Leiden zu beenden, und daß man durch solch mutiges Üben auch andere dazu ermutigen kann, keine Angst zu haben und nicht mehr leiden zu müssen. Wir erreichen das durch ein kluges, geduldiges, ausdauerndes Üben. Niemals aber erreichen wir es durch unsere Klagen, durch Verbitterung, durch unseren Ärger, womit ich nicht sagen will, daß wir sie unterdrücken sollen. Wenn diese Gefühle da sind, nehmen Sie sie wahr, Sie müssen sie nicht unterdrücken. Gehen Sie dann *sofort* zurück in Ihren Atem, Ihren Körper, in das Sitzen. Wenn wir das tun, wird es keinen geben, der am Ende der *sesshin* nicht wüßte, welchen Lohn er vom wirklichen *za-zen* hat. So wollen wir üben.

Verzicht

»Verzicht heißt nicht, die Dinge dieser Welt aufzugeben, sondern zu akzeptieren, daß sie dahingehen«, sagte Suzuki Roshi. Nichts ist dauerhaft; früher oder später schwindet alles dahin. Verzicht bedeutet, sich an nichts zu binden, bedeutet, dieses Dahinschwinden anzunehmen. Vergänglichkeit ist im Grunde nur ein anderes Wort für Vollkommenheit. Die Blätter fallen, Schutt und Abfall häufen sich auf, doch aus all dem Weggeworfenen sprießen Blumen und grüne Pflanzen, die wir schön finden. Zerstörung ist notwendig. Ein guter Waldbrand ist notwendig. Die Art, wie wir Waldbrände bekämpfen, ist vielleicht nicht unbedingt gut. Ohne Zerstörung könnte es kein neues Leben geben, und das Wunder des Lebens, die immerwährende Veränderung, könnte nicht entstehen. Wir müssen leben und sterben. Und darin liegt Vollkommenheit.

All diese Veränderungen sind aber nicht das, was wir uns vorgestellt haben. Es drängt uns nicht, die Vollkommenheit des Universums zu schätzen. Unser persönliches Bedürfnis ist es, eine Möglichkeit zu finden, wie wir in unserer unveränderlichen Wunderbarkeit für immer bestehen bleiben können. Das scheint lächerlich, aber genau das streben wir an. Unser Widerstand gegen Veränderung steht nicht im Einklang mit der Vollkommenheit des Lebens, die in seiner Vergänglichkeit begründet ist. Wäre das Leben nicht vergänglich, könnte es nicht das Wunder sein, das es ist. Doch am meisten widerstrebt uns unsere eigene Vergänglichkeit. Wer war nicht erschrocken, als er sein erstes graues Haar entdeckte? So ist die menschliche Existenz in einem Kampf zerrissen. Wir weigern uns, die Wahrheit zu sehen, die uns umgibt. Wir sehen das Leben nicht wirklich. Unsere Aufmerksamkeit richtet sich auf etwas anderes. Wir sind in einem endlosen Kampf gegen unsere Ängste, um uns selbst und unsere Existenz versunken. Wenn wir das Leben sehen wollen, müssen wir unsere Aufmerksamkeit darauf lenken. Doch daran haben wir ja gar kein Interesse; uns interessiert nur der Kampf, durch den wir immer und immer versuchen, uns zu schützen und uns am Leben zu erhalten. Und das ist natürlich ein angsterfüllter und sinnloser Kampf, ein Kampf, der niemals gewonnen werden kann. Einer gewinnt diesen Kampf immer; es ist der Tod, der Bruder der Vergänglichkeit.

Was wir uns vom Leben wünschen, so wie wir es leben, ist, daß die anderen uns unsere Herrlichkeit spiegeln. Wir wollen, daß unser Partner uns Sicherheit garantiert, daß er uns das Gefühl gibt, wunderbar zu sein, daß er uns gibt, was wir haben wollen, damit unsere Angst für eine Weile gelindert wird. Wir suchen nach Freunden, die unserer Angst zumindest die Spitze nehmen, der Angst, daß wir eines Tages nicht mehr da sein werden. Wir wollen diese Tatsache nicht anschauen. Merkwürdigerweise lassen sich unsere Freunde nicht von uns täuschen. Sie sehen genau, was wir tun. Warum sehen sie es so klar? Weil sie es selbst tun. Ihnen liegt nichts an unseren Bemühungen, Mittelpunkt des Universums zu sein. Doch unaufhörlich kämpfen wir diesen Kampf. Wir stürzen uns in hektische Betriebsamkeit. Wenn unsere persönlichen Versuche, den Kampf zu gewinnen, scheitern, so versuchen wir vielleicht, Frieden in einer falschen Form von Religion zu finden. Und jene Menschen, die uns diesen Leckerbissen anbieten, werden reich. Wir suchen verzweifelt nach irgend jemandem, der uns sagt, es ist alles in Ordnung, du wirst es gut haben. Selbst auf dem *zen*-Übungsweg versuchen wir, dem wirklichen Üben aus dem Weg zu gehen, um einen persönlichen Sieg zu erringen.

Oft sagen die Leute zu mir: »Joko, warum machen Sie uns das Üben so schwer? Warum versprechen Sie uns nie Zuckerbrot?« Vom Standpunkt des kleinen Selbst aus kann das Üben nur hart sein. Das Üben vernichtet das kleine Selbst, das kleine Selbst hat daran nicht das geringste Interesse. Man kann von ihm auch nicht erwarten, daß es diese Vernichtung, diese Auflösung, freudig begrüße. Deshalb können wir dem kleinen Selbst kein Zuckerbrot in Aussicht stellen, sonst wären wir unaufrichtig.

Doch das Üben hat auch eine andere Seite: In dem Maß, wie unser kleines Selbst stirbt — unser ärgerliches, forderndes, klagendes, opportunistisches, manipulierendes Selbst —, bekommen wir wirkliches Zuckerbrot: Freude und tiefes Selbstvertrauen. Wir beginnen zu ahnen, was es für ein Gefühl ist, sich um jemand anderen zu kümmern, ohne dafür eine Gegenleistung zu erwarten. Das ist wahres Mitgefühl. Wie stark es in uns ist, hängt davon ab, in welchem Maß das kleine Selbst stirbt. Und während es stirbt, haben wir hier und da Augenblicke, in denen wir sehen, was das Leben wirklich ist. Manchmal können wir ganz spontan handeln und anderen dienen. Und mit diesem inneren Wachstum wächst auch die Reue. Wenn wir erkennen, daß wir fast immer uns selbst und andere verletzt haben, bereuen wir das — und diese Reue selbst ist reine Freude.

Wir sollten unsere Aufmerksamkeit dafür schärfen, daß wir in den *sesshins* immerzu versuchen, uns selbst zu vervollkommnen: Wir möchten erleuchtet sein, wir möchten Klarheit finden, wir möchten Ruhe finden, wir möchten weise werden. Wenn wir beim Sitzen wirklich in den gegenwärtigen Augenblick kommen, sagen wir: »Ach, ist das nicht langweilig? Draußen fahren Autos vorüber, meine Knie tun mir weh, ich merke, daß mein Magen knurrt...« Wir haben kein Interesse an der wirklichen Vollkommenheit des Universums. Nun könnte aber die unendliche Vollkommenheit des Universums gerade der Mensch sein, der neben uns sitzt, laut atmet oder nach Schweiß riecht. Unendliche Vollkommenheit liegt gerade darin, daß es unbequem für uns ist, daß es eben nicht so ist, wie wir uns das vorstellen. In jedem Augenblick ist einfach das, was gerade geschieht. Doch das interessiert uns nicht. Wir sind statt dessen gelangweilt. Unsere Aufmerksamkeit richtet sich auf etwas anderes: »Vergiß die Realität, ich bin hier, um Erleuchtung zu suchen!«

Der *zen*-Übungsweg ist jedoch sehr subtil. Auch wenn wir dagegen kämpfen, uns wehren oder ihn verzerren, neigen die Begriffe, die wir haben, dazu, sich von selbst zu zerstören. Und allmählich beginnen wir wider Willen, Interesse daran zu gewinnen, worum es beim Üben wirklich geht, im Gegensatz zu unseren Vorstellungen, die wir davon haben. Der Sinn des Übens besteht gerade darin, diesen Raum zu schaffen, in dem meine Wünsche nach persönlicher Unsterblichkeit, nach Verherrlichung, nach meiner Kontrolle über das Universum mit dem zusammenstoßen, was wirklich ist. Das geschieht oft im Leben: Immer wenn wir uns irritiert, eifersüchtig, erregt fühlen, findet dieser Zusammenstoß statt zwischen dem, was wir gerne hätten, und dem, was wirklich ist. »Ich hasse es, daß sie so laut atmet.« Kann ich mir dessen bewußt sein, was ist, wenn jemand so etwas neben mir tut? »Wie kann ich üben, wenn die jungen Leute im Zimmer nebenan Rock 'n' Roll spielen?« Jeder Augenblick bietet uns einen großen Reichtum an Möglichkeiten. Selbst an einem vollkommen ruhigen, gemächlichen Tag ohne besondere Ereignisse haben wir vielerlei Gelegenheiten, den Zusammenstoß zwischen dem, was wir uns wünschen, und dem, was wirklich ist, zu beobachten.

Das gute Üben hat immer zum Ziel, uns unsere falschen Träume bewußt zu machen, damit es in unserer physischen wie in unserer geistigen Erfahrungswelt nichts mehr gibt, was uns unbekannt ist. Wir müssen nicht nur unseren Ärger kennenlernen, wir müssen auch erfahren, wie wir persönlich dazu neigen, mit unserem Ärger umzugehen. Ist eine Reaktion nicht bewußt, so können wir sie auch nicht betrachten und uns nicht von ihr befreien. Jede defensive Reaktion (und so etwas geschieht alle fünf Minuten) gibt Gelegenheit zum Üben. Wenn wir mit den Gedanken und physischen Empfindungen üben, die diese Reaktion beinhaltet, sind wir für die Ganzheit, das Heilsein oder Heiligsein, wenn man es so nennen will, offen. Wenn wir richtig üben, verwandeln wir uns immer: von einem auf uns selbst konzentrierten Leben, in dem wir in unseren persönlichen Reaktionen befangen sind, zu einem Dasein, in dem wir mehr und mehr Gefäß für die universelle Energie sind, dieser Energie, die das Universum jeden Augenblick millionenfach bewegt. In unserem Leben der Erscheinungen sehen wir Vergänglichkeit; die andere Seite ist etwas, was wir nicht benennen wollen. Wenn wir richtig üben, werden wir immer mehr Gefäß für diese universelle Energie, und der Tod verliert seinen Stachel.

Was das Erkennen vor allem behindert, ist das mangelnde Bewußtsein dafür, daß zu allem Üben ein starkes Element des Widerstands gehört. Diese Unwilligkeit muß so lange vorhanden sein, bis unser persönliches Selbst vollständig gestorben ist. Nur ein Buddha hat keinen Widerstand mehr; ich zweifle allerdings daran, daß unter uns Menschen hier irgendein Buddha weilt. Bis zu unserem Tode regt sich in uns immer irgendein persönlicher Widerstand, der erkannt werden muß. Ein zweites großes Hindernis ist der Mangel an Aufrichtigkeit uns selbst gegenüber, dem gegenüber, was wir in jedem Augenblick sind. Es ist sehr schwer, zuzugeben: »Ich bin rachsüchtig« oder »Ich drohe gerne mit Strafen« oder »Ich bin selbstgerecht«. Diese Art von Aufrichtigkeit ist hart. Wir müssen nicht immer alles, was wir an uns selbst beobachtet haben, anderen auch mitteilen; doch nichts sollte in uns vor sich gehen, dessen wir uns nicht bewußt sind. Wir müssen erkennen, daß wir eher irgendwelchen Idealen von Vollkommenheit nachjagen, als unsere Unvollkommenheit zu durchschauen.

Ein drittes Hindernis besteht darin, daß wir von unseren kleinen Lichtblicken und Erkenntnisblitzen zu sehr beeindruckt und abgelenkt werden. Sie sind nur Früchte unserer Arbeit und haben keine Bedeutung, wenn wir sie nicht in unser Leben integrieren.

Ein viertes Hindernis besteht darin, daß wir nicht erkennen, welch überragende Bedeutung die Aufgabe hat, die wir uns vorgenommen haben. Es ist nicht unmöglich, sie zu erfüllen, auch ist es nicht zu schwierig, doch wir werden nie zu Ende kommen damit.

Ein fünftes Hindernis ergibt sich häufig bei Menschen, die viel Zeit in *zen*-Zentren verbringen und meinen, Gespräche, Diskussionen und Lektüre können das ausdauernde Üben selbst ersetzen. Je weniger wir hier über das Üben sprechen, desto besser. Wenn ich nicht in einer Situation bin, in der es um das unmittelbare Gespräch zwischen Schüler und Lehrer geht, ist der *zen*-Übungsweg das letzte, über das ich spreche. Ich spreche auch nicht über das *dharma*. Warum sollte ich darüber sprechen? Meine Aufgabe ist es, zu erkennen, wenn ich es verletze. Sie kennen den alten Spruch: »Wer weiß, redet nicht, und wer redet, weiß nicht.« Wenn wir die ganze Zeit über das Üben sprechen, ist unser Sprechen eine andere Art von Widerstand, ein Hindernis, ein Verdecken. Es ist, wie wenn Akademiker jeden Tag am Eßtisch die Welt retten. Sie reden und reden und reden, aber was bewirkt das? Am anderen Ende dieser Skala stünde jemand wie Mutter Teresa. Ich glaube nicht, daß sie viel redet. Sie hat alle Hände voll *zu tun*.

Intelligentes Üben hat immer mit dem einen zu tun: mit der Angst, die der menschlichen Existenz zugrunde liegt, der Angst, nichts zu sein. Natürlich bin ich nicht(s), doch dies möchte ich am allerwenigsten wissen. Ich bin die Vergänglichkeit selbst in der rasch sich verändernden menschlichen Gestalt, die festumrissen scheint. Ich fürchte mich davor zu sehen, was ich bin: ein sich unaufhörlich veränderndes Energiefeld. Das will ich nicht sein. Und so geht es beim guten Üben um diese Angst. Die Angst nimmt die Form von dauerndem Denken, Diskutieren, Spekulieren, Analysieren und Phantasieren an. Durch all diese Aktivitäten schaffen wir eine undurchdringliche Schicht, die uns Sicherheit verschaffen soll bei einem scheinbaren Üben. Wahres Üben ist nun einmal nicht sicher; es gibt uns alles andere als Sicherheit. Doch das mögen wir nicht, und so sind wir besessen von unseren fieberhaften Bemühungen, unsere Version des persönlichen Traums zu verwirklichen. Solch besessenes Üben ist selbst schon wieder eine Vernebelung, die uns von der Wirklichkeit trennt. Das einzige, was zählt, ist die Fähigkeit, in einem unpersönlich klaren Licht die Dinge zu sehen, wie sie sind. Wenn die persönliche Barriere wegfällt, müssen wir sie auch nicht mehr benennen. Wir leben dann einfach unser Leben. Und wenn wir sterben, dann sterben wir einfach. Da gibt es keine Probleme mehr.

Einverstanden sein

Erleuchtung ist das Herzstück jeder Religion. Doch oft haben wir seltsame Vorstellungen davon, was das sein könnte. Wir meinen, der Zustand der Erleuchtung sei etwas, in dem wir ziemlich vollkommen geworden seien, ruhig, bereit alles anzunehmen. Das aber ist es nicht.
Ich werde Ihnen jetzt einige Fragen über unangenehme Zustände stellen. Ich will damit nicht sagen, daß man sie nicht verändern sollte; ich behaupte auch nicht, daß sie

keine starken Gefühle auslösen, daß wir uns nicht für oder dagegen entscheiden sollten. Durch diese Beispiele können wir aber eine Ahnung bekommen, worum es geht. Sie sind vielleicht ein Schlüssel dazu, klarer zu sehen, was wir eigentlich auf unserem Übungsweg tun.

Dies sind die Fragen:

Wenn jemand mir sagen würde: »Joko, Sie haben nur noch einen Tag zu leben«, wäre das akzeptabel für mich? Oder wenn jemand Ihnen so etwas sagte, wäre das akzeptabel für Sie?

Wenn ich einen schweren Unfall erlitte und meine Arme und Beine amputiert werden müßten, wäre das akzeptabel für mich? Und für Sie?

Wenn ich nie wieder ein freundliches, ermutigendes Wort von jemandem hören würde, wäre das akzeptabel für mich?

Wenn ich aus irgendeinem Grund für den Rest meines Lebens bettlägerig sein und Schmerzen haben müßte, wäre das akzeptabel für mich?

Wenn ich mich in einer schlimmen Situation lächerlich mache, wäre das akzeptabel für mich?

Wenn die enge Liebesbeziehung, von der Sie träumen und auf die Sie hoffen, nie zustande käme, wäre das akzeptabel für Sie?

Wenn ich aus irgendeinem Grund als Bettlerin leben müßte, mit wenig Essen und keinem Dach über dem Kopf, der Kälte ausgesetzt, wäre das akzeptabel für mich? Und für Sie?

Wenn ich alles, was mir wichtig ist, und alle, die
mir lieb sind, verlieren würde, wäre das akzeptabel
für mich?

Nein, ich könnte keinen dieser Zustände akzeptieren,
und wenn Sie ehrlich sind, glaube ich, daß auch keiner
von Ihnen das könnte. Aber wenn wir antworten können:
»Ich nehme es an«, so ist genau das der Zustand der Erleuchtung: wenn wir verstehen, was es bedeutet, daß etwas annehmbar ist. Das heißt nicht, daß ich nicht schreie,
nicht weine, nicht protestiere und dieses Etwas nicht hasse. Singen und Tanzen sind die Stimme des *dharma*,
Schreien und Klagen sind die Stimme des *dharma*. Wenn
ich diese Dinge annehme, bedeutet das nicht, daß ich
glücklich über sie bin. Wenn sie akzeptabel sind, was bedeutet das? Was ist also der Zustand der Erleuchtung?
Wenn keine Trennung mehr besteht zwischen mir und
den Umständen, in denen ich lebe, wie auch immer sie
sein mögen. Das ist es.
Ich habe Ihnen natürlich besonders schlimme Möglichkeiten aufgezählt. Ich hätte wohl auch fragen können:
»Wenn Sie eine Million Dollar bekommen sollten, könnten Sie das akzeptieren?« Und Sie würden natürlich sagen: »O ja.« Doch eine Million Dollar zu haben, ist beinahe genauso schwierig wie ein Bettler zu sein. Hinter beiden Fällen steht die Frage, ob man akzeptieren kann, in
den Umständen zu leben, die das Leben einem präsentiert. Das bedeutet nicht blindes Akzeptieren. Das bedeutet nicht, wenn man krank ist, nicht alles zu tun, um gesund zu werden. Doch manchmal sind Dinge unvermeidlich. Wir können sehr wenig an ihnen ändern. Können
wir sie dann annehmen?
Sie werden vielleicht einwenden, daß ein Mensch, für

den jeder Zustand akzeptabel ist, nicht menschlich sei. Und in gewissem Sinn haben Sie recht. Solch ein Mensch ist nicht »menschlich-schwach«. Man könnte aber auch genauso sagen, daß er wahrhaftig menschlich sei. Beides ist wahr. Doch ein Mensch, der gegen keinerlei Umstände Abwehr empfindet, ist kein menschliches Wesen, wie wir es normalerweise kennen. Ich habe ein paar Menschen kennengelernt, die diese Verfassung annähernd erreicht hatten. Und das ist der Zustand der Erleuchtung: der Zustand eines Menschen, der in hohem Maß alles, was ihm begegnet, ob gut oder schlecht, annehmen kann. Ich spreche nicht von einem Heiligen; ich spreche von einem Zustand, dem oft schwere Kämpfe vorausgehen, und in dem man alles anzunehmen bereit ist. Wir fragen uns beispielsweise oft, wie wir sterben werden. Der Schlüssel liegt nicht darin zu lernen, tapfer zu sterben, sondern zu lernen, es nicht nötig zu haben, tapfer zu sterben. Wir können vielleicht in manchen kleinen Bereichen so sein, doch meistens wünschen wir etwas anderes zu sein als das, was wir sind. Es wäre eine interessante Einstellung, wenn es einem gelänge, nicht zu lernen, wie man mit allen Umständen zurechtkommt, sondern zu lernen, es gar nicht zu brauchen, irgendwelchen Umständen gegenüber eine bestimmte Haltung einzunehmen.

Die meisten Therapien zielen darauf ab, meine Bedürfnisse und Wünsche den Bedürfnissen und Wünschen des anderen anzupassen und Frieden zwischen mir und ihm zu stiften. Doch nehmen wir an, ich hätte nichts gegen irgendwelche Wünsche oder Bedürfnisse des anderen und fände, daß alles vollkommen ist, so wie es ist, was sollte dann angepaßt werden? Sie könnten nun vielleicht sagen, daß ein Mensch, der auf irgendeine der genannten Fragen mit Ja antwortet, verrückt sei. Ich glaube das nicht.

Wenn wir solch einem Menschen begegneten, würden wir überhaupt nichts Merkwürdiges an ihm entdecken. Sie würden wahrscheinlich nur merken, daß Sie im Zusammensein mit ihm unendlichen Frieden empfänden. Jemand, der sich wenig um sich selbst kümmert und der bereit ist, so zu sein, wie er ist, und alles anzunehmen, wie es ist, der ist ein wirklich Liebender. Sie könnten entdecken, daß dieser Mensch Ihnen sehr helfen würde, wenn das angebracht wäre, und daß er Ihnen nicht helfen würde, wenn es nicht sinnvoll ist. Und dieser Mensch wüßte, was der Unterschied ist. Er wüßte, was er zu tun hätte, denn dieser Mensch wären Sie.

Ich möchte nun, daß Sie sich einmal überlegen, was die Basis für Sie wäre, um auf jeden Lebenszustand so reagieren zu können: »Ich bin einverstanden. Ich beklage mich über nichts.« Das würde nicht bedeuten, daß Sie sich nie über irgend etwas aufregen, doch es würde eine Basis schaffen, auf der das ganze Leben ruht, so daß Sie auf alles antworten könnten: Ich nehme es an. Und was wir auf unserem Übungsweg tun (ob Sie es wissen oder nicht, und ob Sie es wollen oder nicht) ist, diese Basis kennenzulernen, auf der wir im richtigen Zeitpunkt sagen können: »Ich nehme es an.« Oder wie es im »Vaterunser« heißt: »Dein Wille geschehe.«

Eine Möglichkeit zu sehen, was unser Üben bewirkt hat, ist, nachzuprüfen, ob unser Leben uns immer mehr annehmbar erscheint. Und natürlich ist es auch in Ordnung, wenn wir es nicht akzeptieren können. Aber dann üben wir eben gerade dies. Wenn wir mit etwas einverstanden sind, akzeptieren wir auch, wie wir darauf reagieren. Wir akzeptieren unseren Protest, unseren Kampf, unsere Verwirrung und die Tatsache, daß die Dinge nicht nach unserem Kopf gehen. Wir sind dann bereit, anzunehmen, daß all das weitergeht, der Kampf, der Schmerz, die Verwirrung. In gewissem Sinn ist dies das Thema einer *sesshin*. Wir sitzen lange Zeit und verstehen allmählich immer mehr. »Ja, ich erlebe da etwas und bin nicht begeistert davon, ich wollte, ich könnte diesem Zustand entfliehen, aber irgendwie will ich ihn doch annehmen.« Und das wird immer stärker. Beispielsweise: vielleicht leben Sie glücklich mit Ihrem Partner zusammen und denken, das ist der Mensch, den ich brauche! Doch plötzlich verläßt er Sie; das heftige Leiden und die Erfahrung dieses Leidens ist Einverstandensein. Wenn wir im *za-zen* sitzen, versuchen wir uns zu diesem *koan* hindurchzuarbeiten, diesem Paradoxon, das unserem Leben zugrunde liegt. Immer mehr erkennen wir, daß alles, was geschieht, auch wenn wir es noch so sehr ablehnen, auch wenn wir noch so sehr kämpfen müssen, in gewisser Weise in Ordnung ist. Klingt das, was ich über den Übungsweg sage, schwierig? Ja. Das Üben ist schwierig. Und merkwürdigerweise genießen gerade Menschen, die so üben, ihr Leben wie ein Alexis Sorbas. Sie erwarten nichts vom Leben, und deshalb können sie sich über das Leben freuen. Wenn etwas geschieht, was die anderen als schreckliches Unglück empfänden, kämpfen jene vielleicht auch, aber sie leben dennoch gerne, und sie können sogar über das Mißgeschick lachen — sie sind einverstanden.

Wenn wir den Sinn des *sesshin*-Übens nicht vollkommen mißverstehen, lernen wir die Kämpfe, die Müdigkeit, den Schmerz schätzen, selbst wenn wir sie ablehnen. Wir sollten auch nicht die wunderbaren Augenblicke der *sesshin*, in denen wir erschüttert sein können über unsere Freude und Einsichtigkeit, vergessen. Durch das Üben entsteht ganz nebenbei Erkenntnis. Ich interessiere mich nicht so sehr für das Erlebnis der Erleuchtung wie für ein Üben, das tiefe Erkenntnis wachsen läßt, denn in dem Maß, wie sie zunimmt, verändert sich unser Leben grundlegend. Vielleicht verändert es sich nicht auf die Weise, die wir erwarten. Wir erleben das Wachsen unserer Einsicht in die Vollkommenheit jedes Augenblicks: unsere schmerzenden Knie, das Ziehen im Rücken, das Jucken an der Nase, den Schweiß. Wir können allmählich immer öfters sagen: Ich bin einverstanden. Das Wunder des *za-zen*-Sitzens ist das Wunder der Erkenntnis.

Es wäre sehr schwer für mich, wenn ich nie wieder ein freundliches Wort hören sollte. Könnte ich das annehmen? Natürlich kann ich das nicht. Doch was könnte es für mein Üben bedeuten, wenn ich in einem barbarischen Land entführt und im Gefängnis erschossen würde? Worin würde dann mein Üben bestehen? Solch drastische Dinge widerfahren den meisten von uns nicht. Doch auf einer anderen Stufe erleben wir Unglück, und unser Bild davon, wie unser Leben sein sollte, wird zerstört. Dann liegt die Entscheidung bei uns: stellen wir uns dem Unglück, und benutzen wir es als Gelegenheit zum Üben, oder laufen wir wieder davon, lernen nichts und machen alles nur noch schwieriger? Wenn wir ein friedvolles und produktives Leben haben wollen, was brauchen wir dann? Wir brauchen die Fähigkeit (die wir nur allmählich und gegen unseren eigenen Widerstand erringen), die Erfahrung unseres Lebens, wie es ist, zu *sein*. Meistens bin ich dazu nicht bereit, und ich nehme an, daß auch Sie es nicht sind. Aber das ist es, was wir hier lernen wollen. Und überraschenderweise lernen wir es auch. Fast jeder ist nach einer *sesshin* glücklicher. Vielleicht weil sie vorbei ist. Aber nicht nur das. Nach einer *sesshin* ist es schon herrlich, nur eine Straße entlangzugehen. Vorher empfand

man das keineswegs so, aber nach der *sesshin* ist es großartig. Diese Haltung dem Leben gegenüber trägt uns sicherlich nicht sehr lange. In den Tagen danach ertappen
wir uns vielleicht schon wieder dabei, nach der nächsten
Lösung zu suchen. Und doch haben wir etwas gelernt
über den Irrtum dieser Art von Suche. Je mehr wir das Leben in all seinen Verkleidungen als annehmbar erlebt haben, desto weniger sind wir motiviert, uns von ihm abzu-
wenden auf unserer illusorischen Suche nach Vollkommenheit.

Tragödien

Nach dem Lexikon ist eine Tragödie ein Trauerspiel, bei
dem ein Protagonist in moralische Kämpfe verwickelt
wird und ein dramatisches Ende, Vernichtung oder tiefe
Enttäuschung erfährt. Vom gewöhnlichen Standpunkt
aus ist das Leben eine Tragödie, und wir verbringen unser
Leben in dem hoffnungslosen Versuch, der Tragödie zu
entrinnen. Jeder von uns ist der Hauptdarsteller auf seiner kleinen Bühne. Jeder von uns hat das Gefühl, in moralische Kämpfe verwickelt zu sein. Und auch wenn wir
das nicht zugeben wollen, diese Kämpfe werden unvermeidlich ein tragisches Ende nehmen. Abgesehen von all
den Unfällen, die uns im Leben widerfahren können, gibt
es einen »Unfall« am Ende unseres Lebens, dem niemand
aus dem Weg gehen kann. Dafür sind wir geschaffen.
Vom Augenblick der Empfängnis an bewegt sich unser
Leben auf dieses Ende zu. Und vom persönlichen Standpunkt aus ist das tatsächlich eine Tragödie. So verbringen

wir unser Leben mit dem sinnlosen Kampf, diesem Ende zu entgehen. Doch dieser Kampf an der falschen Front ist die wirkliche Tragödie.

Nehmen wir an, wir lebten am Meer, in einem warmen Klima, wo man das ganze Jahr über schwimmen kann. Es gibt dort aber auch Haie. Wenn wir geschickte Schwimmer sind, werden wir die Bereiche herausfinden, in denen die Haie sich normalerweise aufhalten, und ihnen dann aus dem Weg gehen. Haie sind Haie, und früher oder später könnte sich einer in den scheinbar sicheren Bereich, in dem wir schwimmen, verirren und uns anfallen. Vielleicht schwimmen wir unser Leben lang täglich im Meer und begegnen nie einem Hai. Aber die Angst davor kann uns die Freude am Schwimmen ständig verleiden.

Jeder von uns hat versucht, herauszufinden, wo er die Haie in seinem Leben vermutet, und wir vergeuden die meiste Energie damit, uns vor ihnen zu fürchten. Natürlich ist es vernünftig, sich gegen physische Schäden zu schützen; wir versichern uns, wir lassen unsere Kinder impfen, wir versuchen unseren Cholesterinspiegel zu senken. Dennoch schleicht sich in unser Denken ein Irrtum ein. Worin besteht dieser Irrtum? Was ist der Unterschied zwischen dem Ergreifen vernünftiger Vorsichtsmaßnahmen und dem unaufhörlichen Sichsorgen und Kreisen der Gedanken? Es gibt eine berühmte buddhistische Parabel darüber: Ein Mann wurde von einem Tiger gejagt. Voller Verzweiflung stürzte er sich in einen felsigen Abhang und konnte sich gerade noch an einer Kletterpflanze festhalten. Er war dem Tiger entgangen, aber als er nach unten sah, entdeckte er einen anderen Tiger am Ende des Abhanges, der nur darauf wartete, daß er hinunterfiele. Und zu allem Überfluß sah er zwei Mäuse, die an seiner Kletterpflanze nagten. In diesem Augenblick entdeckte er eine leuchtend rote Erdbeere. Er hielt sich mit der einen Hand an der Ranke fest, pflückte mit der anderen die Erdbeere und aß sie. Sie war köstlich! Was geschah weiter mit dem Mann? Wir wissen es natürlich. Ist das, was ihm widerfuhr, eine Tragödie?

Dabei ist zu beachten, daß der Mann, der von dem Tiger verfolgt wurde, sich nicht vor ihn hinlegte und sagte: »Oh, du wunderbares Wesen, wir sind eins, bitte friß mich auf!« In der Geschichte geht es nicht darum, daß man töricht sein soll, auch wenn auf einer bestimmten Ebene der Mann und der Tiger tatsächlich eins sind. Der Mann tat, was er konnte, um sich zu retten — was wir alle tun sollten. Doch wenn wir an dieser Kletterpflanze hängen, können wir diesen letzten Augenblick unseres Lebens vergeuden, oder wir können ihn wirklich leben. Und ist nicht jeder Augenblick dieser letzte Augenblick? Es gibt keinen anderen Augenblick.

Es ist vernünftig, für unser geistiges und körperliches Wohlergehen zu sorgen; ein Problem entsteht erst dann, wenn wir uns ausschließlich mit ihm identifizieren. Es gab in der Geschichte der Menschheit ein paar Gestalten, die sich mit anderen Lebensformen ebenso eins fühlten wie mit ihrer eigenen Erscheinungsform. Für sie gab es keine Tragödie, da für sie nichts Feindliches in der Welt war. Wenn wir eins sind mit dem Leben, ganz gleich in welcher Gestalt es auftritt, was es ist oder tut, gibt es keinen Protagonisten, keinen Feind, keine Tragödie. Und man kann die Erdbeere genießen.

Wenn wir ausdauernd und mit aller Intensität üben, können wir allmählich erahnen, welcher Irrtum darin liegt, sich ausschließlich mit Verstand und Körper zu identifizieren. Daß wir das tun, werden wir natürlich nur bis zu einem gewissen Grad erkennen, manchmal aber auch gar nicht. Es ist kein intellektuell erfaßbarer Tatbestand. Die moderne Physik macht deutlich, daß wir eins sind, daß wir nur verschiedene Manifestationen der einen Energie sind, und das kann man verstandesmäßig erfassen. Doch wie sehr erkennen wir das als menschliche Wesen mit Geist, Körper und Emotionen in jeder Körperzelle?

Wenn unsere Identifikation mit unserem Kopf, unserem Körper sich lockert und bis zu einem gewissen Grad erkannt werden kann als das, was sie ist, werden wir offener für die Bedürfnisse anderer, selbst wenn wir nicht mit ihnen übereinstimmen, selbst wenn wir ihnen entgegentreten müssen. In immer höherem Maß kann unsere Haltung der Welt gegenüber die andere Seite des Bildes miteinschließen, den Standpunkt des anderen Menschen umfassen. Wenn das geschieht, gibt es keinen Hauptdarsteller mehr, der sich gegen seinen Feind wehrt.

Beim Üben geht es immer mehr darum, die Fiktion dieser ausschließlichen Identifikation zu durchschauen, die Denkkrankheit, die unser Handeln beherrscht. Beim za-zen-Übungsweg haben wir die kostbare Gelegenheit, uns selbst wirklich zu erkennen und die Natur des falschen Denkens zu durchschauen, die die Illusion eines vereinzelten, abgesonderten Selbst erschafft.

Der menschliche Verstand ist so geschickt und schlau, daß er sehr gut funktioniert, wenn er nicht auf die Probe gestellt wird; doch die harte Probe einer *sesshin*, bei der man stundenlang regungslos sitzt, läßt einen die Unaufrichtigkeit und die Ausflüchte unseres Verstandes vollkommen durchschauen. Auch die Spannung, die dieses schlaue Gehirn in uns schafft, beginnt spürbar zu werden. Wir sind vielleicht überrascht, daß nichts außerhalb unserer selbst uns angreift. Nur unsere Gedanken, unsere Bedürfnisse, unsere Bindungen greifen uns an, und sie alle sind aus der Identifikation mit unserem falschen Denken entstanden, das seinerseits ein abgekapseltes, unverbundenes, elendes Leben erzeugt. Beim täglichen Sitzen können wir diese Erkenntnis manchmal vermeiden. Doch es wird uns kaum gelingen, sie zu vermeiden, wenn wir acht Stunden pro Tag sitzen, und je mehr Tage wir das hintereinander tun, desto schwieriger wird es.

Beim geduldigen Üben (also beim Erleben unseres Atems, beim bewußten Wahrnehmen des Denkprozesses) wird Erkenntnis geboren, nicht intellektuelle Erkenntnis, sondern eine Erkenntnis, die jede Körperzelle durchdringt. Das falsche Denken löst sich auf wie Wolken im Sonnenlicht, und wir entdecken inmitten unseres Leidens eine Offenheit, Unbegrenztheit und Freude, die wir bis dahin nie kennengelernt haben.

Ich sprach einmal mit jemandem, der nicht locker ließ: »Aber das löst immer noch nicht das Problem des Todes. Wir müssen trotzdem sterben.« Das müssen wir. Doch wenn wir eine Sekunde vor dem Tod sagen können: »Oh, was für eine wunderbare Erdbeere!«, dann gibt es kein Problem mehr. Wenn der Hai uns auffrißt, hat der Hai eine gute Mahlzeit gehabt. Und irgendwann wird ihn der Fischer fangen. Vom Standpunkt des Haies aus ist das eine Tragödie. Vom Standpunkt des Lebens aus nicht.

Ich möchte damit nun kein neues Ideal vor Sie hinstellen, dem Sie nacheifern sollen. Der Mann, der vor dem Tiger davonläuft und vor Angst erzittert, *ist* das *dharma*. Wenn wir sitzen, wenn wir kämpfen und uns elend und verwirrt fühlen, so sollen wir nur das sein. Und wenn wir glückselig sind, dann sollen wir nur diese Glückseligkeit sein, aber uns nicht an sie klammern. Denn jeder Augenblick ist einfach das, was jeder Augenblick ist. Und während wir so geduldig üben, erkennen wir den Irrtum unserer ausschließlichen Identifikation mit unserem Denken, mit unserem Körper und beginnen zu verstehen.

Zu einer Tragödie gehört immer ein Hauptdarsteller, der kämpft. Doch wir müssen kein Hauptdarsteller sein, der sich in endlosen Kämpfen mit äußeren Kräften zerreibt. Der Kampf ist unsere eigene Interpretation, und er endet nur dann dramatisch, wenn wir ihn so sehen. Im Herzsutra heißt es: »Kein Alter und kein Tod und kein Ende des Alterns und des Todes ... kein Leiden und kein Ende des Leidens.« Der Mann, der vom Tiger verfolgt wird, wird schließlich aufgefressen. Einverstanden. Nehmen wir es hin, es ist kein Problem.

Das beobachtende Selbst

> »Wer ist da?« fragt Gott.
> »Ich bin es.«
> »Geh weg«, sagt Gott.
> Etwas später ...
> »Wer ist da?« fragt Gott.
> »Du bist es.«
> »Tritt ein«, antwortet Gott.

Was wir über das Selbst normalerweise denken, hat viele Aspekte. Es gibt das denkende Selbst, das emotionale Selbst und das funktionale Selbst, das handelt. Sie alle zusammen umfassen unser beschreibbares Selbst. In diesen Bereichen gibt es nichts, was wir nicht beschreiben könnten; wir können beispielsweise unser physisches Funktionieren beschreiben, wir gehen, wir kommen nach Hause, wir setzen uns nieder. Auch unsere Emotionen lassen sich gewöhnlich beschreiben, wenn wir uns aufregen, können wir uns sagen, daß unsere Emotionen in ihrer Intensität ansteigen, ihren Höhepunkt erreichen und abfallen. Und es ist möglich, unser Denken zu beschreiben. Diese Aspekte des beschreibbaren Selbst sind die Primärfaktoren unseres Lebens: unser denkendes, unser emotionales und unser funktionales Selbst.

Es gibt aber noch einen anderen Aspekt unseres Selbst, mit dem wir beim *za-zen* allmählich in Berührung kommen; das beobachtende Selbst. Bei manchen Therapien der westlichen Welt spielt es eine wichtige Rolle. Wenn man gut damit umgeht, können die Therapien funktionieren. Doch diese Therapien berücksichtigen nicht immer den grundsätzlichen Unterschied zwischen dem beobachtenden Selbst und den anderen Aspekten unseres Selbst; sie verstehen zudem nicht, was dieses Selbst eigentlich ausmacht. Alle beschreibbaren Teile dessen, was wir unser Selbst nennen, sind begrenzt. Zudem sind sie linear, sie kommen und gehen innerhalb eines zeitlichen Rahmens. Das beobachtende Selbst kann nicht in diese Kategorien eingeordnet werden, auch wenn wir es noch so sehr versuchen. Das Beobachtende kann nicht gefunden und beschrieben werden. Wenn wir danach suchen, ist nichts da. Da wir nichts darüber wissen können, läßt es sich fast sagen, daß es sich um eine andere Dimension handelt.

Beim Üben beobachten wir so gut wie möglich unser beschreibbares Selbst oder machen es uns bewußt. Bei den meisten Therapien geschieht das ebenso bis zu einem gewissen Grad; übt man jedoch viele Jahre lang *za-zen*, so wird das beobachtende Selbst viel gründlicher gepflegt als bei den meisten anderen Therapien. Üben bedeutet, daß wir beobachten, wie wir arbeiten, wie wir leben, wie wir uns auf einer Gesellschaft verhalten, wie wir einer unbekannten Situation und fremden Menschen begegnen. Es darf nichts in uns und an uns geben, das wir nicht genauestens anschauen. Das bedeutet nicht, daß wir andere Aktivitäten unterließen. Selbst wenn wir vollständig in unseren täglichen Aufgaben aufgehen, wird die beobachtende Funktion nicht unterbrochen. Jeder Aspekt unseres Selbst, der nicht beobachtet wird, bleibt verschwommen, verwirrend, geheimnisvoll. Er wird uns als unabhängig von uns selbst erscheinen, so als geschähe alles ohne unser Zutun. Und dann verfangen wir uns darin und geraten in Verwirrung.

Jeder von uns läßt sich irgendwann einmal zu irgendeiner Art von Ärger hinreißen (mit Ärger meine ich auch Irritiertsein, Eifersucht, Verdrießlichkeit, ja sogar Niedergeschlagenheit). In den Jahren des Sitzens entdecken wir allmählich die Anatomie des Ärgers und anderer Emotionsgedanken. Immer, wenn Ärger aufkommt, müssen wir alle mit diesem Ereignis verbundenen Gedanken herausfinden. Diese Gedanken sind nicht real, aber sie sind mit den Empfindungen der körperlichen Verspannung verbunden. Wir müssen beobachten, wo die Muskeln sich zusammenziehen und wo sie es nicht tun. Manche Menschen werden im Gesicht wütend, andere im Rücken, andere vom Kopf bis zu den Zehen. Je mehr wir wissen, je stärker also der Beobachter ist, desto weniger geheimnisvoll sind diese Emotionen und desto weniger leicht können sie von uns Besitz ergreifen.

Es gibt verschiedene Wege des Übens. Einer arbeitet mit bloßer Konzentration (er ist in den verschiedenen *zen*-Zentren sehr verbreitet); wir benutzen dabei ein *koan* und versuchen, mit Gewalt zum Durchbruch zu gelangen. Doch dabei drängen wir nur die falschen Gedanken und Emotionen beiseite. Da sie nicht real sind, nehmen wir an, es sei in Ordnung, sie kurzerhand wegzuschieben. Das stimmt auch, wenn wir sehr ausdauernd sind und lange genug mit aller Intensität an einem *koan* arbeiten; wir können manchmal sogar für eine kurze Zeit einen Durchbruch zu dem Wunder des Lebens, das frei vom Ego ist, erringen. Eine andere Möglichkeit, und mit der üben wir hier, ist es, uns selbst ganz allmählich für das Wunder des Lebens zu öffnen, indem wir der Anatomie des gegenwärtigen Augenblicks sorgfältigste Aufmerksamkeit schenken. Ganz allmählich verfeinert sich unsere Wahrnehmung und die Erkenntnis so, daß wir beispielsweise wissen, daß sich unser linker Mundwinkel nach unten verzieht, wenn wir jemanden nicht mögen. Wenn wir so vorgehen, wird alles in unserem Leben uns nützen — die guten und die schlechten Ereignisse, unsere Erregung, unsere Depressionen, unsere Enttäuschungen, unsere Verärgerung. Das soll nun nicht heißen, daß wir Kämpfe und Probleme hätscheln, doch ein reifer Schüler heißt sie beinahe willkommen, da wir allmählich aus der Erfahrung lernen, daß Freiheit und Mitgefühl wachsen, wenn wir die Anatomie des Augenblicks wirklich in aller Deutlichkeit sehen.

Ein dritter Übungsweg (den ich als nicht glücklich ansehe) besteht darin, einen positiven Gedanken an die Stelle eines negativen zu setzen. Wenn wir beispielsweise wütend sind, versuchen wir einen liebevollen Gedanken darüberzulegen. Diese neue Konditionierung gibt uns vielleicht das Gefühl, daß es uns besser geht. Doch sie hält dem Druck des Lebens nicht stand. Und wenn wir eine Konditionierung durch eine andere ersetzen, haben wir den Sinn des Übens nicht erfaßt. Es geht ja nicht darum, daß ein positives Gefühl besser als ein negatives ist, sondern daß wir erkennen, daß *alle* Emotionen vergänglich, veränderlich oder (nach der buddhistischen Denkweise) leer sind. Sie haben keine Realität. Unsere einzige Freiheit besteht in der Erkenntnis, die sich aus jahrelanger Beobachtung und Erfahrung ergibt, daß alle persönlich zentrierten Gedanken und Emotionen (und die aus ihnen entspringenden Handlungen) leer sind. Sie sind zwar leer; doch wenn man sie nicht als leer erkennt, können sie schädlich sein. Wenn wir das erkennen, können wir sie aufgeben. Und wenn wir dies tun, betreten wir ganz von selbst das Reich des Wunders.

Dieses Wunderreich, dieser Himmel, öffnet sich, wenn wir nicht mehr in uns selbst gefangen sind, wenn wir nicht mehr sagen: Ich bin es, sondern: Du bist es. Ich bin alle Dinge, wenn es keine Grenze mehr gibt. Das ist das Leben des Mitgefühls; aber keiner von uns kann immerzu solch ein Leben führen. Bei einer bestimmten Übung, bei der wir meditieren, indem wir einem anderen Menschen in die Augen sehen, können wir unsere persönlichen Emotionen und Gedanken beiseite lassen und wirklich den anderen ansehen und den Raum des Nicht-Selbst erkennen. Wir sehen das Wunder, und wir erkennen, daß dieser Mensch »wir selbst« ist. Das hat eine wunderbare Heilkraft vor allem bei Menschen, die sich in einer schwierigen Beziehung befinden. Wir sehen einen Augenblick lang, was ein anderer Mensch ist: Er ist ein Nicht-Selbst, wir sind ein Nicht-Selbst, und beide sind wir das Wunder.

Vor ein paar Jahren machte ich während eines Kurses diese Übung mit einer jungen Frau, die sagte, daß der Tod ihres Vaters sie zutiefst erschüttert habe. Sie erzählte, daß sie nichts gefunden hatte, was sie über diesen Verlust hinwegtrösten konnte. Eine Stunde lang sahen wir einander in die Augen. Durch meine Übung des *za-zen* hatte ich genug Kraft, so daß es mir leichtfiel, meinen Blick gerade auf sie gerichtet zu halten. Wenn sie mir mit ihrem Blick ausweichen wollte, konnte ich sie wieder zurückholen. Nach einer Stunde begann sie zu weinen. Ich fragte, was mit ihr sei, und da sagte sie: »Mein Vater ist gar nicht weggegangen, ich habe ihn gar nicht verloren. Es ist alles gut, ich habe Frieden gefunden.« Sie hatte gesehen, wer sie war und wer ihr Vater war. Ihr Vater war nicht einfach ein körperliches Wesen, das verschwunden war. Durch dieses Wunder konnte sie sich mit den Tatsachen versöhnen.

Wir können üben, uns dabei zu beobachten, wie wir wütend werden: die Gedanken, die dabei aufsteigen, die körperlichen Veränderungen, das Heißwerden, die Spannungen. Meistens sehen wir gar nicht, was geschieht, denn wenn wir ärgerlich sind, identifizieren wir uns mit unserem Wunsch, recht zu haben. Und um ehrlich zu sein, wir sind ja gar nicht einmal daran interessiert, zu üben. Wenn wir ehrlich sind, steigt uns das zu Kopf. Und wenn wir uns wirklich heftig ärgern, finden wir es sehr schwer, damit übend umzugehen. Sehr nützlich ist es, mit all den kleinen Verärgerungen zu arbeiten, die jeden Tag vorkommen. Wenn wir uns daran üben, lernen wir sehr viel, und taucht dann eine schwierigere Situation auf, bei der wir normalerweise ganz aus dem Häuschen geraten würden, können wir etwas gefaßter bleiben. Und allmählich werden wir immer weniger und weniger ärgerlich werden.

Es gibt ein altes *koan* über einen Mönch, der zu seinem Meister ging und sagte: »Ich bin ein Mensch, der sich viel ärgert, und ich möchte, daß ihr mir helft.« Der Meister sagte: »Zeige mir deinen Ärger.« Der Mönch antwortete: »Jetzt gerade bin ich nicht ärgerlich. Deshalb kann ich ihn euch nicht zeigen.« Da entgegnete der Meister: »Dann bist du er auch nicht, denn manchmal ist er ja gar nicht da.« Wer wir sind, hat viele Gesichter, doch diese Gesichter sind nicht, wer wir sind.

Man hat mich gefragt, ob das Beobachten nicht ein sehr dualistischer Vorgang sei, denn wenn wir beobachten, sei etwas Beobachtendes und etwas Beobachtetes da. Aber ich sehe darin keinen Dualismus. Der Beobachter ist leer. Anstelle eines losgelösten Beobachters steht meiner Meinung nach nur *das Beobachten*. Da ist niemand, der hört, da ist nur das Hören. Da ist niemand, der sieht, da ist nur das Sehen. Doch das verstehen wir nicht ganz. Wenn wir hart genug üben, lernen wir aber, daß nicht nur der Beobachter selbst leer ist, sondern auch das Beobachtete. In diesem Augenblick verliert der Beobachter (oder Zeuge) seine Substanz. Das ist das Endstadium des Übungsweges; darüber müssen wir uns noch keine Gedanken machen. Warum verliert der Beobachter schließlich seine Substanz? Was bleibt noch, wenn nichts nichts sieht? Einfach das Wunder des Lebens. Da gibt es niemanden, der von irgend etwas getrennt wäre. Da ist einfach das Leben, das sich selbst lebt: Hören, fühlen, sehen, riechen, denken. Das ist Liebe oder Mitgefühl. Nicht: »Ich bin es«, sondern »Du bist es«.

Deshalb scheint mir das sinnvollste Üben darin zu bestehen, die Kraft des Beobachters wachsen zu lassen. Wann immer wir uns aufregen, haben wir das, worum es geht, verloren. Wir können uns nicht aufregen, wenn wir beobachten, da der Beobachter sich nie aufregt: Nichts kann sich nicht aufregen. Wenn wir also die Haltung des Beobachters einnehmen, können wir jedes Drama mit Interesse, Anteilnahme, doch ohne Erregung betrachten. Ich bin aber noch nie jemandem begegnet, dem es gelungen war, ständig zum Beobachter zu werden. Es ist allerdings ein großer Unterschied zwischen einem Menschen, der es meistens sein kann, und jemandem, dem es nur selten gelingt. Das Ziel des Übens liegt darin, diesen unpersönlichen Raum zu erweitern. Obwohl das kalt klingt — und als Übung ist es auch kalt — werden die Menschen dadurch nicht kalt. Ganz im Gegenteil. Wenn wir ein Stadium erreichen, in dem der Zeuge seine Substanz verliert, beginnen wir zu erkennen, was das Leben ist. Das ist nicht irgend etwas Verwaschenes, es bedeutet einfach, daß ich einen anderen Menschen, wenn ich ihn ansehe, wirklich ansehe, und daß ich nicht zu dem, was ich sehe, noch tausend andere Dinge hinzufüge. Und das ist der Raum des Mitgefühls. Wir müssen nicht versuchen, ihn zu finden. Es ist unser Naturzustand, wenn das Ego abwesend ist.

Wir sind zu sehr unnatürlichen Wesen geworden. Doch trotz unserer Schwierigkeiten und gerade durch sie haben wir die Gelegenheit, uns in einer Weise zu entwickeln, wie das kein anderes Geschöpf tun kann. Auch eine Katze ist das Wunder, aber die Katze weiß das nicht. Sie lebt es einfach. Als Menschen haben wir die Fähigkeit, es zu erkennen. Soweit ich weiß, sind wir das einzige Geschöpf auf der Erde, dem diese Fähigkeit zu eigen ist. Und da uns diese Gabe zuteil wurde, da wir Gott ähnlich geschaffen sind, sollten wir unendlich dankbar sein für die Möglichkeit, zu erkennen, was das Leben ist und wer wir sind.

Wir müssen also Geduld haben, nicht nur während einer *sesshin*, sondern jeden Tag unseres Lebens — und uns dieser Herausforderung wirklich stellen: alle Aspekte unseres Lebens genauestens zu beobachten, damit wir ihr Wesen erkennen können, bis der Beobachter im Beobachten nichts sieht als das Leben, als das, was es ist in seiner Wunderbarkeit. Alle haben solche Augenblicke. Nach einer *sesshin* betrachten wir eine Blume und erleben vielleicht, daß eine Sekunde lang keine Grenze zwischen ihr und uns ist. Unser Üben dreht sich darum, unser Leben auf diese Weise immer mehr zu öffnen. Deshalb sind wir hier auf der Erde. Alle religiösen Übungswege sagen im Grunde dasselbe: »Ich und der Vater sind eins.« Was ist mein Vater? Nicht etwas von mir Getrenntes, sondern das Leben selbst: Menschen, Dinge, Ereignisse, Kerzen, Gras, Teer; ich und der Vater sind eins. In dem Maß, wie wir auf dem Übungsweg voranschreiten, wächst uns diese Erkenntnis immer mehr zu.

Eine *sesshin* ist ein Übungsfeld. Es interessiert mich genauso, was Sie in zwei Wochen tun werden, wenn Sie sich in einer Krise befinden. Werden Sie dann wissen, wie Sie übend damit umgehen müssen? Ihre Gedanken beobachten, Ihren Körper erfahren, anstatt sich von ängstlichen Gedanken ablenken zu lassen, den Knoten in Ihrem Magen als nichts anderes als verkrampfte Muskeln zu empfinden, und sich inmitten der Krise fest mit beiden Beinen auf den Boden stellen. Was das Leben so erschreckend macht, ist die Tatsache, daß wir uns unter dem Schutt unserer chaotischen Gedanken begraben lassen. Wir sollten das nicht tun. Bitte üben Sie wirklich.

VI. IDEALE

Standhalten

Ich spreche mit vielen Menschen, und es macht mich immer wieder traurig, daß wir nicht sehen, was unser Leben ist, und worum es bei unserem Üben geht. Wir wissen nicht einmal genau, was die Basis unseres Übens ist. Und wir lassen uns durch allerlei falsche Vorstellungen lenken. Und in dem Maß, wie wir abgelenkt oder verwirrt werden, leiden wir.

Man kann in sehr einfache Worte fassen, worum es beim Üben geht. Es bedeutet, ein Leben zu verlassen, in dem man sich selbst und andere verletzt, und zu einem Leben zu gelangen, in dem man sich selbst und andere nicht verletzt. Das scheint so einfach — außer wir ersetzten das wirkliche Üben durch irgendwelche Vorstellungen davon, daß wir anders oder besser sein sollten, als wir sind, oder daß unser Leben anders sein sollte, als es ist. Unsere Vorstellungen davon, was sein sollte (Vorschriften wie: Ich sollte mich nicht ärgern! Ich sollte nicht durcheinander oder unwillig sein!), überlagern unser Leben, wie es wirklich ist, wir haben den Boden unter den Füßen verloren und kommen mit dem Üben nicht weiter.

Nehmen wir an, wir wollten wissen, wie sich ein Marathonläufer fühlt. Wenn wir zweimal um den Block rennen oder ein paar Kilometer laufen, werden wir etwas darüber wissen, was es bedeutet, solche kleine Distanzen zu überwinden, doch wir werden nichts darüber wissen, was es bedeutet, einen Marathon zu laufen. Wir können Theorien über Marathonläufe wiedergeben, die Physiologie von Marathonläufern beschreiben, endlose Informationen über Marathonläufe aufhäufen, doch das bedeutet nicht, daß wir wissen, was ein Marathonlauf eigentlich ist. Wir werden es erst wissen, wenn wir es selbst tun. Wir kennen unser Leben nur, wenn wir es unmittelbar erfahren, anstatt davon zu träumen, wie es sein könnte, wenn wir dies oder jenes täten oder hätten. Das heißt standhalten, präsent sein, wie wir sind, hier und jetzt.

Das erste Stadium unseres Übungsweges besteht darin, zu erkennen, daß wir eben nicht im Hier und Jetzt leben, sondern daß wir immer darüber nachdenken, wie unser Leben sein könnte (oder wie es einmal war). Was ist jetzt, hier in unserem Leben, dem wir nicht standhalten wollen? Alles, was sich immer wiederholt, was keine Freude macht, was schmerzhaft oder schäbig ist, mit all dem wollen wir überhaupt nichts zu tun haben. Das erste Stadium des Übens besteht in der Erkenntnis, daß wir selten gegenwärtig sind. Wir erleben das Leben nicht, sondern wir denken über es nach, wir machen uns Begriffe darüber, wir haben Meinungen darüber. Es ist erschreckend, im Hier und Jetzt zu leben. Ein ganz wichtiger Punkt beim Üben ist die Erkenntnis, wie sehr wir von dieser Angst und dieser Abwehr beherrscht werden.

Üben wir ausdauernd und geduldig, dann treten wir in das zweite Stadium ein. Wir beginnen uns allmählich der Ego-Grenze unseres Lebens bewußt zu werden: der Gedanken, der Emotionen, der Ausflüchte, der Manipulationen, die wir nun leichter beobachten und objektiv ansehen können. Diese Objektivierung ist schmerzvoll und ernüchternd. Doch wenn wir fortfahren, werden immer weniger dichte Wolken die Szenerie verdunkeln.

Und worin besteht das entscheidende und heilsame dritte Stadium? Es ist die unmittelbare Erfahrung dessen, was die Szenerie unseres Lebens eigentlich in den Augenblicken ist, in denen wir wirklich standhalten. Ist das einfach? Ja. Ist das leicht? Nein.

Ich erinnere mich an den Samstagmorgen, als wir den Beginn unserer Übung um zwanzig Minuten verschoben, damit einige von uns die große Chance haben sollten, ein paar Häuser weiter die ersten Marathonläufer von San Diego vorbeilaufen zu sehen. Um neun Uhr fünf kamen sie. Ich staunte über die fließenden Bewegungen des Läufers an der Spitze: obwohl er sich schon auf den letzten fünf Kilometern befand, glitt er gleichsam leicht dahin. Es war nicht schwer, den Wert dieser Art von Laufen zu erkennen — doch wo müssen wir laufen und üben? Wir müssen mit uns selbst üben, wie wir jetzt sind. Es mag zwar anregend sein, einen genialen Läufer zu sehen, doch zu denken, daß wir so sein sollten, nützt überhaupt nichts. Wir müssen dort laufen, wo wir sind. Wir müssen hier und jetzt lernen, wir müssen daraus lernen, wie wir hier und jetzt sind.

Wir werden uns nie weiterentwickeln, wenn wir uns einen wunderbaren zukünftigen Zustand erträumen oder uns an Vergangenes erinnern. Wir entwickeln uns weiter, indem wir da sind, wo wir jetzt sind, und erleben, was unser Leben jetzt ausmacht. Wir müssen unsere Wut, unsere Sorgen, unser Scheitern, unsere Befürchtungen erleben. All diese Erfahrungen können unsere Lehrer sein, wenn wir uns nicht von ihnen trennen. Wenn wir dem entrinnen, was gegeben ist, können wir nicht lernen, können wir nicht wachsen. Das ist nicht schwer zu verstehen, aber es ist schwer zu tun. Die Ausdauernden werden es sein, deren Erkenntnis und deren Mitgefühl wächst. Wie lange muß man das üben? Immer.

Streben und erwarten

Streben ist das Grundelement unseres Übens. Man könnte sagen, daß unser ganzer *zen*-Übungsweg unser Streben als Basis hat, denn ohne dies könnte nichts geschehen. Zugleich hören wir aber auch, daß wir ohne Erwartung üben sollen. Das klingt widersprüchlich, da wir das, was wir erstreben, und das, was wir erwarten, oft verwechseln.

Unser Streben und Bemühen ist, wenn es um das Üben geht, nichts anderes als unser wahres Wesen, das sich verwirklichen und ausdrücken will. Im Grunde sind wir alle Buddhas, doch unsere Buddha-Natur ist verschüttet. Unser Streben ist der Schlüssel zum Üben, denn ohne Streben ist die Buddha-Natur wie ein schönes Auto: solange sich niemand auf den Fahrersitz setzt und den Zündschlüssel umdreht, ist es nutzlos. Wenn wir mit dem Übungsweg beginnen, ist unser Streben vielleicht noch recht schwach entwickelt. Doch schon nach einem halben Jahr ist es stärker als am Anfang, und nach zehn Jahren wird es noch stärker und anders sein als nach einem halben Jahr. In seiner äußeren Form verändert es sich immer, aber im wesentlichen bleibt es immer das gleiche. Solange wir leben, werden wir uns weiterentwickeln und wachsen.

Ein sicherer Hinweis dafür, ob wir von Erwartungen oder von unserem eigenen Streben motiviert sind, ist, daß uns unser Streben immer zufrieden macht. Es ist vielleicht nicht angenehm, aber es ist immer befriedigend. Erwartung dagegen ist immer unbefriedigend, denn sie entspringt unserem kleinen Verstand, unserem Ego. Schon in der Kindheit beginnen wir so zu leben, daß wir immer nach Befriedigung außerhalb unserer selbst suchen. Wir wollen immer etwas finden, um unsere Urangst zu verbergen, daß uns etwas fehlen könnte. Wir hasten von einem zum anderen, um die Lücke zu füllen, die wir in unserem Leben klaffen spüren.

Wir versuchen auf vielerlei Weise, unserer Unzufriedenheit zu entrinnen. Beispielsweise kämpfen wir, um etwas zu erreichen. Nun ist es an sich etwas ganz Natürliches, etwas erreichen zu wollen, und es ist wichtig, daß wir lernen, gut mit unserem Leben zurechtzukommen. Doch solange wir außerhalb unserer selbst nach einer zukünftigen Belohnung Ausschau halten, müssen wir in unseren Erwartungen enttäuscht werden. Das Leben sorgt gut dafür. Es hat so eine Art, uns zu enttäuschen, die sehr wirksam ist und unfehlbar immer wieder eintritt.

Im allgemeinen betrachten wir das Leben im Sinne dieser beiden Fragen: »Werde ich etwas davon haben?« Oder: »Wird es mir wehtun?« Vielleicht scheinen wir nach außen hin ganz heiter, aber unter der Oberfläche gären diese beiden Fragen. Wir suchen eine spirituelle Praxis wie den *zen*-Übungsweg, um dort den Frieden und die Zufriedenheit zu finden, die sich uns bisher entzogen haben, was aber passiert? Wir übernehmen dieselben Lebensgewohnheiten und pressen unser Üben in den gleichen Rahmen, der unser ganzes Leben begrenzte. Wir setzen uns ein Ziel nach dem anderen und laufen weiter irgend etwas nach, wie wir das schon immer gewöhnt waren: »Ich bin neugierig, wie viele *koans* ich in dieser sesshin lösen werde« oder »Ich habe viel länger gesessen als sie, aber sie scheint schneller voranzukommen« oder »Gestern war das Sitzen so schön, wenn es nur heute auch wieder so werden würde«. Also betrachten wir das Üben mit den gleichen Augen wie das Leben. Wir müssen immer darum kämpfen, etwas zu erreichen: von denen, die über uns stehen, anerkannt zu werden, in der *zen*-Welt Bedeutung zu erlangen, einen Schlupfwinkel zu finden, in dem wir uns verbergen können. Wir tun genau das, was wir immer getan haben, wir erwarten, daß etwas (in diesem Fall der *zen*-Übungsweg) uns Befriedigung und Sicherheit geben möge.

Dōgen Zenji sagte: »Wenn ihr außerhalb eurer selbst nach dem *Buddha-dharma* sucht, ist es, als setztet ihr euch einen Teufel auf den Kopf.« Meister Rinzai sagte: »Setz keinen Kopf über deinen eigenen.« Außerhalb unserer selbst nach wahrem Frieden und nach Zufriedenheit zu suchen, ist also hoffnungslos, das soll damit gesagt sein.

Wir müssen uns immer wieder überprüfen und herausfinden, wohin wir schielen und wonach wir suchen. Was suchen wir außerhalb unserer selbst? Was glauben wir, könnte uns etwas geben? Eine Position, Beziehungen? Das Lösen von *koans*? Die *zen*-Meister sagen nur immer wieder, daß wir keinen Kopf über unseren eigenen stellen sollen, unserem Leben nichts Zusätzliches hinzufügen sollen.

Jeder Augenblick ist in sich selbst vollständig und reich. Erkennen wir das, können wir, was auch immer in jedem Augenblick geschieht, zulassen. Was ist in diesem Augenblick mit Ihnen? Sind Sie glücklich? Haben Sie Angst? Fühlen Sie sich wohl? Sind Sie entmutigt? Es geht immer

auf und ab mit uns. Doch jeder Augenblick ist nichts anderes als das, was er ist. Wenn Sie Angst haben, dann seien Sie diese Angst, und schon sind Sie frei davon. Es gibt eine Geschichte von drei Leuten, die einen Mönch auf einem Hügel stehen sahen. Nachdem sie ihn eine Weile betrachtet hatten, sagte einer der drei: »Er ist wahrscheinlich ein Hirte, der nach einem verlorenen Schaf Ausschau hält.« Der zweite sagte: »Nein, er sieht ja gar nicht umher. Ich glaube, er wartet auf einen Freund.« Und der dritte meinte: »Wahrscheinlich ist er ein Mönch, ich wette, er meditiert.« Sie begannen zu streiten über das, was der Mönch wohl täte, und machten sich schließlich auf den Weg zu ihm, um den Streit zu schlichten.
»Haltet Ihr nach einem Schaf Ausschau?«
»Nein, ich habe kein Schaf, nach dem ich Ausschau halten könnte.«
»O, dann wartet Ihr gewiß auf einen Freund?«
»Nein, ich warte auf niemanden.«
»Nun, dann meditiert Ihr wohl?«
»Nein, ich stehe einfach hier. Ich tue überhaupt nichts.«
Es fällt uns sehr schwer, uns jemanden vorzustellen, der einfach dasteht und nichts tut, da wir immerzu fieberhaft versuchen, irgendwohin zu gelangen und etwas zu tun. Es ist unmöglich, diesen Augenblick zu verlassen, dennoch versuchen wir es meistens.
Wir gehen mit der gleichen Einstellung an das zen-Üben heran: »Ich weiß, daß irgendwo da draußen die Buddha-Natur sein muß. Wenn ich lange genug Ausschau halte und ausdauernd genug sitze, werde ich sie schließlich finden.« Doch die Buddha-Natur zu sehen, erfordert, daß wir all das fallen lassen und jeden Augenblick vollständig erleben, damit wir bei jeder Tätigkeit — ob wir nach einem verlorenen Schaf suchen, auf einen Freund

warten oder meditieren — einfach dastehen, in diesem Augenblick, und nichts tun.

Wenn wir versuchen, durch den *zen*-Übungsweg ruhig, weise und wunderbar erleuchtet zu werden, dann werden wir nichts verstehen. Jeder Augenblick wie er ist, *ist* die spontane Manifestation der absoluten Wahrheit. Und wenn wir mit dem Bestreben üben, einfach der gegenwärtige Augenblick zu sein, dann wird sich unser Leben allmählich verwandeln und wunderbar entwickeln. Immer wieder werden wir plötzliche Einsichten haben; doch das wichtigste bleibt: Augenblick für Augenblick mit aufrichtigem Streben und Bemühen zu üben.

Wenn wir uns bereit erklären, einfach hier zu sein, genauso wie wir sind, dann ist das Leben immer in Ordnung. Es ist in Ordnung, wenn wir uns gut fühlen, es ist aber auch in Ordnung, wenn wir uns schlecht fühlen. Wenn die Dinge so laufen, wie wir es wollen, ist es in Ordnung, wenn sie es nicht tun, dann auch. Unsere emotionalen Höhen und Tiefen sind deshalb problematisch, weil wir nicht wollen, daß die Dinge so sind, wie sie sind. Wir alle haben Erwartungen, doch auf dem Übungsweg werden diese Erwartungen allmählich verdorren und wie ein abgefallenes Blatt davonwehen. Immer mehr bleibt uns das, was wirklich hier und jetzt ist. Das erscheint uns vielleicht erschreckend, denn unser erwartungsvolles Denken möchte das Leben in einer bestimmten Weise verändern: Wir wollen uns gut fühlen, wir wollen nicht durcheinander sein, wir wollen uns nicht aufregen müssen; jeder von uns hat da seine eigene Wunschliste.

Doch wenn Sie nach Ihrer Arbeit müde sind, dann ist das der müde Buddha. Wenn Ihre Beine beim *za-zen* schmerzen, dann ist es der Schmerz des Buddha. Wenn Sie mit irgend etwas an Ihnen selbst nicht zufrieden sind, dann ist es der unzufriedene Buddha. Das ist alles!

Wenn wir von innen heraus nach etwas streben, uns um etwas bemühen, so sehen wir die Dinge ganz anders, als wenn wir Erwartungen hegen. Wir haben den Mut, bei diesem einen Augenblick zu bleiben, denn er ist ja alles, was wir haben. Wenn der Geist sich wieder in Erwartung versteigt, so bedeutet geduldiges Üben, bedeutet Streben nach dem Eigentlichen, daß wir ruhig und unbeirrbar zum gegenwärtigen Augenblick zurückkehren. Der Geist will immer spazierengehen. Doch wenn er das tut, dann sollten Sie einfach ganz sanft zum Augenblick zurückkehren, ohne sich Sorgen zu machen oder sich aufzuregen. *Samadhi*, konzentriertes Beisichsein und Ganzheit werden sich ganz von selbst durch diese Art des Übens entwickeln. Und so wird es auch immer tiefer und klarer werden, wonach wir eigentlich streben, was uns im Innersten bewegt.

Die überlagernde Struktur durchschauen

Lassen Sie mich über unser Leben wie über ein Haus sprechen. Ein Haus, in dem wir leben in einem ganz gewöhnlichen Leben. Es gibt stürmische Tage und schöne Tage; manchmal muß das Haus wieder neu gestrichen werden. Alle Ereignisse, die in dem Haus, unter den Menschen, die dort wohnen, geschehen, nehmen ihren Lauf. Wir sind einmal krank, einmal gesund; einmal glücklich, einmal unglücklich; für die meisten von uns ist es so. Wir leben unser Leben, wir leben in einem Haus oder in einer

Wohnung, und die Dinge geschehen, so wie sie geschehen. Doch — und hier wird das Üben zu etwas Wichtigem — besitzen wir dieses Haus und leben dennoch eingesperrt in einem anderen Haus. Wir haben dieses schöne Haus, doch es ist überlagert und umgeben von einem anderen Haus, in dem wir eigentlich leben. Es ist, als nähmen wir eine Erdbeere und tauchten sie in flüssige Schokolade. Wir haben zwar noch die Erdbeere, aber sie ist überzogen.

Unser Leben, wie wir es leben (das Haus), ist vollkommen in Ordnung. Das meinen wir meistens nicht, aber es ist in Wirklichkeit nichts an unserem Leben auszusetzen. Es ist einfach so, wie es ist. Doch über unserem Haus bauen wir noch eines. Und wenn wir nicht genau achtgegeben haben, kann diese überlagernde Struktur sehr dick und sehr dunkel sein. Das Haus, in dem wir leben, wird uns dann düster und eingeengt vorkommen, da wir es mit etwas Schwerem belastet haben. Diese schwere Schicht kann etwas Undurchdringliches, Erschreckendes, Deprimierendes ausstrahlen. Der größte Fehler, den wir in unserem Leben und bei unserem Üben machen können, ist, zu glauben, daß das Haus, in dem wir wohnen — unser Leben wie es ist mit all seinen Problemen, all seinen Höhen und Tiefen —, irgendwie nicht in Ordnung wäre. Und weil wir das glauben, machen wir so viel Aufhebens. Den größten Teil unseres Lebens haben wir darauf hingearbeitet, diese überlagernde Struktur zu schaffen.

Beim *zen*-Übungsweg geht es vor allem darum, zu erkennen, daß wir das getan haben, und es geht darum zu sehen, wie diese überlagernde Struktur eigentlich beschaffen ist, wie sie wirkt, woraus sie besteht und was wir damit tun oder nicht tun sollen. Meistens denken wir: »Es ist etwas Unangenehmes, ich muß es loswerden.« Nein, ich glaube nicht, daß das so geht. Im Grunde hat diese überlagernde Struktur, die unser Leben verdunkelt, gar keine Wirklichkeit. Sie ist aus dem Mißbrauch unserer Gedankenkräfte entstanden. Es geht gar nicht darum, sie loszuwerden, denn sie hat keine eigene Realität; es geht darum, sie ihrem Wesen nach zu erkennen. Und wenn wir das erkennen, wird diese Schicht plötzlich klarer, verliert ihre Schwere und Düsternis, wir können durch sie hindurchsehen. Erleuchtung, also mehr Licht, mehr Klarheit, ereignet sich beim Üben. Wir werden also nicht eine Struktur abschaffen, sondern sie durchschauen als die Illusion, die sie ist, und indem wir ihr wahres Wesen erkennen, kann sie sich nicht mehr so stark über unser Leben ausbreiten. Zugleich sehen wir genauer, was sich in unserem Alltagsleben abspielt. Es ist, als müßten wir einmal einen ganzen Kreislauf vollenden. Unser Leben ist immer richtig, so wie es ist. Es gibt nichts daran auszusetzen. Selbst wenn wir die größten Probleme haben, ist es noch unser Leben. Doch da wir uns weigern, das Leben so anzunehmen, wie es ist, da wir die angenehmen Dinge vorziehen, picken wir uns immer etwas aus dem Leben heraus. Anders gesagt: Wir haben gar nicht die Absicht, mit dem Leben zurechtzukommen, wie es ist, wenn es uns gerade nicht paßt.

Jeder von Ihnen, der hier sitzt, kennt bestimmte Ereignisse in seinem Leben, die er einfach nicht akzeptieren will: »Das kann nicht sein! Das darf nicht sein!« Beispielsweise, als ich ein junges Mädchen war, war es für mich auf keinen Fall in Ordnung, an einem Samstagabend keine Verabredung zu haben. Ich deutelte an dieser unangenehmen Tatsache herum: »Irgend etwas stimmt nicht. Vielleicht sollte ich mir eine andere Frisur machen oder meine

Nägel in einer anderen Farbe lackieren. Ich sollte . . . Ich müßte . . . Ich bräuchte . . .« Das ist freilich ein lächerliches Beispiel. Doch auch bei den größten Tragödien in unserem Leben machen wir das gleiche. Da wir so wenig bereit sind, das Leben anzunehmen, wie es ist, fügen wir immer irgend etwas hinzu. Niemand von uns hier ist davon frei. Wirklich niemand. Solange wir leben, werden wir zumindest immer eine dünne Schicht haben, die den wesentlichen Kern unseres Lebens überlagert. Doch wie dick diese Schicht ist, das genau ist die Frage.

Beim *zen*-Üben geht es nicht um einen besonderen Ort oder um einen besonderen Frieden oder um irgend etwas anderes, als einfach unser Leben zu leben, wie es ist. Das ist das Schwierigste für die meisten Menschen: daß gerade meine Schwierigkeiten in diesem Augenblick die Vollkommenheit *sind*. »Was soll das heißen? Sie sind die Vollkommenheit? Ich werde üben und werde sie dann loswerden!« Nein, wir müssen sie nicht loswerden, sondern wir müssen ihr wahres Wesen erkennen. Die Schicht, die sich darübergelagert hat, wird dünner (oder scheint dünner); sie wird immer durchsichtiger, und manchmal bekommt sie sogar hier und da Löcher. Manchmal. Ich möchte Sie nun bitten, für sich selbst herauszufinden, was in Ihrem Leben jetzt gerade so ist, daß Sie es nicht annehmen wollen. Es könnten Schwierigkeiten mit Ihrem Partner sein, Arbeitslosigkeit, Enttäuschung über ein nicht erreichtes Ziel. Selbst wenn das, was geschieht, Sie mit Angst und Kummer erfüllt, ist es gut. Es ist sehr schwer, das zu begreifen. Es bedarf schon sehr intensiven Übens, um in unsere gewöhnliche Sicht, das Leben zu betrachten, auch nur eine Bresche zu schlagen. Es ist schwer, einzusehen, daß wir die Unannehmlichkeiten nicht loswerden müssen. Die Unannehmlichkeiten sind gut, wie sie sind. Wir müssen Sie ja nicht mögen, aber wir sollten Sie annehmen.

Der erste Schritt auf dem Übungsweg besteht darin, zu erkennen, daß wir diese überlagernde Struktur geschaffen haben. Und beim *za-zen* (vor allem beim Benennen unserer Gedanken) beginnen wir zu erfahren, daß wir unser Leben fast nie so leben, wie es ist. Unser Leben verliert sich in egozentrischen Gedanken, und diese sind die Substanz dieser überlagernden Struktur. (Wir gehen davon aus, daß wir diese Struktur durchschauen wollen. Aber manche Menschen wollen das einfach nicht. Und auch das ist in Ordnung. Nicht jeder sollte sich auf *zen* einlassen. Das ist sehr fordernd, es ist desillusionierend. Es kann uns anfangs abschreckend erscheinen. Doch das ist nur die eine Seite. Die andere Seite ist, daß das Leben durch diesen Übungsweg unbeschreiblich erfüllender wird. Beide Seiten gehören zusammen.) So bekommen wir durch das Üben vor allem eine zunächst noch dunkle Ahnung von dem, womit wir unser Leben überdeckt haben; der zweite Schritt besteht sodann darin, mit dem Üben zu beginnen. Befreiung ist es, diese unwirkliche, überlagernde Struktur, die wir geschaffen haben, wirklich zu durchschauen. Ohne sie entfaltet sich das Leben, wie es sich entfaltet, ohne Hindernisse. Hat das einen Sinn? Es klingt recht merkwürdig, nicht wahr?

Laßt uns erkennen, daß gerade unsere Ideale diese überlagernde Struktur sind. Wenn wir darin befangen sind, wie wir sein zu müssen glauben oder wie wir glauben, die anderen müßten sein, können wir das Leben, wie es ist, kaum wirklich schätzen. Das Üben muß unsere falschen Ideale erschüttern. Und damit sagen wir etwas, was für die meisten nicht im geringsten akzeptabel ist. Sehen Sie sich doch jetzt Ihr Üben an und fragen Sie sich, ob

Sie das überhaupt wollen. Nachdem man eine Weile gesessen hat, kommen doch Gedanken auf, wie: »Ich will es nicht! Ich will es auf keinen Fall!« Aber auch das gehört zum Übungsweg.

Diese von uns geschaffene Struktur zu sehen, ist ein sehr subtiler Vorgang, der viel von uns fordert. Das Geheimnis liegt darin, daß wir diese unwirkliche Struktur viel mehr schätzen als unser wirkliches Leben. Es gibt Menschen, die sich lieber das Leben genommen haben, als ihre überlagernde Struktur zu zerstören. Lieber geben sie ihr physisches Leben auf als ihre Bindung an ihre Träume. Und das ist nicht einmal selten. Doch ob wir Selbstmord begehen oder nicht, wenn unsere Bindung an unsere Träume und Illusionen nicht hinterfragt wird und unberührt bleibt, töten wir uns selbst, da uns das wahre Leben fast völlig entgeht. Wir werden erstickt von den Idealvorstellungen darüber, wie wir zu sein hätten und wie wir glauben, daß die anderen zu sein hätten. Es ist eine Katastrophe. Und daß wir diese Katastrophe nicht sehen, liegt daran, daß unsere Träume sehr angenehm und sehr verführerisch sein können. Gewöhnlich glauben wir, eine Katastrophe sei ein Ereignis wie der Untergang der Titanic. Doch wenn wir in unseren illusionären Idealen und Phantasievorstellungen versinken, so ist das die Katastrophe, so angenehm sie auch scheinen mögen. Wir gehen damit unter.

Noch etwas anderes. Ich sprach mit meiner Tochter über einen Mann, der unmögliche Dinge tat, und murmelte: »Er sollte sich bewußter sein über das, was er tut.« Sie lachte und sagte: »Mama, wenn du unbewußt bist, was ist dann das Wesen des Unbewußten? Unbewußt zu sein.« Und sie hatte recht. Unbewußt zu sein bedeutet, daß man nicht sehen kann, was man tut. Eines der Probleme beim Üben ist also, daß wir alle bis zu einem gewissen Grad unbewußt und dadurch gar nicht bereit sind, bewußter zu werden. Wie überwinden wir das? Das ist zum Teil meine Aufgabe, aber zum großen Teil Ihre. Ich erinnere mich an einen langjährigen Schüler, der vor einigen Jahren eine wunderbare Rede über das Geben und über das Mitgefühl gehalten hatte. Einen Tag danach beobachtete ich ihn, als er sich mit einer Gruppe von Menschen versammelt hatte, um den Meister zu sehen. Er drängte sich beinahe rücksichtslos nach vorne durch — und war sich seiner Egozentrik völlig unbewußt. Solange wir nicht erkennen, was wir tun, werden wir weiter so handeln. Also ist es eine Aufgabe zum Üben, die Fähigkeit zu sehen zu steigern.

Für manche von uns bedeutet Disziplin, sich zu etwas zu zwingen. Doch Disziplin heißt einfach, soviel Licht wie möglich auf unser Üben zu werfen, damit wir ein wenig mehr sehen. Disziplin kann eine bestimmte Form haben wie im *zendo*, oder sie kann ungeregelt sein wie in unserem täglichen Leben. Disziplinierte Schüler sind jene, die in ihren alltäglichen Tätigkeiten immer versuchen, Möglichkeiten zu finden, wie sie sich selbst wachrütteln können.

Die Frage ist immer die gleiche: Was sehen wir in diesem Augenblick, und was sehen wir *nicht*? Wenn wir richtig üben, werden wir eines Tages etwas sehen, was wir nie zuvor gesehen haben. Dann können wir damit arbeiten. Üben heißt, diesen subtilen Druck von morgens bis abends auszuüben. Wenn uns das gelingt, wird sich die überlagernde Struktur lichten, und wir werden unser Leben unverhüllter sehen, wie es ist.

Ich spreche hier von den großen Linien des Übens; solche Gedanken dazu mögen vielleicht manches überbetonen und anderes ein wenig übergehen. Das ist unvermeidlich. Fragen können helfen zu klären, was ich meine.

SCHÜLER: Es sind zwei Seelen von mir hier, und die kommen ganz durcheinander, wenn Sie Dinge sagen wie diese. Ein Teil von mir hat viele Ideale ...

JOKO: Ja, und gerade die wollen wir ja zerstören.

SCHÜLER: Wollen Sie damit sagen, daß ich mich nicht sozial engagieren sollte?

JOKO: Nein, natürlich will ich das nicht sagen.

SCHÜLER: Aber das ist doch ein Ideal.

JOKO: Nein, nein, nein ... das ist kein Ideal, das tun Sie einfach. Aber Sie sollten alle idealistischen Gedanken, die Sie dem, was Sie tun, hinzufügen, erkennen. Wenn jemand vor unserem Haus vor Hunger stirbt, fragen wir uns bestimmt nicht, was wir da tun sollen. Wir holen schnell etwas zu essen. Doch dann fällt uns vielleicht ein, wie lieb wir sind, daß wir so etwas tun. Das ist das, was wir hinzufügen. Das ist die überlagernde Struktur. Hier steht die Tat an sich und dort die überlagernde Struktur. Vor allem sollten wir etwas *tun*. Wenn wir die überlagernde Struktur überflüssig machen wollen, ist es am wirksamsten, all den Unsinn, den wir immer tun, weiterzutun, doch ihn mit soviel Bewußtsein wie nur irgend möglich zu tun. Dann erkennen wir mehr.

SCHÜLER: Nun, das ist eine Hälfte von mir. Die andere Hälfte ist arbeitslos und deprimiert und nicht satt, und dann hängen da noch einige andere Menschen von mir ab. Und ich höre, daß Sie sagen, ich sollte meinen Hunger und meine Arbeitslosigkeit schätzen und vielleicht gar nicht nach einer Stelle suchen?

JOKO: Nein, nein, keinesfalls! Wenn Sie keine Stelle haben, dann tun Sie alles, um eine zu bekommen. Oder wenn Sie krank sind, dann bemühen Sie sich nach Kräften, wieder gesund zu werden. Doch was Sie diesen grundlegenden Handlungen hinzufügen, das ist überlagernde Struktur. Es könnte so klingen: »Was bin ich für ein armes Wesen. Niemand wird mir je wieder eine Stelle geben!« Das ist die überlagernde Struktur. Keine Stelle zu haben, bedeutet, nach allen Möglichkeiten auf dem zugänglichen Markt nach einer neuen Stelle zu suchen, und, wenn notwendig, eine zusätzliche Ausbildung zu machen, um bessere Möglichkeiten zu haben. Doch was fügen wir den grundlegenden Fakten einer Situation nicht alles hinzu?

SCHÜLER: Ich habe über das Leben meiner Eltern und meine Beziehung zu ihnen nachgedacht. In bestimmten Bereichen scheinen sie sehr schwach zu sein, und auch ich habe damit Probleme. Die Psychologen sagen, die ersten fünf Lebensjahre seien von so großer Bedeutung, daß sie die Basis unseres Lebens bilden. Könnten Sie dazu etwas sagen?

JOKO: Nun, es gibt da einen absoluten Standpunkt und einen relativen Standpunkt. Vom relativen Standpunkt aus haben wir eine Geschichte. Jedem von uns ist viel widerfahren, und wir sind das, was wir sind, zumindest teilweise aufgrund dieser Geschichte. Doch in einem anderen Sinne haben wir *keine* Geschichte. Beim Üben des *zen* geht es darum, unseren Wunsch zu durchschauen, uns an unsere Geschichte zu klammern und Gründe (Gedanken) zu suchen, *warum* wir so sind, wie wir sind, anstatt mit der Wirklichkeit dessen zu arbeiten, *was* wir sind. Es gibt viele verschiedene Arten von Therapien. Doch jede Therapie, die einen dazu bringt, zu glauben, das eigene Leben sei schrecklich, weil einem jemand etwas angetan habe, ist zumindest unvollständig, denn hat nicht jeder von uns ähnliches erlebt? Doch in unserer Verantwortung liegt es immer, hier und jetzt die Wirklichkeit unseres Lebens, wie es ist, zu erleben. Und schließlich sollen wir dazu kommen, niemanden mehr verantwortlich zu machen. Wenn wir irgend jemanden verantwortlich machen, sind wir schon in die Falle gegangen. Dessen können wir sicher sein.

SCHÜLER: Woher wissen Sie das?

JOKO: Woher weiß ich was?

SCHÜLER: Woher wissen Sie all das?

JOKO: Ich möchte nicht behaupten, daß ich es weiß ... ich glaube, es wird einfach nach Jahren des *za-zen* offensichtlich. Ich erwarte auch nicht, daß Sie mir glauben. Ich möchte von niemandem hier, daß er glaubt, was ich sage, sondern ich möchte, daß Sie mit Ihrer eigenen Erfahrung arbeiten. Und dann sollten Sie selbst herausfinden, was für Sie wahr ist. Doch wollten Sie etwas Bestimmtes, von dem, was ich sagte, in Frage stellen?

SCHÜLER: Vielleicht stelle ich meine Bereitschaft, Ihnen zu glauben, in Frage.

JOKO: Ich will ja gar nicht, daß Sie mir glauben! Ich möchte, daß Sie üben. Wir sind beinahe wie Wissenschaftler, die mit ihrem eigenen Leben arbeiten. Wenn wir gut beobachten, finden wir selbst heraus, ob das Experiment funktioniert oder nicht. Wenn wir mit unserem Leben übend umgehen und sich die überlagernde Struktur langsam auflöst, dann werden wir es für uns selbst herausfinden. Manche Religionen sagen einfach: »Glaube.« Doch bei dem, war wir hier tun, hat der Glaube nichts zu suchen. Ich möchte nicht, daß irgend jemand mir glaubt. Es wird Ihnen nicht schlecht bekommen, wenn Sie üben. Nichts von dem, was ich Ihnen rate, kann Ihnen schaden.

SCHÜLER: Meine Frage ist mit der vorhergehenden vermischt. Es scheint mir, daß wir, um so zu üben, viel Vertrauen und Glauben in uns selbst haben müssen. So kommt es mir jedenfalls vor.

JOKO: Nun, dann nennen Sie es Glauben oder Selbstvertrauen, wenn Sie wollen. Ich glaube nicht, daß Sie hier wären, wenn Sie nicht das Gefühl hätten, daß das Üben Ihnen gut täte. Das hat natürlich in gewissem Sinn mit Glauben zu tun.

SCHÜLER: Meiner Meinung nach ist es wichtig zu wissen, was ich in der Kindheit erlebt habe . . .

JOKO: Ich habe ja auch nicht gesagt, daß das nicht in einem gewissen Maß nützlich sein kann. Doch Ihr Erleben in diesem Augenblick umfaßt Ihr ganzes Dasein einschließlich der Vergangenheit, und es hängt alles davon ab, ob Sie wissen, wie Sie das erleben, wie Sie es *wirklich* erfahren können. Sehen Sie, wir sprechen ja viel darüber, was es bedeutet, die eigene Erfahrung zu sein. Doch das zu tun, ist nicht einfach, und es gelingt uns auch nur sehr selten. Es ist leicht, darüber Reden zu halten, wie es ist, wenn man erlebt, was *wirklich ist*, doch es ist schwierig, es zu tun, und deshalb versuchen wir dem gerne aus dem Weg zu gehen. Doch wenn wir richtig üben, wird sich unser Leben — die Vergangenheit wie die Gegenwart — von selbst lösen. Ganz allmählich.

SCHÜLER: Welchen Raum nehmen Gebet und Affirmationen beim *zen*-Übungsweg ein?

JOKO: Gebet und *za-zen* sind das gleiche. Es gibt da gar keinen Unterschied. Affirmationen würde ich eher vermeiden, da eine Affirmation wie beispielsweise: »Ich bin vollkommen gesund« zwar vorübergehend ein Gefühl des Wohlbefindens erzeugen kann, doch nicht der gegenwärtigen Realität Rechnung trägt, die vielleicht darin besteht, daß ich krank bin.

SCHÜLER: Was ist mit all den bösen Mächten, die uns umgeben und die immer stärker zu werden scheinen?

JOKO: Ich glaube nicht, daß uns böse Mächte umgeben. Ich glaube, daß böse Dinge getan werden, aber das ist etwas anderes. Wenn jemand einem Kind etwas antut, werden Sie ihn natürlich davon abhalten; doch den Betreffenden zu verdammen, ist zweifelhaft und selbst etwas Ungutes. Wir sollten gegen schlechte Handlungen kämpfen, aber nicht gegen Menschen. Denn sonst sind wir nur noch damit beschäftigt, jeden zu verurteilen und zu verdammen, einschließlich uns selbst.

SCHÜLER: Mit demselben Recht kann man dann aber auch niemanden gut nennen.

JOKO: Richtig. Im Grunde sind wir in *zen*-Begriffen nichts, Nicht-Etwas . . . wir tun einfach das, was wir tun. Doch wenn wir die Unwirklichkeit der überlagernden Struktur erkennen, neigen wir dazu, Gutes zu tun. Wenn es keine Trennung mehr zwischen uns selbst und anderen gibt, tun wir ganz von selbst Gutes. Unserer Natur entspricht es im Grunde, Gutes zu tun.

SCHÜLER: Darin besteht unser Handeln.

JOKO: Ja, es geschieht ganz natürlich. Wenn wir nicht durch egozentrische Gedanken des Neides, der Wut und der Unwissenheit von den anderen getrennt sind, werden wir Gutes tun. Wir müssen uns nicht einmal dazu zwingen. Es ist unser natürlicher Zustand.

Gefangene der Angst

Wir kennen alle dieses Bild: Das »hohe Tier«, das bis zehn Uhr abends arbeitet, ständig am Telefon hängt, nebenbei ein Sandwich verschlingt. Sein armer Körper kommt zu kurz. Er glaubt, daß seine Schufterei notwendig ist, um sich ein »angenehmes Leben« schaffen zu können. Und er sieht nicht, daß sein Leben vom Wunschdenken bestimmt wird, wie unser aller Leben. Da uns Wünsche beherrschen, haben wir nur eine blasse Ahnung von der grundlegenden Wahrheit unseres Daseins.

Die meisten Menschen, die nicht irgendeine Art von Übungsweg gehen, sind ziemlich egozentrisch. Sie sind beherrscht von ihren Wünschen und Begierden, wichtig zu sein, dieses oder jenes zu besitzen, reich zu sein, berühmt zu sein. Natürlich gilt das für alle von uns in gewissem Maß. Wenn wir üben, beginnen wir zu ahnen, daß unser Leben nicht so läuft, wie es die Werbung behauptet. Die Werbung will einem weismachen, daß das Leben großartig ist, wenn man das neueste Make-up benutzt oder den neuesten Garagentoröffner kauft. Ist es nicht so? Natürlich finden die meisten von uns keineswegs, daß das so ist. Und wir beginnen dann auch allmählich zu sehen, daß unsere Lebensweise nicht stimmt. Es stimmt etwas nicht mit der egozentrischen Gier, die unser Leben bestimmt. Danach kommen wir in ein zweites Stadium: »Nun, wenn ich mit meiner Egozentrik nicht weiterkomme, dann werde ich selbstlos sein.« Bei den meisten religiösen Wegen (leider auch bei manchen *zen*-Wegen) geht es um Selbstlosigkeit. Wir erkennen, wie böse, wie lieblos wir sind und verlegen uns auf einen neuen Wunsch: freundlich, gut, geduldig zu sein. Mit diesem Wunsch geht immer ein Schuldgefühl einher: Wenn wir unser Bild davon, wie wir zu sein hätten, nicht erfüllen, fühlen wir uns schuldig. Und so versuchen wir wieder etwas zu sein, was wir nicht sind. Wir versuchen herauszufinden, wie wir anders werden können, als wir sind. Und können wir unsere Ideale nicht erfüllen, so entstehen Schuldgefühle und Depressionen. Auf unserem Übungsweg durchlaufen wir beide Stadien. Wir sehen, daß wir böse, gierig, grob, egozentrisch, ehrgeizig sind. Und entwickeln einen neuen Ehrgeiz, nämlich den, selbstlos zu sein. »So etwas darf ich nicht denken. Nun bin ich schon so lange hier gesessen, warum bin ich immer noch gierig und böse? Ich sollte von jetzt an besser sein.« Wir alle tun das. Fast jede religiöse Praxis begeht das Mißverständnis, darauf abzuzielen, einen guten Menschen hervorzubringen, der keine schlechten Dinge tut oder denkt. Auch manche *zen*-Zentren bemühen sich darum. Das führt zu Arroganz und Selbstgerechtigkeit, denn wenn man es richtig macht, was ist dann mit all den anderen, die die Wahrheit nicht kennen und es nicht richtig machen? Zu mir haben schon Leute gesagt: »Unsere *sesshins* beginnen um drei Uhr morgens. Und Ihre? Ach, erst um vier Uhr fünfzehn?« In diesem zweiten Stadium breitet sich gewaltige Arroganz aus. Im Schuldgefühl liegt ein gerüttelt Maß an Arroganz. Ich will damit nicht sagen, daß es schlecht ist, arrogant zu sein, aber wir sind es nun einmal, wenn wir es nicht erkennen.

Wir bemühen uns nach Kräften, gut zu sein. Ich habe schon gehört, wie Leute sagten: »Ich kam gerade aus einer *sesshin*, da überholte mich jemand falsch, und ich werde doch tatsächlich ärgerlich. Was bin ich für ein schlechter Schüler . . .« Wir alle neigen dazu. Doch alles Wollen, vor allem, wenn man etwas Bestimmtes sein oder tun will, kreist um Egozentrik und Angst. »Wenn ich vollkommen sein kann, wenn ich mich selbst verwirklicht habe, oder wenn ich erleuchtet bin, dann werde ich der Angst Herr sein.« Sehen Sie, wieviel Wunsch und Begierde darin liegt? Es ist eine starke Begierde, sich von dem, was man ist, zu einem Ideal hinbewegen zu wollen. Manche Menschen machen sich gar keine Gedanken über Erleuchtung, doch sie denken: »Ich sollte meinen Mann nicht anschreien.« Natürlich sollte man seinen Mann oder seine Frau nicht anschreien; doch die Bemühung, ein Mensch zu sein, der den Partner nicht anschreit, erhöht die Spannung nur noch.

Wenn man versucht, nicht mehr habsüchtig und unbescheiden zu sein, ist das, als nähme man alle düsteren und häßlichen Bilder aus einem Raum von der Wand und hängte schöne Bilder auf. Ist dieser Raum aber eine Gefängniszelle, so hat man ihn zwar ein bißchen verschönert, aber die Freiheit, nach der man sich sehnt, fehlt einem noch immer. Unbescheidenheit, Ärgerlichkeit und Unwissenheit gegen Ideale auszutauschen — das Ideal, *nicht* unbescheiden, ärgerlich oder unwissend zu sein —, läßt vielleicht alles ein bißchen freundlicher erscheinen, aber wir bleiben dabei genauso unfrei.

Das erinnert mich an eine alte Geschichte über einen König, der sich wünschte, daß der Klügste seiner Untertanen zu seinem ersten Minister ernannt würde. Als die Wahl schließlich auf drei Männer gefallen war, stellte er sie auf eine schwere Probe: Er sperrte sie in einen Raum seines Palastes und brachte ein raffiniertes Schloß an der Türe an. Den Kandidaten wurde gesagt, daß der erste, dem es gelänge, die Tür zu öffnen, das hohe Amt erhalten sollte. Zwei von ihnen versuchten, durch komplizierte mathematische Formeln herauszufinden, wie die Kombination des Schlosses lautete. Der dritte saß eine Weile auf seinem Stuhl und ging dann, ohne eine Zeile aufgeschrieben zu haben, zur Tür und drückte den Griff herunter, und die Tür öffnete sich. Sie war die ganze Zeit unversperrt gewesen. Was soll uns diese Geschichte sagen? Die Gefängniszelle, in der wir leben und deren Wände wir immerzu verzweifelt zu verschönern versuchen, ist gar keine Gefängniszelle. In Wirklichkeit war die Türe nie verschlossen. Es gibt gar kein Schloß. Wir müssen nicht in unseren Zellen sitzen und um Freiheit kämpfen, indem wir verzweifelt versuchen, uns zu verändern, denn wir sind schon frei.

Das allein löst das Problem natürlich nicht. Wie können wir erkennen, daß wir frei sind? Wir sagten, daß Egozentrik und der Wunsch, selbstlos zu sein, gleichermaßen auf Angst beruhen. Selbst der Wunsch, weise oder vollkommen zu sein, entspringt der Angst. Wir würden dem gar nicht so nachjagen, wenn wir erkennen könnten, daß wir ja schon frei sind. So kommen wir beim Üben immer auf das gleiche zurück: wie wir klarer sehen können, wie wir vermeiden können, in Sackgassen zu rennen, z. B. die Sackgasse: »Ich will selbstlos sein.« Wir sollten nicht versuchen, von unbewußter Egozentrik zu bewußter Selbstlosigkeit zu gelangen, sondern erkennen, wie töricht das zweite Stadium ist, oder wenn wir uns darin befinden, uns dessen zumindest bewußt zu sein. Notwendig ist es, in das dritte Stadium zu kommen, doch worin besteht das?

Zunächst müssen wir ganz klar zwischen den ersten beiden Stadien trennen. Das tun wir, indem wir zum Zeugen werden. Anstatt zu sagen: »Ich sollte nicht ungeduldig sein«, beobachten wir uns dabei, wie wir ungeduldig sind. Wir treten einen Schritt zurück und schauen einfach. Wir sehen die Wahrheit unserer Ungeduld. Die Wahrheit hat sicherlich nichts mit unserer Vorstellung von Freundlichkeit und Geduld zu tun; wenn wir dieses Bild malen, schieben wir Irritation und Ärger einfach weg, und sie werden später wieder hervorkommen. Was ist die Wahrheit jener Augenblicke, in denen wir aus dem Gleichgewicht, in denen wir ungeduldig, eifersüchtig oder deprimiert sind? Wenn wir damit zu arbeiten beginnen, das heißt, wenn wir wirklich beobachten, was in unseren Köpfen passiert, dann sehen wir, daß wir ständig um Wunschträume kreisen, wie wir sein sollten oder nicht sein sollten, oder wie jemand anders zu sein hätte;

wie wir in der Vergangenheit waren, wie wir in der Zukunft sein werden oder wie wir die Dinge so hinbiegen können, daß wir bekommen, was wir haben wollen.

Wenn wir Abstand nehmen und ein geduldiger und ausdauernder Zeuge werden, beginnen wir zu erkennen, daß keines der beiden Stadien uns selbst oder irgend jemand anderem guttut. Und nur dann können wir, ohne es willentlich herbeizuführen, in das dritte Stadium übergehen. Das bedeutet, daß wir einfach die Wahrheit dieses Augenblicks der Ungeduld erleben, die Tatsache, daß wir uns ungeduldig fühlen. Wenn wir das tun können, sind wir der Dualität entronnen, die sagt, daß hier ich bin und dort das ist, was ich sein sollte. Wir kehren zu uns zurück, wie wir sind. Und wenn wir uns selbst leben, wie wir sind, beginnt die Ungeduld sich von selbst aufzulösen, da das einzige, was die Ungeduld aufrechterhält, unsere Gedanken sind.

Deshalb geht es bei unserem Üben darum, uns die Angst bewußt zu machen, anstatt in unserer Zelle der Angst aufgeregt herumzulaufen und zu versuchen, sie zu verschönern und uns dabei besser zu fühlen. Alle unsere Bemühungen im Leben sind solche Fluchtversuche — wir versuchen, dem Leiden zu entfliehen, dem Schmerz darüber, was wir sind. Selbst Schuldgefühle sind eine Flucht. Die Wahrheit jedes Augenblicks ist immer die, daß wir einfach das sind, was wir sind. Das bedeutet, daß wir unsere Unfreundlichkeit spüren, wenn wir unfreundlich sind. Aber das wollen wir ja nicht. Wir wollen uns für freundliche Menschen halten. Oft aber sind wir es nun einmal nicht.

Wenn wir uns selbst erleben, wie wir sind, dann entsprießt aus diesem Tod des Ich, aus diesem verdorrten Baum, eine Blüte — ein Bild aus dem wunderschönen

Vers des Shōyō Rōku. Die Blüte erblüht nicht aus einem geschmückten, sondern aus einem verdorrten Baum. Wenn wir von unseren Idealen Abstand nehmen und sie genau betrachten, indem wir Zeugen sind, dann kehren wir zu dem zurück, was wir sind, und das ist die Klugheit des Lebens selbst.

Was haben diese Vorgänge mit Erleuchtung zu tun? Wenn wir aus der Unwirklichkeit heraustreten, indem wir ihr Zeuge werden, sehen wir sie als das, was sie ist, und bewegen uns plötzlich in der Wirklichkeit. Vielleicht sehen wir sie zunächst nur für eine Sekunde, doch mit der Zeit werden es immer mehr solcher Sekunden. Und wenn wir mehr als neunzig Prozent unserer Zeit damit verbringen, die Wirklichkeit zu sehen, wie sie ist, dann sehen wir allmählich, was das Leben wirklich ist. Dann sind wir das Leben. Wenn wir etwas sind, dann erkennen wir es, ähnlich dem ernsthaften Fisch, der sein Leben damit verbrachte, von einem Lehrer zum nächsten zu schwimmen. Der Fisch wollte wissen, was der Ozean sei. Da sagten ihm manche Lehrer: »Nun, du mußt dich nach Kräften bemühen, ein guter Fisch zu sein. Es ist ein unermeßlich großer Bereich, den du da erforschen willst. Du mußt Stunden um Stunden meditieren, du darfst es dir auf keinen Fall leichtmachen, und du mußt alles tun, um ein guter Fisch zu werden.« Schließlich kam der Fisch wieder zu einem Lehrer und fragte: »Was ist der große Ozean? Sage mir bitte, was der große Ozean ist.« Da lachte der Lehrer ganz einfach.

Große Erwartungen

Neulich fielen mir zwei Titel aus der Literatur ins Auge. Der erste war *Große Erwartungen* von Charles Dickens und der zweite *Das verlorene Paradies* von John Milton. Zwischen beiden Titeln gibt es eine enge Beziehung. Und worin besteht sie?

Wir alle suchen nach dem Paradies, nach der Erleuchtung, oder wie auch immer wir es nennen wollen. Es scheint uns, als sei das Paradies verloren. »In meinem Leben ist nicht viel Paradiesisches« würden die meisten Leute sagen. Wir sehnen uns nach diesem »Paradies«, nach dieser »Erleuchtung«, wir verzehren uns geradezu danach. Wir sind hier, um danach zu suchen. Doch wo ist beides? Was ist es eigentlich?

Wir kommen mit großen Hoffnungen und Erwartungen zur *sesshin*. Wir kämpfen, wir suchen, wir haben Vorstellungen. Und manche von uns haben sogar ganz konkrete Erwartungen. Das Spiel, das die Menschen immer spielen, geht weiter. Auch wenn wir keine großen Hoffnungen haben, so erwarten wir doch, wenn wir ehrlich sind, daß wir das Paradies eines Tages finden werden.

Wenn wir nun auch nicht ganz genau wissen, was das Paradies ist, so wissen wir ganz sicher, was es nicht ist. Wir sind sicher, daß es uns im Paradies nicht elend gehen kann. Das Paradies bedeutet, daß einem nichts fehlt. Ein paradiesischer Zustand wäre es, nicht kritisiert, gedemütigt oder irgendwie bestraft zu werden. Es ist die Abwesenheit von physischem Schmerz. Im Paradies macht man keine Fehler. Dort kann man den Partner, den Freund oder das Kind nicht verlieren. Im Paradies darf es keine Verwirrung, keine Traurigkeit geben. Und dort kann man nicht einsam sein, dort muß man nicht arbeiten, wenn man erschöpft oder krank ist. Wir haben ganz genaue Vorstellungen davon, was im Paradies alles nicht sein darf. Doch wenn all diese Zustände dort nicht vorkommen, in welchem Zustand befindet man sich dann im Paradies?

Bedeutet es mehr Geld, mehr Sicherheit zu haben? Heißt es zu herrschen, mehr Macht, Ruhm oder Anerkennung zu haben? Ist es das Paradies, wenn man einen Kreis von Menschen um sich hat, der einen stützt und liebt? Bedeutet es mehr Frieden und Ruhe, mehr Zeit, über den Sinn des Lebens nachzudenken? Oder etwas ganz anderes?

Einige von Ihnen sind schon bei der zweiten Liste angekommen. Sie haben manche dieser Dinge erreicht, ein wenig glückliches Leben erhascht. Aber gleichgültig, was Sie auch erreicht haben, wenn Sie es einmal haben, merken Sie sehr bald: »Ach, das soll es sein? Nein. Das kann es auch nicht sein. Aber wo und was ist es dann?« Wir scheinen es nie wirklich in den Griff zu bekommen. Es ist, als jagte man einer Fata Morgana nach. Sind wir angekommen, hat sie sich schon aufgelöst.

Merkwürdigerweise erkennen manche Menschen kurz vor ihrem Tod endlich das, was sie bisher nie gesehen oder erkannt haben. Und in dieser Erkenntnis sterben sie friedlich, ja sogar voller Freude. Sie fühlen sich endlich im Paradies. Was haben sie gesehen, was haben sie entdeckt?

Erinnern Sie sich an die Geschichte von dem Mann, der von einem Tiger verfolgt wurde? Angesichts des unausweichlichen Todes ißt er eine Erdbeere und ruft aus: »Wie wunderbar!« Denn er weiß, dies ist die letzte Handlung, die er in seinem Leben vollbringen wird.

Und nun kehren wir zu unserer ersten Liste zurück — was das Paradies nicht ist, und betrachten sie von einer neuen Warte. »Es geht mir so schlecht, aber es ist gut so!«
»Ich habe einen großen Fehler gemacht. Es ist gut so!«
»Ich bin noch nie in meinem Leben so gedemütigt worden. Es ist gut so.«
»Ich bin so einsam. Es ist gut so.« Wenn wir das wirklich verstehen, ist alles, was wir erleben, das Paradies.
Und nun wollen wir uns einem Wort von Dōgen Zenji zuwenden. Er sagte einmal: »Laßt Körper und Geist los, vergeßt sie. Werft euer Leben in den Raum des Buddha, lebt, indem ihr euch von Buddha bewegen und führen laßt. Wenn ihr das tut, ohne euch auf euren physischen und geistigen Körper zu verlassen, werdet ihr frei von Leben und Tod und werdet selbst zum Buddha. Das ist die Wahrheit. Sucht nicht anderswo nach der Wahrheit.«
»Laßt Körper und Geist los, vergeßt sie.« Was bedeutet das? »Werft euer Leben in den Raum des Buddha.« Was ist der Raum des Buddha? Anstatt uns auf Bequemlichkeit, Schutz, auf körperliche und geistige Annehmlichkeiten zu verlassen, was wir immer tun, sollen wir unser Leben in den Raum des Buddha werfen. Doch was ist das für ein Raum?
Da der Buddha nichts anderes darstellt als diesen absoluten Lebensaugenblick (der nicht Vergangenheit oder Gegenwart oder Zukunft ist), will er damit sagen, daß dieser eine Augenblick der Raum des Buddha ist, die Erleuchtung, das Paradies — nichts als das Leben in diesem Augenblick. Ob wir uns unglücklich oder glücklich fühlen, ob wir gescheitert sind oder Erfolg haben, nichts, was wir erleben, ist außerhalb des Raumes des Buddha. Werft euer Leben in den Raum des Buddha, lebt, indem ihr

euch vom Buddha bewegen und führen laßt. Was meint er damit?

Wir können nicht leben, ohne ganz in diesem Augenblick zu sein, denn daraus besteht ja unser Leben. Uns von ihm führen zu lassen, bedeutet, es zu sehen, es zu spüren, es zu schmecken, es zu berühren, es zu erfahren und uns dann von ihm sagen zu lassen, was getan werden muß. Wenn wir so handeln, ohne uns auf unsere eigene physische oder geistige Kraft, das heißt, unsere persönlichen Meinungen, wie die Dinge zu sein hätten, zu verlassen, werden wir sowohl vom Leben als auch vom Tod befreit und zum Buddha werden. Warum? Warum werden wir zum Buddha? Weil wir der Buddha sind. Wir sind dieser Augenblick des Lebens. Wir können nichts anderes sein.

Wenn wir *za-zen* üben, wenn wir unsere alltäglichen Verpflichtungen erfüllen, sind wir im Raum des Buddha. Wo sollten wir auch sonst sein? Jeder Augenblick des *za-zen*, schmerzhaft, friedlich, langweilig, ist was? Er ist das Paradies, das Nirwana, der Raum des Buddha. Dennoch kommen wir mit großen Erwartungen zur *sesshin* und versuchen, ihn zu finden! Wo ist er? Wenn Sie dieses Haus verlassen, wo ist er dann? Der Raum des Buddha ist die unmittelbare Erfahrung Ihres Körpers und Ihres Geistes. Er ist nirgends anders, nichts anderes. Dōgen Zenji sagt: »Das ist die Wahrheit. Sucht die Wahrheit nicht anderswo.« Wo könnte man sie denn sonst suchen?

Es gibt kein verlorenes Paradies, das wiedergewonnen werden könnte. Warum? Weil wir diesem Augenblick nicht ausweichen können. Wir sind vielleicht noch nicht für ihn erwacht, aber er ist immer gegenwärtig. Man kann das Paradies nicht verlieren, ihm entgehen. Man kann nur vermeiden, es zu sehen.

Wenn Menschen wissen, daß ihr Tod nahe bevorsteht, was löst sich dann oft auf? Was sich auflöst, ist die Hoffnung, daß das Leben irgendwann so werden wird, wie sie es sich vorstellen. Denn dann können sie sehen, daß die Erdbeere wunderbar ist, denn das ist alles, was sie haben. Sie ist der gegenwärtige Augenblick.

Es ist Weisheit, zu erkennen, daß es nichts gibt, wonach man suchen könnte. Wenn man mit einem schwierigen Menschen zusammenlebt, ist dies das Nirwana. Es ist vollkommen. Wenn Sie sich elend fühlen, dann ist es dies. Damit sage ich nicht, daß man passiv sein, nicht handeln solle; wenn Sie das täten, würden Sie versuchen, das Nirwana als einen unveränderlichen Zustand beizubehalten. Es ist nie unveränderlich oder festgelegt. Es wandelt sich immerzu. Es hat nichts mit Nichtstun zu tun. Doch unser Handeln, das aus dieser Erkenntnis geboren wird, ist frei von Wut oder von Verurteilung. Keine Erwartungen, nur reines und mitfühlendes Handeln.

Eine *sesshin* besteht oft aus dem Kampf mit der Tatsache, daß wir absolut nicht erleben wollen, was wir erleben. Wir glauben einfach nicht, daß das der Zustand der Erleuchtung sein könnte. Doch sie geduldig »durchzusitzen« und sich von allen Vorstellungen wie »Es ist schwer, es ist wunderbar, es ist langweilig, das sollte mir nicht passieren« zu befreien, versetzt uns mit der Zeit in die Lage, die Wahrheit unseres Lebens zu erkennen. Der erste Tag einer *sesshin* handelt eben von der ersten Liste, woraus das Paradies nicht besteht; von unserem Kopf, in dem die Alltagsprobleme kreisen, unseren Wünschen, unseren Enttäuschungen. Und all das vermischt mit der Müdigkeit des ersten Tages und oft auch mit körperlichen Beschwerden. In einer *sesshin* werden alle unsere Lieblingsvorstellungen, all unsere Ideale heftig angegriffen.

Und immer suchen wir einen Fluchtweg aus solchen Schwierigkeiten in ein trügerisches Paradies. Doch die Worte des Dōgen Zenji: »Laßt Körper und Geist los« erinnern uns daran, daß wir uns aller körperlichen und geistigen Zustände ganz bewußt werden sollten und uns klarmachen, daß wir den Wunsch haben, das Angenehme zu suchen und dem Schmerz aus dem Weg zu gehen. Beides gehört zu diesem Augenblick. Deshalb sagt er: »Vertrau dein Leben dem Raum an, in dem der Buddha wohnt. Vertrau dein Leben an, sei dieser Augenblick, höre auf zu urteilen, zu entfliehen, das Leben zu analysieren, sei es einfach. Das ist die Wahrheit. Sucht nicht anderswo nach der Wahrheit.«

Warum? Warum können wir sie nicht anderswo suchen? Wir können sie nirgends anders suchen, denn es kann nirgends anders etwas geschehen oder sein *außer hier und jetzt*. Und das ist unser eigentliches Wesen, die Erleuchtung selbst. Können wir erwachen und erkennen?

VII. GRENZEN

Auf Messers Schneide

Wir Menschen denken alle, daß es etwas zu vollbringen gäbe, etwas zu erkennen, irgendwohin zu gelangen. Und diese Illusion, die aus dem menschlichen Geist geboren wird, ist unser großes Problem. Denn das Leben ist im Grunde etwas sehr Einfaches. In jedem Augenblick hören, sehen, riechen, fühlen, berühren, denken wir etwas. Mit anderen Worten: Wir haben Sinneswahrnehmungen, wir interpretieren diese Wahrnehmungen, und so wird alles »wahr«. Wenn wir ins Leben eingebettet sind, ist da einfach Hören, Sehen, Riechen, Berühren, Denken (womit ich kein egozentrisches Denken meine). Leben wir so, dann gibt es kein Problem. Es kann gar keines geben. Wir sind einfach das, was wir wahrnehmen. Das ist das Leben, in das wir eingebettet und von dem wir nicht getrennt sind. Wir sind einfach das, was das Leben ist, weil wir seinen Bewegungen folgen. Wir hören, wir denken, wir sehen, wir riechen, und so weiter. So ins Leben eingebettet, haben wir keine Probleme. Das Leben fließt dahin. Dann gibt es nichts zu bezweifeln, denn wenn wir das Leben selbst sind, haben wir keine Fragen über das Leben. Doch so leben wir nicht, und deshalb sind wir voller Fragen.

Wenn wir uns nicht in unserem persönlichen Unglück verfangen, ist das Leben ein fugenloses Ganzes, in das wir so eingeordnet sind, daß es gar keine Probleme gibt. Doch wir fühlen uns nicht immer so eingeordnet, denn wenn auch das Leben allezeit einfach es selbst bleibt, fühlen wir uns nur allzu oft in unseren persönlichen Vorstellungen bedroht, wir geraten aus dem Gleichgewicht und ziehen uns aus dem Leben zurück. Wenn beispielsweise etwas geschieht, was uns unangenehm ist, wenn uns jemand etwas Unerfreuliches oder Böses zufügt oder unser Partner sich nicht so verhält, wie wir das wollen, so geraten wir Menschen nur allzu leicht aus dem Gleichgewicht — durch so etwas, aber auch durch tausend andere Dinge. All das hat damit zu tun, daß das Leben plötzlich nicht nur einfach nur das Leben ist (sehen, hören, berühren, riechen, denken), sondern daß wir uns davon losgelöst und das fugenlose Ganze zerbrochen haben, weil wir uns bedroht fühlen. Dann ist das Leben dort, und ich bin hier und denke darüber nach. Ich bin nicht mehr in das Leben eingebettet; das unangenehme Ereignis ist dort geschehen, und ich möchte hier darüber nachdenken, um herauszufinden, wie ich den Unannehmlichkeiten, dem Leiden entrinnen kann.

Wozu haben wir das Leben in zwei Teile zerbrochen, in das Dort und das Hier? In der Bibel heißt das die Vertreibung aus dem Paradies. Das Paradies ist ein Leben in ungebrochener Einfachheit. Es offenbart sich uns ganz selten einmal so. Manchmal ist nach einer *sesshin* diese Einfachheit ganz offensichtlich; wir wissen dann für eine Weile, daß das Leben kein Problem ist.

Doch den größten Teil der Zeit leben wir in der Illusion, daß das Leben hier und dort Probleme präsentiert. Die fugenlose Einheit wird zerbrochen (oder zumindest erscheint es so). Und so quälen uns unser Leben lang Fragen: Wer bin ich? Was ist das Leben? Kann ich es in den Griff bekommen, damit es mir besser geht? Es scheint uns, als seien wir von Menschen und Ereignissen umgeben, die wir unter Kontrolle halten und in den Griff bekommen müßten, weil wir uns von ihnen als getrennt empfinden. Wenn wir beginnen, das Leben zu analysieren, darüber nachzudenken, uns darüber Sorgen zu machen, wenn wir versuchen, eins mit ihm zu sein, verfallen wir in krampfhaftes Verhalten oder in künstliche Lösungen, während es doch im Grunde so ist, daß von Anfang an gar nichts da war, was der Lösung bedürfte. Diese vollkommene Einheit können wir nicht sehen, da durch unsere Losgelöstheit vom Leben unser Blick getrübt ist. Unser Leben soll vollkommen sein? Das glaubt doch niemand!

Da ist nun das Leben, in das wir wirklich eingebettet sind, denn alles, was wir sind, *ist* denken, sehen, hören, riechen, schmecken, berühren, und doch überlagern wir all das mit unseren egozentrischen Gedanken darüber, was uns daran stört. Und sobald wir das tun, können wir uns der Einheit mit dem Leben nicht mehr bewußt sein. Wir haben etwas hinzugefügt (unsere persönliche Reaktion), und damit beginnen Angst und Spannung. Es vergehen wohl kaum ein paar Minuten, ohne daß wir irgend etwas auf diese Weise hinzufügen. Und sogleich sieht es schon nicht mehr gut aus für uns ...

Was meine ich nun mit des Messers Schneide? Um diese scheinbar getrennten Teile des Lebens zusammenzufügen, müssen wir auf des Messers Schneide gehen, dann werden sie wieder eins. Was aber ist diese scharfe Trennlinie?

Wir gehen unseren Übungsweg, um das zu verstehen

und zu verarbeiten. Immer leben wir in der Illusion, von allem getrennt zu sein, und diese Illusion haben wir selbst geschaffen. Sind wir bedroht oder mißfällt uns das Leben, beginnen wir uns Sorgen zu machen; wir beginnen, über mögliche Lösungen nachzudenken. Es gibt niemanden, der das nicht tut, ohne Ausnahme sind wir alle darin befangen. Wir wollen das Leben nicht annehmen wie es ist, weil dazu auch das Leiden gehört, und das erscheint uns unannehmbar. Ob es sich nun um eine ernsthafte Krankheit, eine kritische Bemerkung, um Einsamkeit oder um Enttäuschung handelt, wir wollen es nicht hinnehmen. Es liegt nicht in unserer Absicht, damit zurechtzukommen, solange wir auch nur irgendeine Möglichkeit sehen, dem allen zu entgehen. Wir wollen das Problem in den Griff kriegen, es lösen, es loswerden. Und deshalb müssen wir verstehen, was mit dem Gang auf Messers Schneide gemeint ist. Wir müssen immer dann versuchen, es zu verstehen, wenn wir merken, daß wir aufgeregt, ärgerlich, irritiert, voller Groll oder eifersüchtig werden.

Zunächst einmal sollten wir feststellen, daß wir aus dem Gleichgewicht geraten sind. Viele Menschen wissen nicht einmal, wann das geschieht. Deshalb ist der erste Schritt das Bewußtsein, daß da eine innere Erregung sich breitmacht. Wenn wir *za-zen* üben und unsere Gedanken und Reaktionen kennenlernen, werden wir uns solcher Dinge allmählich auch bewußt.

Das ist aber erst der erste Schritt, noch nicht der Gang auf Messers Schneide. Immer noch sind wir vom Leben getrennt, doch jetzt wissen wir es. Wie können wir das getrennte Leben eins werden lassen? Auf Messers Schneide gehen, heißt, das zu tun, heißt, wieder das zu sein, was wir im Grunde ohnehin sind, heißt sehen, berühren, fühlen, riechen, schmecken; wir müssen erfahren, woraus unser Leben in dieser Sekunde besteht. Sind wir erregt, so müssen wir diese Erregung erleben. Haben wir Angst, so müssen wir diese Angst erleben. Sind wir eifersüchtig, müssen wir diese Eifersucht wirklich erleben. Und dieses Erleben spielt sich auf der physischen Ebene ab, es hat nichts mit den Gedanken zu tun, die wir um das Aus-dem-Gleichgewicht-Sein spinnen.

Durch das non-verbale Erleben gehen wir auf des Messers Schneide. Wir sind der gegenwärtige Augenblick. Das schmerzhafte Getrenntsein ist aufgehoben, und wir erleben vielleicht nicht Glück, doch Freude. Und darum geht es beim *zen*-Übungsweg: zu verstehen, was es heißt, auf Messers Schneide zu gehen, und es nicht nur zu verstehen, sondern wirklich in die Tat umzusetzen. Es ist schwierig, weil wir nicht dazu bereit sind. Wir wissen, daß wir es nicht wollen. Wir wollen dieser Mühsal entgehen.

Wenn ich mich vom anderen verletzt fühle, möchte ich über diese Verletzung immer weiter nachdenken und dadurch die Trennung verstärken; es fühlt sich gut an, von diesem trennenden selbstgerechten Gedanken eingenommen zu werden. Durch das Nachdenken versuche ich den Schmerz zu vermeiden. Doch je differenzierter mein Üben geworden ist, desto rascher kann ich diese Falle erkennen und zur Erfahrung des Schmerzes, zum Wandern auf dieser dünnen Grenzlinie zurückkehren. Und worüber ich früher vielleicht zwei Jahre lang Groll gehegt habe, sind es dann vielleicht nur noch zwei Monate, zwei Wochen, zwei Minuten. Und irgendwann kann ich in dem Augenblick, in dem es geschieht, spüren, daß ich aus dem Gleichgewicht bin, und ich falle nicht von des Messers Schneide.

Ein erleuchtetes Leben bedeutet einfach, daß man immer-zu auf dieser Schneide bleiben kann. Ich kenne zwar nie-manden, dem das fortwährend gelingt, aber nach Jahren des Übens vermag man es doch den größten Teil seiner Zeit. Es bedeutet Freude, in diesem Gleichgewicht blei-ben zu können.

Ich wiederhole es noch einmal: Es ist notwendig zu er-kennen, daß wir meistens mit diesem Gleichgewicht gar nichts zu tun haben wollen; wir wollen die Trennung zwi-schen uns und dem anderen aufrechterhalten. Wir schwel-gen gern in dieser fruchtlosen Befriedigung, recht zu ha-ben. Das ist natürlich eine recht armselige Befriedigung, doch meist geben wir uns lieber mit einem reduzierten Leben zufrieden, als das Leben so zu erfahren, wie es ist, wenn es den Schmerz einschließt.

Alle schwierigen Beziehungen im häuslichen Bereich und in der Arbeit entstehen aus dem Wunsch, diese Trennung aufrechtzuerhalten. Durch diese Strategie hoffen wir, ein Einzelwesen zu sein, das wirklich existiert, das wichtig ist. Wenn wir auf Messers Schneide gehen, sind wir nicht wichtig. Wir sind ein Nicht-Selbst, wir gehen im Leben auf. Und das fürchten wir — obwohl das Leben als Nicht-Selbst reine Freude ist. Unsere Furcht treibt uns dazu, hier in unserer einsamen Selbstgerechtigkeit zu verhar-ren. Und darin liegt das Paradoxon: nur wenn wir auf Messers Schneide gehen und die Angst unmittelbar erfah-ren, können wir auch sehen, was es bedeutet, keine Angst mehr zu haben.

Ich weiß natürlich, daß wir das nicht alles auf einmal er-kennen oder tun können. Manchmal sind wir plötzlich in dieser Verfassung, dann wieder fallen wir aus dem Gleichgewicht. Mehr schaffen wir vielleicht zunächst nicht, aber es ist gut. Je mehr wir üben, desto wohler fühlen wir uns »auf Messers Schneide«. Wir entdecken, daß das der einzige Ort ist, an dem wir zu innerem Frieden gelangen. So viele Menschen kommen ins *zen*-Zentrum und sagen: »Ich möchte Frieden finden.« Meistens wissen sie wenig darüber, wie man Frieden finden kann. Doch dieses Gehen auf Messers Schneide — das ist es. Niemand möchte das hören. Wir suchen jemanden, der uns unsere Angst nimmt oder uns Glück verspricht. Niemand möchte die Wahrheit hören, und wir werden sie erst dann hören, wenn wir bereit dazu sind.

Auf Messers Schneide, eingebettet ins Leben, gibt es kein Ich und kein Du. Dieser Übungsweg wirkt sich segensreich für alle fühlenden Wesen aus, und darum geht es natürlich beim *zen*: mein Leben und dein Leben sollen immer mehr erfüllt werden von Weisheit und Mitgefühl.

Ich möchte Sie also zum Verständnis dieser Dinge führen, so schwierig es auch sein mag. Zunächst müssen wir mit dem Intellekt verstehen, wir müssen gedanklich erfassen, worum es beim Üben geht. Dann müssen wir durch das Üben selbst ein ganz klares Bewußtsein dafür entwickeln, wann wir uns selbst vom Leben trennen. Die Erkenntnis entwickelt sich auf der Basis des täglichen *zazen*, aus vielen *sesshins* und durch die Bemühung, bei allen Begegnungen vom Morgen bis zum Abend wach und bewußt zu bleiben. Da wir keineswegs bereit sind, wirklich zu erfahren, was es bedeutet, auf Messers Schneide zu gehen, wird uns diese Erkenntnis nicht auf einem Tablett serviert. Wir müssen sie uns erwerben. Doch sind wir geduldig, wird sich unsere Einsicht vertiefen, und wir werden dann den Juwel solch eines Lebens schimmern sehen. Natürlich schimmert dieser Juwel immer, aber er ist für jene unsichtbar, die nicht wissen, wie man wirklich sieht. Um zu sehen, um zu erkennen, müssen wir auf

Messers Schneide wandeln. Und wir protestieren. »Nein, bitte nicht! Nichts für mich! Das ist ein schöner Titel für ein Buch, aber in meinem Leben möchte ich nichts damit zu tun haben!« Ist das wahr? Ich glaube nicht. Im Grunde *wollen* wir inneren Frieden und Freude.

SCHÜLER: Bitte sagen Sie noch etwas mehr über die Trennung vom Leben.

JOKO: Nun, in dem Augenblick, in dem zwischen uns selbst und einem anderen Menschen Uneinigkeit besteht, und wir glauben, recht zu haben, in diesem Augenblick haben wir uns auch schon abgesondert. Wir sind hier, und dieser böse Mensch ist dort und hat unrecht. Wenn wir so denken, haben wir kein Interesse am Wohlergehen dieses Menschen. Wir sind nur noch an unserem Wohlergehen interessiert. Und damit ist die bruchlose Einheit zerstört. Für die meisten von uns bedarf es vieler Jahre unerschütterlichen Übens, bis wir dieses Denken aufgeben können.

SCHÜLER: Ich sehe ein, daß das Aus-dem-Gleichgewicht-Sein damit zu tun hat, daß ich nicht erkennen will, was geschieht. Aber ich glaube, mir ist noch nicht klar, warum dieses Aus-dem-Gleichgewicht-Sein eine Trennung vom Leben ist.

JOKO: Es ist keine Trennung, wenn es non-verbal erfahren wird. Doch meistens weigern wir uns, das zuzulassen. Was ziehen wir vor? Wir ziehen vor, über unser Mißgeschick nachzudenken. »Warum sieht er es nicht so wie ich? Warum ist er so dumm?« Solche Gedanken tragen zur Trennung bei.

SCHÜLER: Die Gedanken? Nicht das Vermeiden?

JOKO: Die Gedanken *sind* das Vermeiden. Wir würden nicht denken, wenn es uns nicht darum ginge, der Erfahrung der Angst auszuweichen.

SCHÜLER: Meinen Sie, daß Gedanken die Trennung verursachen?

JOKO: Nicht, wenn wir uns der Gedanken ganz und gar bewußt sind und wissen, daß es nur Gedanken sind. Wenn wir ihnen glauben, dann vollzieht sich die Trennung. (»Nur ein haarbreiter Unterschied, und Himmel und Erde sind getrennt.«) Es ist nichts gegen das Denken selbst zu sagen, es sei denn, wir sähen nicht die Unwirklichkeit unserer Gedanken.

SCHÜLER: Können wir überhaupt reagieren, ohne zu denken?

JOKO: Wenn wir reagieren, sind auch Gedanken im Spiel. Das ist uns vielleicht nicht klar, aber sie sind vorhanden. Wenn Sie mich beispielsweise kränken, werde ich nicht reagieren, bevor ich nicht über diese Kränkung nachgedacht habe. Doch wenn wir beginnen, die Menschen nach gut und böse zu beurteilen, haben wir uns selbst abgesondert, wir haben die Trennung vollzogen; gut und böse sind nur Gedanken, nicht die Wahrheit.

SCHÜLER: Wenn Sie das so beschreiben, klingt das, als solle man sehr passiv sein und sich alles gefallen lassen. Könnten Sie dazu etwas sagen?

JOKO: Nein, um das Passivsein geht es überhaupt nicht. Wir können nicht vernünftig mit den Problemen des Lebens umgehen, wenn wir uns in unseren Gedanken darüber verfangen. Wir müssen einen größeren Zusammenhang sehen. Beim *zen*-Übungsweg geht es um das Handeln, doch wir können nicht sinnvoll handeln, wenn wir unseren Gedanken über eine Situation glauben. Wir müssen unmittelbar erkennen, was es mit einer bestimmten Situation auf sich hat. Sie ist immer anders als unsere Gedanken darüber. Können wir sinnvoll handeln, wenn wir nicht wirklich sehen und erkennen — nicht, was wir sehen wollen oder was uns angenehm ist, sondern das, was wirklich ist? Nein, ich meine ganz bestimmt nicht Passivsein und alles geschehen lassen.

SCHÜLER: Wenn ich Menschen sehe, die in dem zentriert sind, was geschieht, handeln sie viel schneller und besser als ich. In dem Film über Mutter Teresa sah ich, daß sie sich unverzüglich in ein Katastrophengebiet begab und mit der Arbeit begann.

JOKO: Ja, tun, einfach tun. Sie hielt sich nicht lange mit Überlegungen auf wie: »Soll ich das überhaupt tun?« Sie sah, was getan werden mußte, und tat es.

SCHÜLER: Es scheint viel von uns zu fordern, immer einfach auf Messers Schneide zu gehen, denn unsere Erinnerungen fließen in jedem Augenblick mit ein, es ist immer gegenwärtig, was in unserem Leben geschehen ist.

JOKO: Erinnerungen sind Gedanken, und meist sind sie selektiv und einseitig. Wir vergessen vielleicht vollständig, was ein Freund alles Liebes getan hat, wenn er einmal etwas tut, was uns bedrohlich erscheint. Der Übungsweg fordert viel von uns, aber wir erleben ja auch nur diesen Augenblick. Wir müssen nicht hundertfünfzigtausend Augenblicke auf einmal erleben. Wir erleben nur diesen einen. Deshalb sage ich: Warum nicht? Sie können genausogut in jedem Augenblick üben wie es unterlassen.

SCHÜLER: Ich glaube, dieser Weg auf Messers Schneide ist recht langweilig. Aufmerksam werden wir meist erst, wenn wir heftige Emotionen erleben; doch wenn wir Geschirr spülen, dann gibt es nicht so viel darüber zu sagen. Es ist einfach . . .

JOKO: Richtig. Wenn wir einfach jeden Augenblick das tun könnten, was getan werden muß, gäbe es kein Problem. Wir würden auf Messers Schneide gehen. Doch sind wir aus dem Gleichgewicht gefallen, ist uns dieser Zustand des Einklangs ganz fern, denn das Aus-dem-Gleichgewicht-Sein bedeutet, unangenehme Körperempfindungen zu haben. Da sie unangenehm sind, können wir die innere Erregung nicht als etwas ansehen, was im Grunde das gleiche ist wie Geschirrspülen. Beides ist durch und durch einfach.

SCHÜLER: Wenn wir den Glauben an unsere Gedanken aufgeben, kann einem das gefährlich vorkommen, denn wie können wir ohne sie wissen, was wir zu tun haben?

JOKO: Wir wissen immer, was wir zu tun haben, wenn wir mit dem Leben, wie es ist, in Einklang sind.

SCHÜLER: Für mich bedeutet das Gehen auf Messers Schneide die Erfahrung dessen, was der Augenblick bedeutet. Je mehr ich übe, desto mehr finde ich, daß die einfachen, alltäglichen Dinge des Lebens gar nicht mehr so langweilig sind, wie sie mir vorher erschienen. Manchmal liegt in ihnen eine Tiefe und Schönheit, die ich früher nie wahrgenommen habe.

JOKO: Das ist auch so. Ab und zu kommt eine Schülerin zu mir, um mit mir zu sprechen. Sie meditiert ganz richtig, aber sie beklagt sich »Es ist so langweilig. Ich sitze einfach, und nichts geschieht. Ich höre nur den Verkehrslärm draußen...« Ja, nur den Verkehrslärm draußen hören, das ist die Vollkommenheit! Die Schülerin fragt: »Und Sie sagen, das sei alles?« Ja, das ist alles. Niemand von uns will, daß das alles im Leben ist. Denn dann ist das Leben nicht mehr auf uns selbst zentriert, es ist einfach so, wie es ist. Es spielt sich kein Drama ab, doch wir lieben die Dramen so! Wir wollen bei einem Streit »gewinnen«, und gewinnen wir nicht, dann verlieren wir lieber, als auf das Drama zu verzichten, das sich um uns herum abspielt. Suzuki Roshi sagte einmal: »Seid euch nicht so sicher, daß ihr erleuchtet werden wollt. Von eurem Standpunkt aus wäre das ein recht langweiliger Zustand.« Einfach ganz das tun, was man gerade tut. Kein Drama.

SCHÜLER: Wenn wir unserem Atem folgen, heißt das nicht, auf Messers Schneide gehen?

JOKO: Ja, tatsächlich. Doch ich würde vielleicht lieber sagen: Körper und Atem erleben. Und ich möchte hinzufügen, daß es, wenn wir dem Atem folgen, am besten ist, ihn nicht kontrollieren zu wollen. Kontrolle ist dualistisch, das heißt, daß ich etwas kontrolliere, was von mir selbst getrennt ist. Besser ist es, den Atem einfach zu erleben, wie er ist: wenn er nicht locker ist, dieses Nicht-locker-Sein erleben, wenn er schnell geht, dieses Schnell-gehen erleben, wenn er oben in der Brust sitzt, dann genau dies erleben. Bleiben wir in diesem Erleben beständig, wird der Atem allmählich langsam, lang, tief werden. Hat sich das Verhaftetsein an unsere Gedanken deutlich verringert, werden Körper und Atem sich schließlich entspannen und der Atemstrom kann ungehindert fließen.

SCHÜLER: Warum ist die Aufregung größer, wenn sie durch jemanden ausgelöst wird, der mir nahe steht?

JOKO: Weil wir sie dann als bedrohlicher empfinden. Wenn jemand, der mir ein Paar Schuhe verkaufen soll, mich einfach stehen läßt, dann ist mir das gleichgültig, dann werde ich jemand anderen finden, der mir die Schuhe verkauft. Doch wenn mein Mann sich von mir abwendet und mich verläßt, ist das etwas vollkommen anderes.

SCHÜLER: Ist das eine unmittelbare Bedrohung, oder entsteht sie aus einem Reservoir ungelösten psychologischen Materials?

JOKO: Ja, es gibt dieses Reservoir, es ist immer in unserem Körper als Anspannung im gegenwärtigen Augenblick enthalten. Wenn wir die Anspannung erleben, holen wir damit unsere ganze Vergangenheit hervor. Wo ist unsere Vergangenheit? Sie ist hier. Es gibt keine Vergangenheit, außer dem, was jetzt ist. Die Vergangenheit ist das, was wir in diesem Augenblick sind. Wenn wir also den Augenblick erleben, erleben wir damit auch die Vergangenheit.

Wir müssen gar nicht alles darüber wissen. — Doch was hat das Gehen auf Messers Schneide mit Erleuchtung zu tun? Kann jemand etwas dazu sagen?

SCHÜLER: Es *ist* Erleuchtung.

JOKO: Ja, so ist es. Und niemand von uns kann immer in diesem Gleichgewicht bleiben. Doch unsere Fähigkeit dazu wächst durch jahrelanges Üben ganz beträchtlich. Wenn nicht, dann üben wir nicht richtig.
Wir wollen nun zum Ende kommen. Doch bleiben Sie in jedem Augenblick Ihres Lebens so wach und bewußt wie möglich. Und stellen Sie sich immer wieder die Frage: »Bin ich jetzt auf Messers Schneide? Bin ich im Gleichgewicht?«

New Jersey gibt es gar nicht

Wir glauben, die Wirklichkeit sei so, wie wir sie sehen, sie sei festgelegt und unveränderlich. Wenn wir beispielsweise aus dem Fenster sehen und nehmen dort Büsche, Bäume und Autos wahr, so glauben wir, wir nähmen die Dinge wahr, wie sie wirklich sind. Doch das ist nur unser Blickwinkel der Realität auf der Erdoberfläche. Wenn wir in einem Flugzeug sitzen und bei klarem Wetter aus vielen Kilometern Höhe hinunterschauen, sehen wir Menschen und Autos nicht mehr. Aus dieser Entfernung gehören Menschen nicht mehr zu unserer Realität, dafür aber Berge, Ebenen und Wasserflächen. Verliert das Flugzeug an Höhe, so verändert sich unsere Wirklichkeitserfahrung. Erst kurz vor der Landung auf der Erde bietet sich wieder unser menschliches Bild dar, wir erkennen Menschen, Häuser, Autos. Für eine Ameise, die auf dem Gehsteig läuft, gibt es wiederum keine Menschen. Sie sind zu riesig für sie. Die Wirklichkeit einer Ameise besteht vielleicht aus den Hügeln und Tälern der Gehsteigoberfläche. Der Fuß, der eine Ameise zertritt, was ist das?

Die Wirklichkeit, in der wir leben, verlangt, daß wir auf bestimmte Weise funktionieren. Dazu müssen wir uns von den Dingen rings um uns her unterscheiden, von einem Teppich oder von einem anderen Menschen. Ein starkes Mikroskop aber würde aufzeigen, daß die uns umgebende Realität nicht wirklich von uns getrennt ist. Auf einer anderen Ebene sind wir nichts als Atome und atomare Teilchen, die sich in unglaublicher Geschwindigkeit bewegen. Es gibt keine Trennung zwischen uns und dem Teppich und den anderen Menschen, wir alle sind ein riesiges Energiefeld.

Meine Tochter zeigte mir vor kurzem Fotos von weißen Blutkörperchen in den Arterien von Hasen. Diese weißen Blutkörperchen sind gleichsam ein Reinigungstrupp, der den Körper von Schlacken und störenden Substanzen befreien soll. Man sieht, wie die winzigen Wesen in den Arterien herumkrabbeln und ihre Reinigungsarbeit mit Pseudopodien (Scheinfüßchen) ausführen. Die Wirklichkeit für ein weißes Blutkörperchen ist nicht die Wirklichkeit, die wir sehen. Was ist die Wirklichkeit für solch eine winzige Zelle? Wir können nur ihre Arbeit beobachten, und diese Arbeit besteht im Reinigen. Gerade während wir hier sitzen, sind Millionen solcher Zellen in uns tätig, um unsere Arterien nach Kräften zu reinigen. Sieht man die Bilder in ihrer Reihenfolge an, kann man durchaus erkennen, daß die Zellen eine sinnvolle Arbeit tun, daß sie wissen, was ihre Aufgabe ist.

Wir Menschen, die wir wahrscheinlich die großartigsten Gaben unter allen Geschöpfen haben, sind die einzigen Wesen auf der Erde, die sagen: »Ich weiß nicht, was der Sinn meines Lebens ist. Ich weiß nicht, wozu ich hier bin.« Kein anderes Geschöpf, und ganz gewiß nicht das weiße Blutkörperchen, ist so ratlos. Das weiße Blutkörperchen arbeitet unermüdlich für uns. Es lebt in uns und reinigt uns, solange es lebt. Und natürlich ist das nur eine von hunderttausend Funktionen, die in solch einem ungeheuer intelligenten Wesen, wie wir es sind, wirksam werden. Doch da wir ein großes Gehirn haben (das uns gegeben ist, damit wir sinnvoll tätig sein sollten), können wir unsere angeborenen Gaben auch mißbrauchen und Unheil anrichten, das nichts mit dem Wohlergehen des Lebendigen zu tun hat. Uns ist die Gabe des Denkens gegeben, und wir mißbrauchen sie und gehen in die Irre. Wir vertreiben uns selbst aus dem Paradies. Wir denken nicht an die Arbeit, die für das Leben getan werden muß, sondern trachten nur danach, wie wir unser isoliertes Selbst hätscheln können — was einem weißen Blutkörperchen nie einfallen würde. Sein Leben wird nach kurzer Zeit vorbei sein, es wird durch andere ersetzt. Es grübelt nicht, es tut einfach seine Arbeit.

Wenn wir *za-zen* üben und die illusionäre Natur unseres falschen Denkens immer mehr erkennen, wird unsere Fähigkeit, natürlich zu funktionieren, gestärkt. Diese Fähigkeit ist immer vorhanden, doch sie ist in den meisten von uns so sehr verschüttet, daß wir meist gar nicht wissen, was das ist. Wir sind so in unserer freudigen Erregung, unserer Verzweiflung, unserer Hoffnung, unseren Ängsten gefangen, daß wir gar nicht erkennen, daß unsere

Aufgabe gar nicht darin besteht, für immer zu leben, sondern in diesem Augenblick zu leben. Wir versuchen vergeblich, uns durch unser sorgenvolles Denken zu schützen. Unser Sinnen und Trachten dreht sich nur darum, wie wir es uns schöner machen, wie wir mehr Sicherheit gewinnen und wie wir unser isoliertes Selbst für immer erhalten können. Unser Körper besitzt seine eigene Weisheit. Der Mißbrauch unseres Kopfes vermasselt uns unser Leben.

Vor einiger Zeit brach ich mir das Handgelenk und mußte drei Monate lang einen Gipsverband tragen. Als der Verband abgenommen wurde, war ich sehr bewegt von dem Anblick, der sich mir da bot. Meine Hand bestand nur noch aus Haut und Knochen, war sehr schwach und zitterte. Sie hatte nicht die Kraft, irgend etwas zu tun. Doch als ich vom Krankenhaus nach Hause kam und mit der anderen Hand etwas zu tun begann, versuchte dieses kleine Bündel Haut und Knochen zu helfen. Es wußte, wozu es da war. Es hatte etwas fast tragisch Rührendes: Dieses kleine, kraftlose Skelett wollte helfen. Ich sah es an, und es schien nichts mit mir zu tun zu haben; die Hand hatte offenbar ihr eigenes Leben, sie wollte einfach ihre Aufgabe erfüllen. Es berührte mich sehr zu sehen, wie diese kleine Vogelscheuche versuchte, die Arbeit einer ganz normalen gesunden Hand zu verrichten.

Wenn wir uns nicht selbst durcheinanderbringen, wissen wir, was wir im Leben zu tun haben. Doch wir bringen uns selbst durcheinander, wir lassen uns auf merkwürdige Beziehungen ein, die keine Früchte tragen, wir klammern uns an einen Menschen, versteifen uns auf eine Bewegung oder eine Philosophie. Wir tun alles Mögliche, anstatt auf vernünftige und sinnvolle Weise zu leben. Doch mit dem Üben beginnen wir, unsere Verwirrung zu durchschauen, wir können erkennen, was wir zu tun haben, wie meine linke Hand, die sich bemühte, die Arbeit zu tun, die getan werden mußte, selbst dann, als sie nicht einmal die Kraft dazu hatte.

Wenn uns etwas wirklich ärgert, irritiert oder belastet, beginnen wir nachzudenken. Wir machen uns Sorgen, wir spinnen die Sache aus, wir grübeln, rätseln und denken immerzu nach, denn wir glauben, daß wir so unsere Lebensprobleme lösen könnten. Was aber die Probleme des Lebens wirklich löst, ist: die Schwierigkeiten, die man gerade hat, einfach wahrzunehmen und zu erleben und dann von dort aus zu handeln. Nehmen wir an, meine Tochter hätte mich angeschrien und mir gesagt, ich sei eine schreckliche Mutter. Was tue ich? Ich könnte mich vor ihr rechtfertigen und ihr aufzählen, was ich alles für sie getan habe. Aber was wirkt in solch einer Situation wirklich heilsam? Daß ich einfach wahrnehme, welchen Schmerz mir das Geschehene verursacht und welche Gedanken sich darum ranken. Wenn ich das aufrichtig und geduldig tue, beginne ich, mein Kind anders zu sehen, und ich erkenne, was zu tun ist. Mein Handeln entspringt diesem Wahrnehmen und Erleben. So aber gehen wir mit unseren Lebensproblemen nicht um; anstatt dessen kreisen wir um sie, wir versuchen sie zu analysieren oder bemühen uns herauszufinden, wer sie verschuldet hat. Und nach all dem versuchen wir herauszufinden, was wir jetzt tun könnten. Doch das heißt, das Pferd am Schwanz aufzuzäumen. Wir haben uns selbst vom Problem losgelöst und können es durch all unser Denken, Reagieren und Analysieren nicht lösen. Die Blockierung durch unsere Emotionsgedanken läßt unsere Probleme unlösbar werden.

Ich flog einmal über die Vereinigten Staaten und wußte,

daß wir etwa in der Mitte des Landes sein mußten. Ich sah hinunter und dachte: »Wo ist denn Kansas?« Aber ich konnte Kansas nicht entdecken. Doch wir glauben: Dort ist Kansas, dort ist Illinois, New Jersey, New York, wo wir doch eigentlich nur Land sehen, das unter uns dahinzieht. Das gleiche machen wir mit uns selbst. Ich glaube, ich sei New Jersey und er sei New York. Ich denke, daß New York an den Problemen von New Jersey schuld sei. (Es schickt alle Pendler nach New Jersey.) New Jersey, wenn es sich für New Jersey hält, hat natürlich sofort seinen eigenen Problemberg. Es muß sich mit all den guten Dingen, die man über New Jersey sagt, identifizieren, und bestimmt bringt es nicht viel Gutes für Pennsylvania. Im Grunde aber sind all diese Grenzen ja willkürlich, doch wenn wir unseren trennenden Emotionsgedanken folgen, glauben wir, es gäbe Grenzen zwischen uns selbst und anderen. Wenn wir klug mit unseren Emotionsgedanken umgehen und arbeiten, lösen sich diese Grenzen allmählich auf, und wir erkennen die Einheit, die immer da ist. Wenn unser Geist offen ist und sich einfach mit den sinnlichen Eindrücken beschäftigt, die das Leben ihm darbietet, müssen wir nicht mehr nach irgend etwas streben, was man »große Erleuchtung« nennt. Wenn New Jersey nicht als separate Einheit existieren muß, so muß es sich auch nicht verteidigen. Wenn wir kein Einzelwesen sein müssen, haben wir kein Problem. Doch unser Leben wird bestimmt von der Frage: »Was wäre das Beste für *mich*? Wie kann ich es einrichten, daß *ich* es schön habe?« Und wir schließen andere Menschen und Dinge nur in dem Maß ein, wie sie bereit sind, unser Spiel mitzuspielen. Natürlich sind sie dazu nie wirklich bereit, denn sie spielen ja selbst das gleiche Spiel. Deshalb kann der Handel nie funktionieren. Wie zum Beispiel könnte eine Ehe gutgehen, wenn zwei Menschen sich als New Jersey und New York sehen? Manchmal sieht es vielleicht so aus, als gehe sie gut, doch solange die beiden nicht erkannt haben, daß es keine Grenze zwischen ihnen gibt (und das bedeutet, daß die Blockierung durch die Emotionsgedanken aufgelöst werden muß), wird zwischen ihnen immer Kriegszustand herrschen.

Wir haben nicht gelernt, wie man als Mensch leben sollte, sondern uns eine falsche Welt geschaffen, mit der wir die wirkliche überlagert haben. Wir verwechseln die Landkarte mit der Wirklichkeit. Landkarten sind recht nützlich, doch wenn wir nur sie betrachten, sehen wir nicht das ganze Land, das von den Vereinigten Staaten gebildet wird. Es gibt kein vom Rest losgelöstes Kansas. Wie das weiße Blutkörperchen sind wir bestimmt, eine Aufgabe in dem gesamten Energiemuster zu erfüllen. Wir müssen eine bestimmte Form haben, um zu funktionieren, so wie das weiße Blutkörperchen seine Scheinfüße bilden muß, um seine Aufgabe des Reinigens zu erfüllen. Wir müssen diese Form finden, wir müssen so aussehen, als wären wir Einzelwesen, um das wunderbare Spiel mitspielen zu können. Doch das Problem liegt darin, daß wir nicht das wirkliche Spiel spielen. Wir spielen ein Spiel, das wir dem wirklichen überlagert haben; und dieses Spiel wird uns zugrunde richten. Wenn wir das nicht durchschauen, verbringen wir die Tage unseres Lebens, ohne dabei glücklich zu werden. Wenn man das Spiel richtig spielt, so ist es meistens gut. Es gehören Sorgen und Freuden, Enttäuschungen und Probleme dazu, doch es ist immer wirklich und reich, und nie ist es unbefriedigend oder sinnlos. Das weiße Blutkörperchen fragt nicht, was ist der Sinn des Lebens, es weiß. Wenn wir die Blockierung unserer Emotionsgedanken durchbrechen, beginnen auch wir zu verstehen, wer wir sind und was unsere Aufgabe im Leben ist. Was sollen wir mit dem Leben anfangen? Lassen wir uns nicht durch unser falsches Denken durcheinander-bringen, so wissen wir es. Wenden wir uns von unserer Befangenheit in uns selbst ab, so wird die Antwort ganz offensichtlich. Das fällt uns nicht leicht, denn wir hängen sehr an unserem selbstgerechten Denken.

Doch ab und zu, wenn wir hingebungsvoll geübt haben, gibt es Augenblicke (manchmal auch Stunden oder Tage), in denen zwar immer noch die gleichen Probleme auftauchen, aber wir mit dem Leben einverstanden sein können. Je länger und härter wir geübt haben, um so länger dauern diese Zustände. Das ist Erleuchtetsein; wenn wir einfach sehen »Ah ja, das muß als nächstes getan werden. Gut. Ich muß am Donnerstag zum Zahnarzt. Es ist mir vielleicht nicht angenehm, aber es ist in Ordnung. Ich werde wohl zwei Stunden mit diesem anstrengenden Menschen verbringen ... nun ja, sehen wir einmal, wie es geht.« Es ist erstaunlich: Es fließt wirklich so leicht. Und dann, wenn wir nicht aufmerksam sind, beginnt die Konfusion wieder überhandzunehmen. Die Klarheit und die Kraft verlassen uns plötzlich erneut. Ein Kennzeichen des guten Übens ist es, daß die Perioden länger werden, in denen wir Klarheit haben, und daß die Zustände des Getrübtseins und des Verworrenseins immer seltener werden.

Natürlich können im Leben immer wieder Unklarheiten auftreten. Doch sind wir bereit, auch Unklarheit und Verwirrung anzunehmen, so liegt darin paradoxerweise Klarheit. Mehr als oft höre ich von meinen Schülern: »Ich bin mit meinem Üben nicht im klaren, ich bin etwas nervös, ich habe das Gefühl, daß ich nicht zurechtkomme.« Was tun wir dann? Nun, das Leben ist einfach so. Jeder

Tag hat für jeden von uns solche Stunden. Anstatt über unsere Verworrenheit und unsere Nervosität nachzudenken, um zu irgendeinem anderen Zustand zu gelangen, fragen wir uns selbst: Wie fühlt sich diese Verworrenheit an? Und wir gehen zurück in unseren Körper und seine Empfindungen und beobachten, welche Gedanken uns beschweren. Und schon sind wir wieder auf unserem Weg.

Sind wir verwirrt und niedergeschlagen, so ist es das Dümmste, wenn wir versuchen, anders zu sein. Das torlose Tor ist uns immer zugänglich, wenn wir uns selbst erleben, wie wir sind, nicht wie wir sein sollten. Wenn wir das wirklich tun, öffnet sich das Tor; auch wenn es sich dann öffnet, weil es die richtige Zeit ist, und nicht unbedingt, weil wir es wollen. Bei manchen Menschen wäre es eine Katastrophe, wenn es sich zu früh öffnete. Ich bin immer skeptisch gegenüber allzu forciertem Üben; wenn man mit Gewalt Klarheit herstellen will, entstehen daraus nur noch mehr Probleme. Natürlich heißt das nicht, daß wir dasitzen und die Hände in den Schoß legen sollten. Wir müssen das Bewußtsein für unsere Körperempfindungen wachhalten, unsere Gedanken und alles andere, was da ist, wahrzunehmen, gleichgültig, was es ist. Wir dürfen unseren *za-zen* nicht als gut oder schlecht beurteilen. Einfach: »Ich bin hier, und ich bin mir zumindest eines Teils meines Lebens bewußt.« Und wenn ich hingebungsvoll sitze, so wird dieser bewußte Teil immer größer.

Etwas in uns ähnelt dem weißen Blutkörperchen, es ist immer da und weiß, was es zu tun hat. Es möchte seine Aufgabe erfüllen. Das Üben ist kein mystischer Salto mortale. Das Absolute ist nicht irgendwo anders. Wo sollte es auch sein, wenn nicht gerade hier? Meine Nervosität, was ist das? Da sie jetzt hier ist, ist meine Nervosität mein Nirwana, das Absolute. Und das ist es. Es gibt keinen Ort, an den wir flüchten könnten, wir sind schon immer da. Wo sollten wir auch sein, außer dort, wo wir sind. Wir sind immer das, was wir sind. Unsere innere Weisheit weiß, wer wir sind, sie weiß, was wir auf dieser Welt sollen, wenn wir nicht selbst alles verpfuschen.

Religion

Die Menschen, die in *zen*-Zentren kommen, sind oft von ihren religiösen Erfahrungen in der Vergangenheit desillusioniert. Vielsagend ist die ursprüngliche Bedeutung des Wortes Religion, das aus dem Lateinischen stammt: Rück-Bindung, Verbindung des Menschen mit dem Göttlichen.
Was verbinden wir? Zunächst binden wir unser Selbst an uns selbst — denn wir sind ja sogar in uns selbst gespalten. Und wir binden uns an andere und schließlich an alle Dinge, ob belebt oder unbelebt. Und wir binden andere an andere. Alles Unverbundene liegt in unserer Verantwortung. Doch meist beschäftigen wir uns damit, uns an unseren Nachbarn, an unseren Partner, an unsere Arbeit, an unser Kind oder unseren Freund zu binden und dann auch an Sri Lanka, an Mexiko, an alle Dinge dieser Welt, an das Universum.
Jede wahre religiöse Praxis besteht darin, wieder zu sehen, was schon immer war: die fundamentale Einheit aller Dinge und unser wahres Gesicht. Religiös sein bedeutet, die Grenze zwischen uns und einem anderen Men-

schen oder einem Ding aufzuheben oder ihr Wesen zu durchschauen.

Die Menschen fragen mich oft, warum man diese fundamentale Einheit fast nie sieht, wenn sie doch der Urzustand ist. Das liegt nicht an einem Mangel an wissenschaftlicher Information; ich habe viele Physiker kennengelernt, die zwar das dazu nötige intellektuelle Wissen besaßen, deren Umgang mit dem Leben aber nichts von diesem Wissen zeigte.

Der Hauptgrund für die Grenze, die wir errichten, und der Hauptgrund dafür, daß wir das, was schon immer da ist, nicht sehen, ist unsere Angst, von dem verletzt zu werden, was uns von uns getrennt erscheint. Natürlich muß unsere physische Existenz geschützt werden, da sie sonst nicht funktionieren kann. Wenn wir beispielsweise auf einem Bahngleis ein Picknick machen und der Zug kommt, ist es sicher kein schlechter Gedanke, diesen Platz zu verlassen. Es ist notwendig, physischen Schaden zu vermeiden und wiedergutzumachen. Doch der Unterschied zwischen dieser Art von Verletzungen und anderen, weniger greifbaren Dingen, die uns zu verletzen scheinen, ist uns vollkommen unklar. »Mein Geliebter hat mich verlassen. Es tut so weh, allein zu sein.« »Ich werde nie eine gute Stelle bekommen.« »Die anderen Menschen sind so böse.« Wir sehen all solche Dinge als verletzend an. Wie oft meinen wir, von anderen Menschen verletzt worden zu sein.

Wenn wir auf unser Leben zurückschauen, können wir eine lange Liste über die Menschen und Ereignisse erstellen, die uns verletzt haben. Wir alle besitzen solch eine Liste. Und daß wir sie besitzen, bestimmt unsere Weltanschauung. Wir lernen Muster, wie wir Dinge vermeiden können, wir haben Urteile und Meinungen über alles und jeden, von denen wir fürchten, verletzt zu werden.

Wir benutzen unsere inneren Kräfte im Sinne von Vermeidungsreaktionen, um uns zu beklagen, das Opfer zu sein, und zu versuchen, alles irgendwie in den Griff zu bekommen. Und das wirkliche Leben, die fundamentale Einheit, entgeht uns. Und traurigerweise sterben manche von uns, ohne je gelebt zu haben, da sie so besessen davon sind, jeder Verletzung aus dem Weg zu gehen. Eines ist sicher: Wenn wir verletzt wurden, wollen wir vermeiden, daß das noch einmal geschieht. Und unsere Vermeidungstaktiken sind beinahe unerschöpflich.

In vielen religiösen Traditionen, vor allem in der *zen*-Tradition, legt man großes Gewicht darauf, etwas zu erreichen, was man Öffnung oder Erleuchtung nennt. Solche Erfahrungen können sehr unterschiedlich sein. Sind sie jedoch ursprünglich, so lassen sie uns klar werden, was immer war: das wahre Wesen des Lebens, die fundamentale Einheit. Ich habe jedoch herausgefunden (und ich weiß, daß auch viele von Ihnen das herausgefunden haben), daß sie für sich genommen nicht genug sind. Sie können sehr nützlich sein, doch wenn wir uns an sie klammern, werden sie zur Barriere. Für manche Menschen ist es nicht schwer, solche Erfahrungen zu machen. Wir sind da sehr unterschiedlich, und diese Unterschiede hängen nicht von unserer Tugendhaftigkeit ab. Doch ohne die ernsthafte Bemühung, das eigene Leben einheitlich werden zu lassen, sind diese Erfahrungen nicht von großem Wert. Was wirklich zählt, ist das Üben in jedem Augenblick mit dem, was uns zu verletzen, zu bedrohen oder zu mißfallen scheint — ob es Schwierigkeiten mit unseren Mitarbeitern, in unserer Familie, mit unseren Partnern oder irgendwelchen anderen Menschen sind. Solange wir auf unserem Übungsweg nicht den Punkt erreicht haben, an dem wir uns sehr wenig zu Reaktionen oder zum Aufbegehren hinreißen lassen, ist ein Erleuchtungserlebnis im Grunde wertlos.

Wenn wir die fundamentale Einheit wirklich sehen wollen, und das nicht nur ab und zu, sondern den größten Teil der Zeit — und das ist ja eigentlich religiöses Leben —, so müssen wir vor allem mit dem üben, was Menzan Zenji (ein Gelehrter des Sōto-Zen) die »Barriere der Emotionsgedanken« nennt. Er sagt, daß wir reagieren, wenn etwas uns zu bedrohen scheint. Sobald wir reagieren, ist eine Barriere errichtet und unsere Sicht getrübt. Da die meisten von uns etwa alle fünf Minuten reagieren, ist es klar, daß das Leben für uns fast immer getrübt ist. Wir sind in uns selbst befangen, wir sind hinter dieser Barriere gefangen.

Vor allem geht es darum, mit dieser Barriere zu üben. Ohne solches Üben, ohne die Erkenntnis über unser beständiges Errichten von Barrieren — und diese Erkenntnis ist nicht leicht zu gewinnen — bleiben wir unfrei und isoliert. Wir sehen zwar hin und wieder unser wahres Gesicht, aber immer noch erscheint es uns unmöglich, in jedem Augenblick wir selbst zu sein. Mit anderen Worten: Das religiöse Leben hat sich nicht verwirklicht. Die Menschen und die Götter bleiben getrennt. Hier bin ich, und dort ist das Leben, das ich als bedrohlich sehe, und beides läßt sich nicht vereinen.

Die Barriere der Emotionsgedanken nimmt oft die Form des Schwankens zwischen zwei Polen an. Der eine Pol ist Anpassung: Opfer an die Götter, Opfer unserer selbst, dem Leben keinen Widerstand entgegensetzen, es anderen recht machen, gut sein, versuchen, ein idealer Mensch zu sein, zu unterdrücken, was für uns in den verschiedensten Situationen wahr ist. Das ist der Mensch, der sich bemüht, gut zu sein, der sich bemüht, hart zu üben, der sich bemüht, zu Erleuchtung zu gelangen, sich bemüht, bemüht, bemüht. All dieses Bemühen ist sehr verbreitet, vor allem unter *zen*-Schülern. Doch wenn wir mit Wachheit und Klugheit üben, beginnen wir zu spüren, wie sehr wir uns in der Anpassung verloren haben und versuchen dann zum entgegengesetzten Pol hinüberzuspringen, zu einer anderen Art von Sklaverei: Rebellion oder Nonkonformität. Dann sagt man: »Niemand kann mir vorschreiben, was ich zu tun habe. Ich brauche meinen Freiraum, und ich will, daß ihn alle respektieren!« In dieser Phase urteilen wir hart über andere und haben starke negative Meinungen. Jetzt sehen wir uns nicht mehr als unterlegen und abhängig, sondern als überlegen und unabhängig. Diese Zustände (Anpassung und Nonkonformität) fließen von Augenblick zu Augenblick ineinander. In den ersten Jahren des Übens begeben sich die meisten Menschen aus dem ersten Stadium allmählich in das zweite. Und dann scheint ihr Leben schlimmer zu werden und keineswegs besser. »Wo ist denn der nette Mensch, den ich bisher kannte?« Beide Stadien bedeuten jedoch Unfreiheit, denn immer noch reagieren wir auf das Leben. Entweder passen wir uns ihm an oder wir rebellieren dagegen. Immer noch sind Menschen und Götter voneinander getrennt.

Wir alle werden zwischen diesen beiden Zuständen hin und her gerissen. Letzte Woche entschloß ich mich eines Tages um neun Uhr morgens, daß ich einen Brief beantworten wollte, einen schwierigen Brief, den ich immer vor mir hergeschoben hatte. Um drei Uhr nachmittags plötzlich merkte ich, daß ich den Brief immer noch nicht beantwortet hatte. Zwischen neun und drei Uhr waren mir tausend Dinge eingefallen, die ich tun konnte, um nur der Beantwortung dieses Briefes aus dem Weg zu gehen. Meine erste Reaktion war: »Ich müßte diesen Brief unbedingt beantworten.« Das ist Anpassung. »Es ist einfach notwendig, ich muß es tun.« Und die zweite Reaktion: »Keiner kann mich dazu zwingen, ich muß das doch nicht tun. Ich kann ihn sehr gut liegenlassen.« Doch was geschieht in diesem Augenblick, in dem der Beobachter diese beiden Extreme wahrnimmt? Als ich mich bei dem zweiten Gedanken beobachtete, setzte ich mich einfach hin und beantwortete den Brief.

Was ist die Lösung? Durch was kann dieser dauernde Kampf, der in unserem Innern stattfindet, beendet werden? Was bringt uns mit den Göttern zusammen? Bevor wir dieses Rätsel nicht gelöst haben, sind wir darin gefangen. Das erste, was wir erkennen müssen, ist, was wir da eigentlich tun. Und wenn wir *za-zen* üben, wird uns das von selbst enthüllt werden. Zunächst werden wir denken: »Ich sollte es tun.« Und wenn wir ein wenig länger gesessen haben, wird der zweite Gedanke auftauchen: »Ich will es nicht tun.« Und so beginnen wir allmählich zu sehen, daß wir zwischen diesen beiden Polen hin und her pendeln, immer hin und her.

Hinter all diesem Pendeln steckt immer nur Trennung. Wie können wir sie auflösen? Wir lösen sie auf, indem wir das wahrnehmen, was wir nicht wahrnehmen wollen. Wir müssen non-verbal das Unwohlsein, den Ärger, die Angst wahrnehmen, die unter dem Schwanken zwischen diesen beiden Polen verborgen ist. Das ist wahres *za-zen*, das ist wahres Gebet, wahre religiöse Übung. Allmählich wird der Ärger (als körperliche Erfahrung) nachlassen. Wenn wir wirklich tief verärgert sind, wird das Wochen oder Monate dauern. Doch überlassen wir uns ganz der Erfahrung und »umarmen den Tiger«, wird er immer nachgeben müssen, denn wenn wir die Erfahrung und Wahrnehmung selbst sind, gibt es kein Subjekt und kein Objekt mehr. Und wenn es kein Subjekt und kein Objekt gibt, fällt die Barriere der Emotionsgedanken, und wir können zum ersten Mal klar sehen. Und sehen wir klar, dann wissen wir auch, was wir zu tun haben. Und was wir daraufhin tun, wird von Liebe und Mitgefühl erfüllt sein. So können wir wirklich ein religiöses Leben führen.

Solange wir uns nicht offen und liebevoll fühlen, wartet unser Übungsweg auf uns. Und da wir uns den größten Teil der Zeit nicht offen und liebevoll fühlen, sollten wir eben fast immer mit Hingabe üben. Das ist religiöses Leben, das ist Religion, auch wenn wir dieses Wort gar nicht in den Mund nehmen. Es ist die Versöhnung der Menschen und ihrer unterschiedlichen Vorstellungen, die Versöhnung unserer Ansichten darüber, wie es sein sollte, wie die Menschen sein sollten, die Versöhnung unserer Angst. Die Versöhnung all dessen ist die Wahrnehmung wovon? Gottes? Dessen, was ist? Ein religiöses Leben ist ein Prozeß der Versöhnung in jedem Augenblick, unaufhörlich.

Jedesmal, wenn wir diese Barriere überwinden, verändert sich etwas in uns. Im Laufe der Zeit sind wir immer weniger isoliert. Das ist nicht einfach, denn wir klammern uns weiterhin an das Vertraute: isoliert und losgelöst zu sein, überlegen oder unterlegen zu sein, »jemand« in Beziehung zur Welt zu sein. Eines der Merkmale für ernsthaftes Üben ist es, daß wir aufmerksam sind und erkennen, wann wir diese Trennung vollziehen. In dem Augenblick, in dem wir auch nur ein flüchtiges Urteil über einen anderen Menschen haben, sollte das »rote Übungs-Warnlämpchen« aufleuchten.

Wir alle tun schädliche Dinge, deren wir uns nicht bewußt sind. Doch je mehr wir üben, desto klarer erkennen wir, was wir vorher nicht erkannten. Das bedeutet nicht, daß wir irgendwann einmal alles sehen werden, denn es wird uns immer etwas verborgen bleiben. Und auch das ist nicht gut oder schlecht; es liegt einfach in der Natur der Dinge.

Der Übungsweg bedeutet also nicht nur, daß man an einer *sesshin* teilnimmt oder jeden Morgen sitzt. Das ist zwar wichtig, aber es genügt nicht. Die Stärke unseres Übens und die Fähigkeit, das, was wir erübt haben, für andere spürbar werden zu lassen, liegt darin, daß wir wir selbst sind. Wir müssen uns nicht bemühen, andere zu belehren. Wir müssen nichts sagen. Wenn wir intensiv üben, so zeigt sich das immerzu. Wir müssen nicht über *dharma* sprechen, wir sind es einfach.

Erleuchtung

Vor ein paar Tagen sagte jemand zu mir: »Sie sprechen eigentlich nie über Erleuchtung. Wollen Sie nicht darüber einmal was sagen?« Das Problem, über »Erleuchtung« zu sprechen, liegt darin, daß unsere Worte ein Bild davon erzeugen, was das ist, und Erleuchtung ist kein fest umrissenes Bild, sondern ein Zerstören all unserer Bilder. Etwas Zerstörtes ist nicht gerade sehr verlockend für uns! Was bedeutet es, unsere gewöhnliche Vorstellung vom Leben zu zerstören? Die alltägliche Lebenserfahrung konzentriert sich auf einen selbst. Schließlich erlebe *ich* ja alle Eindrücke, ich kann nicht die Erfahrung des anderen von seinem Leben haben, es ist immer meine eigene. Und schließlich komme ich unvermeidlich zu der Überzeugung, daß es ein Ich gibt, das das Zentrum meines Lebens ist, da meine Erfahrungen sich um dieses Ich zu drehen scheinen. »Ich« sehe, »ich« höre, »ich« fühle, »ich« denke, »ich« habe diese oder jene Meinung. Wir stellen dieses »Ich« selten in Frage. Im Zustand der Erleuchtung aber gibt es kein »Ich«. Da ist einfach das Leben selbst. Ein Pulsieren zeitloser Energie, deren Wesen alles umfaßt oder ist.

Der Prozeß des Übens bedeutet, allmählich zu sehen, warum wir unser wahres Wesen nicht erkennen: Das liegt immer an unserer ausschließlichen Identifikation mit unserem eigenen Geist und Körper, dem »Ich«. Um unseren natürlichen Zustand der Erleuchtung zu erkennen, müssen wir diesen Irrtum sehen und zerstören. Der Übungsweg besteht darin, entschieden gegen den gewöhnlichen, egozentrischen Lebensstil anzugehen.

Im ersten Stadium des Übungsweges geht es darum, zu erkennen, daß mein Leben sich vollkommen auf mich konzentriert: »Ja, ich habe diese egozentrischen Meinungen, diese um mich kreisenden Gedanken, diese selbstsüchtigen Emotionen ... ich, ich, ich habe all das von morgens bis abends.« Allein das Wachsein dafür ist schon für sich genommen ein großer Schritt.

Das nächste Stadium (und diese Stadien können Jahre währen) besteht darin, zu beobachten, was wir mit all diesen Gedanken, Phantasien und Emotionen tun, was es heißt, daß wir gewöhnlich an ihnen hängen, sie hätscheln und glauben, ohne sie hilflos und verloren zu sein. »Ohne diesen Menschen wäre ich verloren; wenn sich diese Situation nicht nach meinen Wünschen ändert, ertrage ich es nicht.« Wenn wir fordern, das Leben müßte so oder so sein, leiden wir unvermeidlich — denn das Leben ist allzeit so, wie es ist, es ist nicht immer gerecht, nicht immer angenehm. Das Leben richtet sich nicht danach, wie wir es haben wollen, es ist einfach so, wie es ist. Und das darf unserer Freude daran, unserer Wertschätzung, unserer Dankbarkeit nicht im Wege stehen.

Wir sind wie kleine Vögel, die im Nest sitzen und darauf warten, daß Mama und Papa ihnen Futter in den Schnabel stecken. Für junge Vögel mag das auch passend sein, wenn auch Mutter und Vater mehr Freiheit haben, da sie den ganzen Tag herumfliegen können. Wir glauben vielleicht, daß wir solch einen jungen Vogel nicht zu beneiden hätten, doch wir tun genau das, was er tut. Wir erwarten, daß das Leben uns Leckerbissen in den Mund schiebt: »Ich möchte, daß es so geht, wie ich es mir vorstelle! Ich will, daß meine Freundin anders ist, ich will, daß meine Mutter besser zu mir paßt, ich möchte leben, wo ich leben will, ich möchte Geld ... oder Erfolg ... oder ...« Wir sind wie junge Vögel, nur verbergen wir unsere Gier besser als sie.

In einem Dokumentarfilm wurde gezeigt, wie eine Bärin ihre Jungen aufzieht. Sie lehrt sie zu jagen, zu fischen, zu klettern und all das zu tun, was sie zum Überleben brauchen. Dann scheucht sie sie eines Tages alle auf einen Baum. Und was tut sie dann? Sie geht einfach weg und sieht sich nicht einmal um. Was mögen die kleinen Bären für ein Gefühl haben? Wahrscheinlich haben sie schreckliche Angst, doch der Weg zur Freiheit beginnt mit Angst.

Wir sind alle junge Vögel oder kleine Bären und hätten am liebsten eine Mama, die immer für uns sorgt. Jeder hat da so seine eigenen Vorstellungen. Keiner von uns möchte aus dem Nest geworfen werden, denn das jagt einem

Angst ein. Doch der Prozeß des Unabhängigwerdens (der Erfahrung, daß wir es schon sind) bedeutet Angst und Schrecken, immer wieder. Wir kämpfen gegen die Freiheit, gegen die Aufgabe unseres Traumes, daß das Leben einmal so sein werde, wie wir es uns wünschen, daß es uns Geborgenheit gibt; deshalb erscheint uns der Übungsweg vielleicht so schwierig. *Za-zen* will uns befreien, damit wir uns ins Leben emporschwingen können, in seine Freiheit, in sein Nichtverhaftetsein, in den Zustand der Erleuchtung — in ein Leben, das einfach Leben ist.

In den ersten Jahren des Übungsweges üben wir *za-zen*, um unser Verhaftetsein in großen Zügen zu verstehen; dann, im Laufe der Jahre, üben wir mit unseren subtileren (und womöglich noch destruktiveren) Bindungen. Der Übungsweg dauert ein ganzes Leben lang. Er hat kein Ende. Doch wenn wir wirklich üben, erkennen wir unfehlbar unsere eigene Freiheit. Ein junger Bär, der zwei oder drei Monate von der Mutter getrennt war, hat vielleicht noch nicht die Kraft oder die Geschicklichkeit seiner Mutter, doch er schlägt sich allein durch und genießt das Leben vielleicht mehr als der kleine Bär, der seiner Mutter auf Schritt und Tritt folgte.

Es ist von großer Wichtigkeit, täglich zu üben; doch weil wir so hartnäckig und dickköpfig sind, brauchen wir meist den Druck langen Sitzens, um unser Verhaftetsein zu erkennen. Eine lange *sesshin* »durchzusitzen« ist ein starker Anschlag auf unsere Hoffnungen und Träume, die die Erleuchtung verhindern. Wenn man sagt, daß es keine Hoffnung gibt, so ist das überhaupt nicht pessimistisch. Es kann deshalb keine Hoffnung geben, weil es nichts gibt als diesen einen Augenblick. Wenn wir hoffen, haben wir Angst, da wir uns verlieren zwischen dem, wo wir sind, und dem, wo wir uns hinwünschen. Keine Hoffnung (nicht abhängig sein), der Zustand der Erleuchtung, ist ein Leben des inneren Gleichgewichts, des klaren Denkens und aufrichtigen Fühlens. Es ist die Frucht des wirklichen Übens, es wirkt sich immer wohltuend für einen selbst und für andere aus, und es ist die nicht endende Hingabe und Übung wert, die es fordert.

VIII. ENTSCHEIDUNGEN

Vom Problem zur Entscheidung

Manchmal sagen Menschen, die in unser Zentrum kommen — es sind vor allem Neulinge —, daß sie hier vor allem ein spirituelles Leben suchen, ein Leben in Einheit, ein Leben, in dem sie spüren, daß sie mit allem verbunden sind und sich nicht mehr abgesondert fühlen. Das ist an sich nicht schlecht, denn das ist es, was man hier suchen und finden kann.

Ich glaube dennoch, daß niemand von uns sagen könnte, was »spirituelles Leben« wirklich ist. Deshalb sprechen wir meist darüber, was es nicht ist. Im ältesten *zen*-Gedicht heißt es: »Ein haarbreiter Unterschied, und Himmel und Erde sind getrennt.« Was soll das bedeuten? Was ist dieser haarbreite Unterschied, durch den Himmel und Erde getrennt werden, durch die die Einheit des Lebens zerfällt (zumindest glauben wir das)? Vom absoluten Standpunkt aus kann gar nichts dieses Zerfallen bewirken, doch von unserem relativen Standpunkt aus stimmt irgend etwas nicht. Die Ureinheit des Lebens erscheint uns unerreichbar zu sein. Manchmal erahnen wir ein kleines Stück von ihr, doch meistens gelingt uns das nicht.

Beispielsweise: In der Weihnachtszeit freuen sich die

Menschen entweder, oder sie werden ganz närrisch. Wir können natürlich manchmal auch beides verbinden! Es ist eine Zeit, in der wir uns oft unserer Ängste und unserer Isoliertheit bewußt werden. Doch spüren wir auch, wenn wir uns dem neuen Jahr nähern, daß die Weihnachtstage einen Wendepunkt bedeuten, und kein Mensch kann diese Wende leichtnehmen. Es gibt nicht viele solcher Wendepunkte; und für sensible Menschen ist die Zeit zwischen Weihnachten und Neujahr etwas sehr Entscheidendes. Wir müssen diesen haarbreiten Unterschied erkennen — erkennen, worin er besteht, und was er mit dem Wendepunkt unseres Lebens zu tun hat.

In der Bibel heißt es, wie jemand in seinem Herzen denkt, so ist er. Dieses Unbehagen, von dem wir sprechen, diese Isoliertheit, dieser haarbreite Unterschied, hängen davon ab, wie jemand »in seinem Herzen denkt« (das Wort Herz bedeutet hier nichts Emotionales, sondern den Mittelpunkt, die Wahrheit, das Innerste, wie im Herz-*sutra*). Und wenn ein Mensch in seinem Herzen denkt, wenn er die Wahrheit seines Lebens zu erkennen beginnt, dann ist er in diesem Mittelpunkt. Je mehr wir die Wahrheit unseres Lebens erkennen, desto mehr können wir auch erkennen, worin der haarbreite Unterschied besteht. Und das führt mich zu zwei Worten, die viel miteinander zu tun haben: Entscheidungen und Probleme.

Das Leben besteht von morgens bis abends aus nichts anderem als Entscheidungen. In dem Augenblick, in dem wir bei Tagesbeginn unsere Augen öffnen, treffen wir auch schon Entscheidungen. Soll ich jetzt aufstehen oder fünf Minuten später? Soll ich mich nach dem Aufstehen in Ruhe hinsetzen und eine Tasse Kaffee trinken? Was soll ich zum Frühstück essen? Was soll ich heute zuerst machen? Wenn es ein freier Tag ist, soll ich dann dies oder jenes erledigen? Oder soll ich es mir einfach gemütlich machen? Soll ich Briefe schreiben, die ich längst schon hätte schreiben sollen? Von morgens bis abends treffen wir eine Entscheidung nach der anderen, und das ist ganz normal. Daran ist gar nichts Ungewöhnliches. Doch wir sehen nicht die Entscheidungen, sondern die Probleme.

Sie sagen vielleicht: »Nun, es ist ja wohl eine einfache Entscheidung, ob ich zuerst auf die Bank oder zum Einkaufen gehe, doch ich habe auch ganz gravierende Lebensprobleme!« Das könnte beispielsweise mit unserer Arbeitsstelle zu tun haben; vielleicht haben wir eine Arbeit, die wir hassen. Oder wir haben unsere Stelle verloren... oder sonst etwas in dieser Art. Wir denken nicht daran, daß es einfach um Entscheidungen geht, wir denken, es ginge um Probleme. Wir machen uns alle Sorgen, wie wir die Probleme unseres Lebens lösen können; wir alle sehen das Leben als Problem, zumindest einen Teil der Zeit. Ein anderes Beispiel: »Ich arbeite in San Diego. Ich habe eine nette Freundin hier, und ich mag das Klima — aber leider wurde mir ein großartiges Angebot in Kansas gemacht, wo ich mehr verdiene.«

Wir glauben, nicht so einfach eine Entscheidung treffen zu können — und schon haben wir ein Problem. Und schon treten die Verwicklungen des menschlichen Lebens auf. Der haarbreite Unterschied wird sichtbar.

Wie können wir mit unseren Problemen umgehen — anstatt uns aufzuregen oder nur zu analysieren, Chaos zu verbreiten oder einfach das Gefühl der Ratlosigkeit zu haben? Ich spreche nicht von den kleinen Problemen; da werden wir irgend eine Entscheidung treffen und darüber hinweggehen. Doch wenn wir ein großes Problem in unserem Leben haben: »Soll ich diese Beziehung eingehen?« »Soll ich diese Beziehung beenden?« »*Wie* beende ich die Beziehung?« Dann sind wir ratlos. Und hier gilt das Bibelwort: Wie ein Mensch in seinem Herzen denkt, so ist er. Die wirkliche Entscheidung unserer Probleme geschieht dadurch, wie wir mit unserem Herzen denken, wie wir unser Leben erkennen. Daraus ergeben sich unsere Entscheidungen.

Nehmen wir an, wir hätten zwei Jahre lang *za-zen* geübt; vielleicht wissen wir es nicht, aber wir werden das Problem, wie man eine Beziehung beendet, jetzt wahrscheinlich anders betrachten als zwei Jahre vorher, denn wir sehen uns selbst und den anderen anders. Das ernsthafte Üben verändert den Blick für unser eigenes Leben, und so wird auch das sehr neu werden, was wir mit unserem Leben beginnen. Die meisten Menschen suchen nach einem Patentrezept, wie man Entscheidungen trifft oder Probleme löst. Aber solch ein Patentrezept kann es nicht geben. Doch wenn wir mehr und mehr erkennen, wer wir sind, werden wir aus dieser Erkenntnis heraus unsere Entscheidungen treffen können.

Wie zum Beispiel Mutter Teresa. Wie kam sie zu der Entscheidung, in dem schrecklichen Teil von Kalkutta zu leben, wo sie ihre Arbeit tut? Wie ein Mensch in seinem Herzen denkt, so ist er. Wahrscheinlich würde sie es ein Gebet nennen: Durch die vielen Jahre, in denen sie zu sich selbst gekommen ist, kann sie erkennen, daß es kein Problem ist, wo sie arbeitet und was sie tut, sondern eine Entscheidung, die sie getroffen hat.

Je mehr wir wissen, wer wir sind, desto eher werden unsere Probleme sich verändern, denn wir erkennen, daß wir etwas Bestimmtes tun, weil wir einfach so gemacht sind, oder daß wir zumindest bis zu einem gewissen Maß bereit sind, das Nötige zu tun. Und wir werden uns manchmal

Dinge aussuchen, die anderen Menschen sehr hart und unangenehm erscheinen. Sie werden sich über uns wundern. Doch wenn ich meine Entscheidung getroffen habe, weil ich im Herzen weiß, so bin ich und so möchte ich mein Leben ausdrücken, dann gibt es kein Problem.

Wenn in unserem Leben uns etwas unlösbar erscheint, bedeutet das, daß wir glauben, da draußen gäbe es ein Problem, das wir anschauen wie ein Objekt, wie irgendeinen Gegenstand. Wir haben dann noch nicht erkannt, daß das Problem wir selbst sind. Und eine Möglichkeit, aus einem Problem eine Entscheidung zu machen, ist, es ins *za-zen*, ins Sitzen, einzubeziehen. Wenn wir beispielsweise an die Entscheidung denken, wo unser Arbeitsplatz sein sollte: Wenn ich *za-zen* übe, werden alle meine Widerstände, alle Gedanken über die Möglichkeit oder die Unmöglichkeit, in einem anderen Land zu arbeiten, mich durchziehen. Ich benenne sie immer wieder und lasse sie weiter durch mich hindurchziehen. Ich mache mir Sorgen, ich analysiere, oder ich mache viel Aufhebens. Doch ich kehre immer wieder zur unmittelbaren Erfahrung der Wahrheit dieser Angelegenheit in meinen Körper zurück. Ich sitze da und spüre die Spannung und die Verkrampfung und atme durch sie hindurch. Und indem ich das tue, spüre ich immer mehr, wer ich bin, und die Entscheidung beginnt sich herauszukristallisieren. Wenn ich mich verwirrt fühle, liegt es nicht daran, daß es da ein Problem gibt, für das ich irgendeine Lösung finden muß, sondern daran, daß ich einfach nicht weiß, wer ich in Beziehung zu diesem Problem bin.

Wenn ich beispielsweise nicht weiß, ob ich einen Mann heiraten soll, der vermögend ist, oder einen anderen, den ich einfach nur mag, ohne besonderen Grund, dann zeigt das Auftreten dieser Frage, daß in mir etwas ist, was ich nicht kenne. Das Problem ist nicht da draußen. Das Problem ist hier: Ich weiß nicht, wer ich bin. Wenn ich weiß, wer ich bin, werde ich wie Mutter Teresa keine Schwierigkeiten haben, zu wissen, was ich zu tun habe. Und indem ich mehr und mehr erkenne, wer ich bin, wird es immer klarer werden, was mein Leben wirklich braucht. Ich werde nicht mehr plötzlich meinen, daß ich dieses oder jenes unbedingt haben muß. Das heißt nicht, daß ich völlig auf dies alles verzichte; es heißt nur, daß ich es nicht mehr unbedingt brauche. Die meisten Menschen, die viele Jahre lang *za-zen* geübt haben, merken, daß ihr Leben sehr viel einfacher geworden ist — nicht, weil sie etwa so tugendhaft geworden wären, sondern weil sie nicht mehr so viel brauchen und begehren und ihre Wünsche dadurch von ganz allein nachlassen. Die Menschen, die mich heute kennen, werden es vielleicht nicht glauben: Noch vor ein paar Jahren konnte ich nicht zur Arbeit gehen, ohne daß ich einen Lippenstift oder Nagellack trug, die zusammenpaßten. Ich fühlte mich einfach nicht wohl, wenn nicht alles stimmte. Und obwohl ich nie viel Geld besaß, mußte ich immer schöne Kleider haben. Es ist natürlich nichts dagegen zu sagen, sich schön zu machen, das meine ich nicht. Ich will nur sagen: Wenn egozentrische Wünsche das sind, was einen hauptsächlich beschäftigt, wird man Schwierigkeiten mit seinen Entscheidungen haben. Sie werden einem wie Probleme vorkommen. Doch in dem Maß, wie man übt, und in dem Maß, wie das, was einem entscheidend erscheint, sich verlagert, verlieren auch Wünsche und Unentschiedenheiten an Gewicht.

An Weihnachten machen wir es uns schwer, weil wir die ganze Zeit herumrennen und versuchen, die Wünsche der anderen zu erfüllen. Wir müssen für uns selbst herausfinden, was wesentlich ist. Dann wissen wir, wieviel wir tun sollen. Natürlich ist die Selbsterkenntnis immer fragmentarisch, unvollständig, rudimentär. Doch wenn wir üben, wird das Leben immer weniger mit Problemen oder Klagen belastet sein.

Ich will damit übrigens nicht sagen, daß wir nie Spaß haben sollten. Wir werden das Bedürfnis nach genau soviel Spaß und Vergnügen haben, wie es unserem Bild dessen, wer wir jetzt sind, entspricht. Wenn wir viel Freizeit brauchen, dann sehen wir uns und unser Leben eben so. Doch im Laufe der Zeit wird das abnehmen. Denn wir können nicht mit diesem Innersten, mit unserem Herzen, in Berührung kommen, ohne daß sich alles andere verändert und verlagert. T. S. Eliot schrieb über diesen Ruhepol, um den sich das Universum dreht. Dieser Ruhepol ist nicht irgendein »Etwas«. Wenn wir üben, werden wir immer mehr erkennen, was es ist. Ohne ausdauerndes, geduldiges Üben, das für die meisten von uns *za-zen* heißt, geraten wir aber immer wieder sehr leicht in Verwirrung. Wir werden beispielsweise viele Opfer von uns selbst verlangen. Manchmal kann es für einen anderen Menschen sehr schlecht sein, wenn wir uns für ihn opfern. Manchmal ist es aber auch notwendig, das zu tun. Wenn wir vor der Entscheidung stehen, ob wir etwas für einen anderen tun sollen oder nicht, und uns schließlich dagegen entscheiden, woher kommt diese Fähigkeit, eine weise Entscheidung zu treffen? Sie entsteht aus einer wachsenden Klarheit darüber, wer wir sind und worum es in unserem Leben geht. Im Laufe der Jahre hat es sich so entwickelt, daß ich immer weniger für andere Menschen tue, zumindest in dem Sinn, wie ich es früher tat. Immer wenn irgend jemand mit einem Problemchen zu mir kam, glaubte ich, ich müßte sofort mit ihm darüber sprechen. Und jetzt setze ich mich oft an die erste Stelle. Das bedeutet aber nicht notwendigerweise, daß man egozentrisch ist. Es kann einfach das Richtige sein.

Die Erkenntnis dafür, was getan werden muß, wächst allmählich im Laufe des Übungsweges. Und Entscheidungen werden dann einfach zu Entscheidungen und sind nicht mehr herzzerreißende Probleme. Eine *sesshin* ist eine Möglichkeit, uns über den Teil in uns selbst hinauszutreiben, der sich aufgeregt mit Problemen beschäftigen möchte. Durch ihre Strukturen verschafft sie uns, beinahe unabhängig davon, ob wir es wollen oder nicht, einen Raum, in dem wir klarer sehen. Doch das Wichtigste bleibt immer noch das tägliche Sitzen. Ich spreche nicht vom Sitzen auf irgendeine alte Art. Wenn man es nicht mit aller Klugheit tut, dann ist es fast schlimmer, als wenn man es nicht tut. Wir müssen wissen, was wir tun. Sonst bauen wir uns eine neue Phantasiewelt, die wahrscheinlich noch mehr Schaden anrichtet, als wenn wir nicht *zazen* übten. Nun — gibt es dazu Fragen?

SCHÜLER: Wenn man Vorstellungen davon hat, was richtig und was falsch ist, kann das oft nur hinderlich sein.

JOKO: Natürlich! Denn das sind Gedanken, und Gedanken in meinem Kopf über das, was richtig und was falsch ist, zeigen meinen persönlichen Standpunkt — meist aus Emotionen entstanden —, und der verhindert, daß ich mich selbst und die anderen richtig sehen kann.

SCHÜLER: Ich glaube, die Lösung wäre, die Wirklichkeit einfach zu sehen, wie sie ist.

JOKO: Das ist schön. Doch was es dann in bezug auf das tatsächliche Üben bedeutet, ist wohl nicht so einfach. »Ein haarbreiter Unterschied . . .« Worin besteht er?

SCHÜLER: Wenn ich etwas geplant habe und sich dann etwas anderes abzeichnet, und ich dadurch zwei wichtige Möglichkeiten vor mir sehe, zwischen denen ich mich entscheiden muß — in diesem Zwiespalt beginne ich unruhig zu werden und egozentrische Gedanken zu haben ...

JOKO: Dann haben Sie ein »Problem«, nicht wahr?

SCHÜLER: Und das ist mehr als ein haarbreiter Unterschied!

JOKO: Ja, weiß Gott mehr als ein haarbreiter Unterschied. Richtig!

SCHÜLER: Dieser Unterschied hat vielleicht mit der Erkenntnis zu tun, was für eine Verantwortung, was für Aufgaben ich habe.

JOKO: Kennen Sie sie immer?

SCHÜLER: Nein!

JOKO: Nun, was schafft diesen haarbreiten Unterschied, der uns an der Erkenntnis hindert? Wir alle haben Verantwortung und Verpflichtungen, doch auch da schaffen wir Unklarheit und machen sie zu Problemen. Wie geschieht das?

SCHÜLER: Wir wollen etwas haben.

JOKO: Wir wollen etwas haben. Ja.

SCHÜLER: Wir haben bestimmte Vorstellungen über das Geben.

JOKO: Und wir können nur wirklich geben, indem wir nichts zurückbekommen wollen. Stimmt das nicht? Ich will. Ich will. Ich will. Wenn wir erkennen, daß wir immer etwas wollen, daß wir meinen, unser Leben müsse genau nach unseren Vorstellungen gehen und kein bißchen anders — das hat sehr viel mit dem haarbreiten Unterschied zu tun. Und wir alle wünschen, daß unser Leben unserem Willen und unseren Vorstellungen entspricht, und natürlich soll es angenehm sein, bequem. Und sonst? Voller Hoffnung auf die Zukunft? Es gibt keine Zukunft! »Eines Tages wird alles gut sein.« Wer weiß das denn?

SCHÜLER: Für mich hat das etwas mit Hingabe zu tun. Wenn ich mich dem hingeben kann, was geschieht, dann mache ich mir keine unnötigen Gedanken.

JOKO: Wenn wir uns wirklich hingeben können, ist das gut. Doch was steht dem im Wege? Ich. Und aus was besteht dieses Ich?

SCHÜLER: Der Ärger. Ich möchte, daß es anders läuft. Es geht nicht so, wie ich es mir vorgestellt habe.

JOKO: Richtig. Und das sind Gedanken. Wenn wir erkennen könnten, daß diese Gedanken ganz einfach Gedanken sind, dann könnten wir uns gelassen dem zuwenden, was getan werden muß.

SCHÜLER: Sollte man, wenn man ein Problem sieht, seinen Willen einsetzen, um es zu lösen?

JOKO: Sie sprechen über den Unterschied zwischen Entscheidungen und Problemen. Wenn Sie ein Problem wirklich als etwas sehen, das mit Ihnen selbst zu tun hat, das Sie selbst sind, anstatt es als zu lösendes Problem anzugehen, so können Sie sich fragen: »Was ist da wirklich los?« Und meistens erkennt man dann seine eigenen Ängste und Befürchtungen, seine Gedanken. Je mehr sie einem vertraut werden, und je besser man die damit einhergehende physische Spannung kennenlernt, desto klarer wird es, ob man versuchen soll, etwas zu verändern oder nicht. Das soll nicht heißen, daß man nie etwas verändern soll. Doch es wird einfach offensichtlich sein, so wie es für Mutter Teresa offensichtlich ist.

SCHÜLER: Ist das das Rezept?

JOKO: Das Rezept? Es gibt kein Rezept. Aber in dem Augenblick, in dem Sie ganz ins Leben eintauchen und es selbst werden, sehen Sie auch, was es ist und was da vorgeht. In diesem Moment ist jener haarbreite Unterschied verschwunden. Verstehen Sie das? Das Problem ist nicht mehr da. Ich bin es einfach. Und dann ist es nicht erschreckend. Wenn wir geduldig *za-zen* üben, erkennen wir immer klarer, was wir tun. Es ist kein so großes Geheimnis, und dann wissen wir, wann wir etwas verändern müssen und wann nicht. Wie das Sprichwort sagt: Wir müssen lernen, die Dinge anzunehmen, die wir nicht ändern können, den Mut haben, zu verändern, was verändert werden muß, und die Weisheit, den Unterschied zwischen beiden zu erkennen.

SCHÜLER: Woher kommt der Wunsch zu tun, was getan werden muß?

JOKO: Wir wollen immer das tun, was getan werden muß, wenn wir mit uns selbst in Einklang sind. »Wie ein Mensch in seinem Herzen denkt, so ist er.« Und er ist nicht nur so, er handelt auch so.

Der Wendepunkt

Wir alle wollen ein Leben in Freiheit und Mitgefühl führen, ein tätiges und sinnvolles menschliches Leben. Und ein solches Leben kann an nichts gebunden sein, weder an einen Übungsweg, noch an einen Lehrer, noch an die Wahrheit — denn wenn wir mit der Wahrheit in Verbindung sind, sehen wir es nicht.

Ich habe im Fernsehen die Geschichte eines Mannes gesehen, der eine große Menge von Schachteln mit Maschinenteilen fand. Er hatte keine Ahnung, für was sie sein sollten, doch es machte ihm Spaß, Dinge zusammenzubasteln, und das Geheimnisvolle der Sache machte das Ganze noch reizvoller für ihn. Also begann er seine Arbeit. Es dauerte zehn Jahre, bis er Tausende von Stücken zusammengesetzt hatte, kleine und große. Nach Beendigung der Arbeit stand vor ihm ein glänzender, neuer, schöner Ford T. Nun hatte er das Auto aber in seinem Wohnzimmer zusammengebaut (er war offensichtlich nicht verheiratet!). So entschloß er sich nach einigem Grübeln, eine Wand seines Wohnzimmers einzureißen und den Ford auf die Veranda zu schieben. Das war schon besser. Doch die Veranda lag über einen Meter hoch, und so mußte er eine Rampe bauen, damit er den Wagen in den Garten und dann auf die Straße schieben konnte.

Schließlich hatte er ein wirkliches, funktionstüchtiges Auto vor der Türe stehen.

Das ist eine wunderbare Geschichte, weil sie dem ähnelt, was wir mit unserem Leben machen. Wir schaffen ein merkwürdiges Ding, was wir »Ich selbst« nennen. Leider sind wir dabei so sehr mit dem Konstruieren beschäftigt, daß wir, sobald wir fertig sind, das unangenehme Gefühl haben, unser Selbst sei (wie der Ford T) eingeengt, in vier Wänden gefangen. Es sieht vielleicht gut aus, vielleicht ist es sogar sehr eindrucksvoll, doch es fühlt sich unangenehm fehl am Platz.

Jetzt stehen wir vor einer großen Entscheidung, denn es gibt zwei Möglichkeiten, sobald wir gemerkt haben, daß dieses Selbst beschränkt ist und Angst hat. Die eine Möglichkeit besteht darin, so zu tun, als sei unser Wohnzimmer dazu da, einen Ford T zu beherbergen, und dann schmücken wir die Wände oder bringen überall Spiegel an, damit die Illusion einer angenehmen, geräumigen Umgebung entsteht. Die andere Möglichkeit besteht darin, zu erkennen, daß dieses festgelegte, eingeengte Selbst irgendwie in Bewegung gebracht werden muß; dann schaffen wir einen Durchbruch, um mehr Luft und Licht zu gewinnen.

An diesem Punkt (wenn wir beginnen, den Ford T, dieses selbstgebaute Ich, prüfend anzusehen) beginnt unser Übungsweg. Wir geben uns nicht länger der Hoffnung hin, wir könnten die Umgebung irgendwie zurechtbiegen, sondern wir beginnen den Ford, das Selbst, hinauszuschieben, damit wir sehen können, ob es etwas taugt. Das ist aber noch nicht das letzte Stadium, denn es geht nicht darum, immer das Selbst zu prüfen und zu analysieren und zu sehen, ob es funktioniert; das letzte Stadium bedeutet, daß wir unser Leben in die

Welt bringen und sehen, ob es wirklich seinen Sinn erfüllen kann.

Die Qual der Einengung motiviert die meisten von uns zunächst, uns in Bewegung zu setzen. Wir merken, daß wir unbedingt etwas tun müssen. Es ist schon ein großer Schritt, wenn wir den Ford auf die Veranda schieben, wo wir ihn im Tageslicht sehen, wo wir ein wenig Abstand nehmen können, um ihn genauer zu betrachten. Beim Üben ist das der entscheidende Wendepunkt. Was müssen wir tun, um diesen Wendepunkt möglich zu machen? Nehmen wir zum Beispiel die Möglichkeit des »Verzichtes«. Oft glauben wir, wir müßten auf das alte Leben verzichten, damit ein neues Leben beginnen könne. Auf was glauben wir, verzichten zu müssen? Vielleicht auf die materielle Welt, wie wir sie wahrnehmen. Oder wir verzichten auf unsere geistige und emotionale Welt.

Viele spirituelle Traditionen fördern das Aufgeben materiellen Besitzes. Die Mönche durften alter Tradition nach meistens nur eine kleine Schachtel behalten, in der sie ein paar wichtige Dinge aufbewahrten. Ist das Verzicht? Ich würde sagen, nein; aber es ist eine nützliche Übung. Es ist, als wenn wir meinten, ein Abendessen sei ohne Dessert nicht vollständig, dann aber für eine Zeitlang auf das Dessert verzichteten, um etwas über uns selbst zu lernen; so etwas ist sicher eine gute Übung.

Dann können wir den Eindruck gewinnen, daß unsere Gedanken- und Gefühlswelt gar nicht in Ordnung sei. Wir meinen, wir müßten auf all das verzichten und fähig sein, uns davon zu befreien. Man hält sich für schlecht, weil man bestimmte Dinge denkt oder fühlt. Doch auch das ist nicht Verzicht; es ist ein Spiel mit den Begriffen gut oder schlecht.

Manche von uns unternehmen eine letzte große Anstrengung. Da uns das alltägliche Leben verwirrt und entmutigt, entscheiden wir schließlich: »Ich muß die Selbstverwirklichung suchen, ich muß ein ganz und gar spirituelles Leben führen und auf alles andere verzichten.« Das ist sicher etwas Gutes, sobald wir begreifen, was es bedeutet. Doch von allen Fehlinterpretationen des Verzichts geschehen die heimtückischsten in dem Bereich der sogenannten spirituellen Übung, wo wir mit Begriffen umgehen wie: »Ich sollte rein, heilig, anders als die anderen sein ... ich sollte ein zurückgezogenes Leben in der Stille führen.« Und auch das hat nichts mit Verzicht zu tun.

Was ist dann aber Verzicht? Gibt es so etwas überhaupt? Wir können dem Begriff vielleicht am ehesten nahekommen, wenn wir ein anderes Wort verwenden, nämlich »Nichtverhaftetsein«. Wir meinen oft, wenn wir auf einer oberflächlichen Ebene unseres Lebens herummanipulieren, wenn wir versuchen, die äußeren Dinge zu verändern und uns nur recht viel Gedanken über sie und über uns selbst machen, wären wir irgendwie mit »Verzicht« beschäftigt — in Wirklichkeit aber müßten wir gar nicht auf irgend etwas »verzichten«, sondern wir müßten erkennen, daß wahrer Verzicht etwas mit Nichtverhaftetsein, mit Freisein von der Bindung an die Dinge zu tun hat.

Beim Üben geht es darum, alles, an das wir uns gebunden fühlen, zu durchschauen, nicht, es loszuwerden. Wir könnten sehr reich und doch nicht an das Geld gebunden sein; wir könnten aber auch nichts haben und durch diesen Mangel unfrei werden, uns durch ihn gebunden fühlen. Wenn wir das Wesen des Verhaftetseins und Gebundenseins durchschaut haben, werden wir gewöhnlich dazu neigen, weniger besitzen zu wollen, doch das ist keine notwendige Bedingung. Und meistens verfangen wir uns beim Üben mit diesem Herumpfuschen an unserer Art, zu denken. »Ich sollte innerlich gelassener sein.« Doch was wir denken und fühlen ist nicht so wichtig; wichtig ist, daß wir uns nicht an unser Fühlen und Denken gebunden fühlen. Unsere Emotionen sind harmlos, wenn sie uns nicht dominieren, das heißt, wenn wir nicht in ihnen verhaftet sind — ansonsten erzeugen sie nur Disharmonie in uns und anderen. Zuallererst geht es auf dem Übungsweg darum, zu erkennen, wie wir nun einmal an die Dinge gebunden sind. Und wenn wir tiefgründig und geduldig *za-zen* üben, beginnen wir zu erkennen, daß wir aus gar nichts anderem bestehen als aus Bindungen, sie beherrschen unser Leben.

Wir werden jedoch nie frei werden von einer Bindung, indem wir einfach sagen, sie müsse verschwinden. Nur wenn wir uns ihres wahren Wesens allmählich bewußt werden, löst sie sich beinahe unmerklich von selbst auf; sie gleicht einer Sandburg, über die die Wellen hinweggegangen sind; sie verliert an Substanz, und wir wissen schließlich gar nicht mehr, wo sie war und wie sie war.

Die Frage ist also nicht, wie wir unsere Bindungen loswerden, oder wie wir auf sie verzichten können; Weisheit liegt darin, zu erkennen, was ihr Wesen ist, wie flüchtig und vergänglich, wie leer sie sind. Wir müssen uns von nichts befreien. Die schwierigsten und heimtückischsten Bindungen sind die, die wir für »spirituelle« Wahrheiten halten. Das Verhaftetsein in dem, was wir spirituell nennen, ist gerade der Hemmschuh für unser spirituelles Leben. Wenn wir an irgend etwas gebunden sind, können wir nicht frei sein, keine wirklich Liebenden sein.

Solange wir uns noch ein Bild davon machen, wie wir sein sollten oder wie andere Menschen zu sein hätten, sind wir gebunden. Ein wirklich spirituelles Leben aber besteht einfach aus der Abwesenheit solcher Bindungen.

»Das Selbst zu ergründen heißt, das Selbst zu vergessen«, sagt Dōgon Zenji.

Laßt uns, wenn wir heute weiter *za-zen* üben, dessen bewußt sein, was das Wesentliche ist: das Erüben des Nichtverhaftetseins. Laßt uns mit aller Sorgfalt weiter arbeiten in dem Wissen, daß es schwierig sein kann, und in dem Wissen, daß diese Schwierigkeiten nicht das Entscheidende sind. Jeder von uns hat die Wahl. Wofür entscheiden wir uns? Für ein Leben in Freiheit und Mitgefühl oder für irgend etwas anderes?

Schließ die Tür

In den sechziger Jahren begann Hakuun Yasutani Roshi seine jährlichen Reisen nach Amerika, um *dharma* zu lehren. Während seiner Besuche leitete er hier in Südkalifornien jeweils eine einwöchige *sesshin*. Wie die anderen, die damals ihren *zen*-Übungsweg mit Yasutani Roshi begannen, meditierte ich jedes Jahr eine Woche lang intensiv mit ihm, um den Rest des Jahres selbst weiter *za-zen* zu üben. Diese *sesshins* waren für mich außerordentlich schwierig, denn wenn je jemand eine chaotische Weise hatte, das Üben anzugehen, war ich das. Doch die Möglichkeit, bei ihm zu lernen, auch wenn das nur eine Woche pro Jahr war, und der Eindruck seiner Persönlichkeit — bescheiden, freundlich, lebensvoll und spontan — genügten, um mich bei der Stange zu halten.

Als ich ihn kennenlernte, war er schon über achtzig Jahre alt und litt unter körperlichen Gebrechen. Wenn er in den *zendo* geschlurft kam, fragte ich mich, ob er es schaffen würde, den Weg bis zu seinem Platz zurückzulegen. Man sah einfach einen kleinen, gebückten, alten Mann mit schlurfendem Schritt vor sich. Doch sobald er seinen *dharma*-Vortrag begann, geschah etwas Unglaubliches. Es war, als ginge ein elektrischer Schlag durch den Raum. Seine Vitalität, seine Spontaneität, seine vollkommene Hingabe. Es war ganz gleichgültig, was er sagte, und auch, daß er einen Dolmetscher neben sich hatte. Schon sein bloßes Dasein enthüllte das *dharma*. Was man da erlebte, blieb einem unvergeßlich.

Zwei Eigenschaften von Yasutani Roshi berührten mich zutiefst. Man könnte sagen, daß er zugleich charismatisch und schlicht war. Wenn man bei einem formellen Gespräch in seine Augen blickte, so war es, als sähe man zehntausend Meilen weit. Es war nichts da. Das war sehr merkwürdig. Und doch fand man in dieser großen Weite vollkommene Heilung.

Außerhalb des *zendo* war er einfach ein gewöhnlicher, kleiner Mann, der mit seinem Besen und mit hochgerollten Hosen herumrannte und Karotten aß. Er liebte Karotten.

Yasutani Roshi ließ mich zum ersten Mal erfahren, was ein wahrer *zen*-Meister ist, und das war eine sehr demütige Erfahrung, da er so demütig war. Er strahlte Freiheit, Ursprünglichkeit, Mitgefühl aus, diesen Schatz, den wir alle auf unserem Übungsweg suchen. Doch wir müssen achtgeben, daß wir es nicht am falschen Ort suchen, außerhalb unserer selbst, und dabei verkennen, daß unser Leben selbst ein Juwel ist — vielleicht etwas ungeschliffen, doch schon ganz und vollkommen.

Wenn man den geraden Weg geht, ist *dharma* ganz einfach und immer erreichbar. Leider wissen wir nicht, wie wir es erkennen können. Und weil wir es nicht erkennen, entgeht uns dieser Schatz, diese Freiheit.

Es ist sehr heikel, über Freiheit zu sprechen. Normalerweise betrachten wir Freiheit als die Möglichkeit, ungestört hingehen zu können, wohin wir wollen, und tun zu können, was wir wollen. Und wir hoffen, daß uns irgend etwas dort draußen Freiheit gibt, damit wir, wenn wir in einer unangenehmen und einengenden Situation sind, immer eine Hintertür haben, durch die wir entrinnen können, neuer Hoffnung und Freiheit entgegen. Wir alle sehen es so, ohne Ausnahme. Das führt uns zu einem anderen heiklen Wort, nämlich Engagement oder Hingabe.

Ein wichtiger Aspekt unseres Übungsweges ist es, daß wir dieses dauernde Auf und Ab von Hoffnungen und Ängsten und all der Muster, die zeigen, mit wie wenig Hingabe wir leben, aufrichtig betrachten. Um das tun zu können, müssen wir die Türe, die wir so gerne offenlassen, schließen und uns uns selbst zuwenden, wie wir sind. Das ist Hingabe, ohne sie gibt es keine Freiheit.

Durch das Üben werfen wir allmählich unsere Phantasievorstellungen um, die wir von diesem Hintertürchen haben, durch das wir irgendwohin zu irgend etwas anderem flüchten könnten. Wir setzen viel Mühe daran, die Egostruktur aufrechtzuerhalten und zu schützen, die wir durch die irrtümliche Meinung, unser Ich existiere getrennt vom übrigen Leben, aufgebaut haben. Wir müssen uns dieser Struktur bewußt werden und sehen, wie sie funktioniert, denn selbst, wenn sie künstlich ist und nicht unserem wahren Wesen entspricht, werden wir weiterhin aus Angst und Arroganz handeln, solange wir sie nicht durchschaut haben. Mit Arroganz meine ich das Gefühl, etwas Besonderes zu sein. Unsere Arroganz kann sich auf alles beziehen, auf Errungenschaften, auf unsere Probleme, selbst auf unsere »Demut«. Aus Angst und Hochmut klammern wir uns an alle möglichen egozentrischen Einstellungen und Urteile und schaffen dadurch für uns selbst und andere viel Leid.

Freiheit ist eng verknüpft mit unserer Beziehung zum Schmerz und zum Leiden. Ich möchte zwischen Schmerz und Leiden unterscheiden. Der Schmerz entspringt der Erfahrung des Lebens, wie es ist, ganz unverhüllt. Wir können diese unmittelbare Erfahrung sogar Freude nennen. Doch wenn wir versuchen, davonzulaufen und unserer Schmerzerfahrung zu entrinnen, dann leiden wir. Aus unserer Angst vor dem Schmerz bilden wir eine Egostruktur, die uns schützen soll, und deshalb leiden wir. Freiheit ist die Bereitschaft, sich dem Risiko auszusetzen, das da heißt, dem Leben gegenüber verletzlich zu bleiben; es ist die Erfahrung all dessen, was in jedem Augenblick geschieht, sei es nun schmerzhaft oder angenehm. Das erfordert vollkommene Hingabe an unser Leben. Wenn wir fähig sind, uns vollkommen hinzugeben, nichts zurückzuhalten und keinen Gedanken an die Flucht aus der Erfahrung des gegenwärtigen Augenblicks zu verschwenden, gibt es kein Leiden. Wenn wir unseren Schmerz vollkommen erfahren, ist er Freude.

Freiheit und Hingabe sind eng miteinander verbunden. Wenn zwei Menschen durch die Ehe eine Verpflichtung eingehen, sich einander hinzugeben, dann schließen sie in gewissem Sinn die Hintertür, durch die sie den Prüfungen entrinnen könnten, die zu jeder Beziehung gehören. Werden diese Prüfungen Teil ihrer Hingabe, so tragen sie zur Weiterentwicklung bei, und die Beziehung blüht. Ich will damit nicht sagen, daß man sich jeder Beziehung, die einem als Möglichkeit begegnet, hingeben sollte, das wäre ja verrückt. Was ich meine, ist, daß unser Übungsweg darin besteht, uns unserer Erfahrung in jedem Augenblick ganz hinzugeben. So wie die Hingabe in der Ehe uns dem Feuer der Prüfungen aussetzt, so tut das auch der *za-zen*. Man könnte sogar sagen, daß das erste, was wir im *za-zen* tun müssen, ist, uns selbst zu heiraten. Wir schließen die Tür und sitzen ganz ruhig da, weichen nicht dem aus, was ist, und erleben das Feuer der Prüfungen.

Am Anfang des Übungsweges haben viele Leute die Vorstellung, daß er angenehm und bequem sein werde. Doch in der *zen*-Praxis gibt es Phasen, die alles andere als angenehm sind. Wenn man nur einfach sitzt und den gegenwärtigen Augenblick erlebt, brechen die sicheren Mauern der Egostruktur zusammen, und das kann verwirrend und schmerzhaft sein. Diese Verwirrung und diesen Schmerz physisch zu erleben und ihnen nicht aus dem Weg zu gehen, ist der Schlüssel zur Freiheit. Wir müssen das Schmerzhafte umarmen, unseren besten Freund daraus machen und durch den Schmerz hindurch zur Freiheit gehen.

Dieser Schatz der Freiheit ist unser Leben, so wie es ist, doch wenn wir die Beziehung zwischen Schmerz und Freiheit nicht verstehen, können wir für uns selbst wie für andere Leid verursachen. Wir müssen bereit sein, auf Messers Schneide zu gehen und bei dem zu bleiben, was in jedem Augenblick vorhanden ist. Stolz, Gier, Arroganz, Schmerz, Freude — versuchen Sie beim *za-zen* nicht zu manipulieren, was in Ihnen aufsteigt. Wenn wir mit so viel Aufmerksamkeit, wie wir nur aufbringen können, *za-zen* üben, schwinden die Bindungen mit der Zeit von selbst dahin.

Als Yasutani Roshi achtundachtzig Jahre alt war, schrieb er am letzten Geburtstag vor seinem Tode »Die Hügel werden höher«. Je deutlicher wir erkennen, daß nichts getan werden muß, desto deutlicher sehen wir, was zu tun ist. Es ist merkwürdig: Wenn wir das, was wir haben, wirklich teilen — unsere Zeit, unseren Besitz, unser Heim, uns selbst —, dann wird unser Leben harmonisch und ungestört verlaufen. Es gibt da die Geschichte einer Quelle, die von vielen kleinen Quellen gespeist wurde, die sie immer ausreichend mit Wasser versorgten. Eines Tages wurde die Quelle zugeschüttet und vergessen, bis jemand nach vielen Jahren sie wieder entdeckte. Doch da niemand Wasser aus ihr geschöpft hatte, hatten auch die anderen kleinen Quellen aufgehört, sie zu speisen, und sie war vertrocknet. So ist es auch mit uns: Wir können etwas von uns hergeben und uns weiter öffnen, oder wir können es zurückhalten und vertrocknen.

Beim *zen*-Übungsweg geht es darum, die Tür vor einer dualistischen Weltanschauung zu verschließen, und das erfordert Hingabe. Wenn sie am Morgen erwachen und keine Lust haben, in den *zendo* zu gehen, dann schließen Sie die Tür davor. Springen Sie aus dem Bett und gehen Sie. Wenn Sie sich bei der Arbeit lustlos fühlen, schließen Sie die Tür davor, und tun Sie Ihr Bestes. Schließen Sie in Beziehungen die Türe vor Kritiksucht und Unzartheit. Schließen Sie beim *za-zen* die Tür vor dem Dualismus, und öffnen Sie sich für das Leben, wie es ist. Und wenn wir lernen, unser Leiden wirklich zu erleben, anstatt davor zu flüchten, wird sich uns das Leben ganz allmählich enthüllen: als Freude.

Hingabe

Es war einmal ein junger Mann, der war Hals über Kopf verliebt in eine schöne, aber böse junge Dame. Die schöne und böse junge Dame wollte, daß er nichts auf der Welt so wichtig nähme wie sie und sagte: »Ich werde dich nur erhören, wenn du mir den Kopf deiner Mutter bringst.«

Der junge Mann liebte seine Mutter zwar sehr, aber er war so betört von der bösen Frau, daß er bereit war, ihr jede Bitte zu erfüllen. So eilte er nach Hause und schnitt seiner Mutter den Kopf ab. Er packte ihn bei den Haaren und lief in die Nacht hinaus, denn er wollte so schnell wie möglich zu seiner bösen Liebsten zurückkehren. Und als er da so hastig mit dem Kopf seiner Mutter die Straße hinuntereilte, sagte der Kopf zu ihm: »Eile nicht so, mein Sohn, du könntest hinfallen und dir wehtun.«

In dieser Geschichte geht es um die unsterbliche Liebe einer Mutter und ihre nie endende Hingabe. Im Englischen kommt das Wort Hingabe, »commitment«, vom Lateinischen »committere«, was bedeutet: verbinden, anvertrauen, preisgeben. Ein Mensch verbindet sich also mit dem anderen, indem er sich ihm hingibt.

Um zu verstehen, was mit Hingabe gemeint ist, müssen wir immer mehr intuitiv erfassen, was die Wirklichkeit ist — nicht nur mit dem Kopf, sondern »mit Haut und Haar«, es muß in Fleisch und Blut eingegangen sein, wer wir wirklich sind, und was um uns ist. Wir glauben vielleicht, mit Hingabe eine bestimmte Arbeit zu tun oder uns einem Menschen verbunden zu haben, doch wahre Hingabe geht noch tiefer. Unsere Hingabe wird substanzlos, unbestimmt, ohne Entschlußkraft sein, wenn wir nicht erkennen, was unser eigentliches Gelübde und Versprechen ist — Hingabe an alle fühlenden Wesen, nicht nur an ein bestimmtes. Normalerweise denken wir etwa: »Nun, da wir uns aufeinander eingelassen haben, mußt du dich natürlich so und so verhalten; du darfst nur mich lieben, du solltest die meiste Zeit mit mir verbringen, du sollst mich an erste Stelle setzen . . .«

Wenn wir mit Hingabe an etwas arbeiten, werden wir besitzergreifend: Es ist unsere Arbeit, unser Projekt, unser Geschäft, unser Profit. Das Objekt unseres Engagements wird in unseren Augen unser Besitz, eine Investition, die uns Sicherheit und Glück zu verschaffen hat.

In all unsere Aufgaben und Verbindlichkeiten mischt sich meist beides: unsere Buddha-Natur, ein Teil von uns, der wie die Mutter in der Geschichte sagen kann: »Was auch immer du tust, ich liebe dich, ich will nur das Beste für dich« — und der andere Teil, der sagt: »Ich bin für dich da, wenn . . .« Was für ein verderbliches »Wenn« das ist! Wahre Hingabe und wahre Liebe kennen kein Wenn. Ändern sich auch die äußeren Umstände, sie bleiben unerschütterlich. Shakespeare drückte es in seinem 116. Sonett so aus: »Love is not love which alters when it alteration finds.« (Liebe wär nicht Liebe, wollt sie, wo Wandlung ist, die Wandlung wählen.*)

Hingabe kann man nicht erzwingen durch Nörgeln, durch Ärgerlichkeit, durch Verweigerung, durch irgendwelche gefallsüchtigen Manöver, obwohl wir all das versuchen. Sie kann überhaupt nicht herbeigezwungen werden. Um unsere Hingabe zu vertiefen, müssen wir Zeuge unserer Manöver und Tricks werden, Zeuge unserer subtilen oder weniger subtilen Versuche, zu bekommen, was wir wollen, und das ist immer Sicherheit und Stabilität für uns selbst. Die Mutter in unserer kleinen Geschichte hatte nun weiß Gott keine Sicherheit; doch selbst im Tode wünschte sie ihrem Sohn noch das Beste. Wir sind natürlich nicht so. Wir sind menschlich.

* Übers. nach Paul Celan.

Ich würde nie raten: »Gib dich einfach irgend jemandem hin, und dann läuft die Sache schon.« Selbst wenn wir Monate und Jahre mit dem Entschluß gelebt haben, daß dies der auserwählte Mensch sei, haben wir wahrscheinlich gerade die allerersten Anfänge gemacht, wirkliche Hingabe zu üben. Wir betrügen uns selbst und andere, wenn wir glauben, daß wir schon zu wirklicher Hingabe gelangt wären, sobald wir ein paar Dinge versprochen haben.

In der Hingabe lassen wir keine Hintertür offen. Da wir keine erleuchteten Buddhas sind, können (oder wollen) wir uns wohl nicht jedem ohne Unterschied widmen. Doch nach langem Überlegen und Zögern sind wir zur Hingabe an einen Menschen bereit oder weihen uns einer Sache. Wenn wir diesen Entschluß gefaßt haben, müssen wir die Ofentüre schließen und uns der Hitze des Feuers aussetzen. Hingabe bedeutet, daß wir uns keine Möglichkeit mehr zum Entschlüpfen lassen. Jede Ehe, jede tiefe Freundschaft, aber auch der Entschluß dazusein für unsere Kinder, für unsere Eltern und Freunde, hat etwas mit solch einer endgültigen Entscheidung zu tun.

Werden wir glücklich sein, wenn wir die Türe schließen? Manchmal. Doch darum geht es nicht. Bei der Hingabe geht es nicht darum, ob sie uns gefällt oder nicht. Manchmal wird es zwar so sein, doch wir dürfen nicht damit rechnen.

Wir müssen uns nicht notwendigerweise einem anderen Menschen weihen, wir können uns auch dem Alleinsein hingeben. Für die meisten ist solch eine Hingabe eine gute Übung, zumindest von Zeit zu Zeit. Vielleicht entschließen wir uns, ein halbes Jahr, ein Jahr oder fünf Jahre lang alleine zu sein. Wenige von uns sehen das Alleinsein einfach als Alleinsein. Wir sehen es als Einsamkeit und Unglück. Ich spreche hier allerdings nicht von einem Rückzug in den Elfenbeinturm. Ich meine, daß wir im Alleinsein üben können, uns allem und allen zu widmen. Auf solch einem Übungsweg müssen wir uns ganz aufrichtig eingestehen, wie viele Einschränkungen wir machen. Niemand möchte sich allem und jedem hingeben. Das geht tief und fordert uns sehr, und nicht viele sind unbedingt erpicht darauf, das zu üben.

Jesus sagte: »Was ihr einem meiner Geringsten getan habt, das habt ihr mir getan.« Wir können uns nicht wirklich einer Sache oder einem Menschen weihen, wenn wir uns nicht allem geweiht haben. Das bedeutet nicht, daß wir es mögen müssen oder daß wir es vollständig tun können. Doch das ist die Übung. Es ist wichtig für alle, zu erkennen, wer in unserem Leben »der Geringste« ist. Natürlich denken wir dabei sofort an sehr arme Menschen. Doch mit dem »Geringsten« ist gemeint, was für mich oder für Sie das Geringste ist. Wem oder was möchten Sie am wenigsten dienen? Für die meisten von uns sind die Geringsten jene Menschen, die wir nicht mögen oder mit denen wir Schwierigkeiten haben: Leute, denen wir am liebsten aus dem Weg gehen, vor denen wir Angst haben oder deren Anwesenheit uns bedrückt. Auf einer subtileren Ebene sind es vielleicht jene, von denen wir glauben, wir müßten sie belehren oder ihnen helfen.

Vielleicht wenden Sie nun ein: »Seien wir realistisch. Wie kann ich mich jemandem widmen, den ich nicht einmal ausstehen kann? Es ist mir schon zuwider, wenn er im selben Zimmer ist!« Wie können wir das schaffen? Nun, lernen, damit zu üben. Das bedeutet absolute Aufrichtigkeit uns selbst gegenüber. Wir müssen (an)erkennen, daß wir diesen Menschen nicht mögen, daß wir ihm am liebsten aus dem Wege gehen und natürlich alle Emotionsgedanken wahrnehmen, die sich um diese Beziehung ranken. Auch mit unserer Arbeit sollten wir so verfahren. Manche

von uns müssen eine Arbeit tun, von der sie glauben, sie
wäre unter ihrer Würde (was auch immer das heißen
mag). »Ich habe Abitur. Warum soll ich jetzt Schachteln in
ein Regal einräumen? Wie kann ich mich nur für eine so
niedrige Arbeit hergeben?«

Die Menschen wollen, daß das Üben angenehm und
leicht sei. Es ist nicht leicht. Natürlich läßt sich leicht sagen: »Ich habe mich dem Dienst an der Welt gewidmet,
dem *dharma*.« Doch es ist sehr schwer, das zu tun. Die
Welt des *dharma* zeigt sich uns durch jedes Wesen und jedes Ding, dem wir begegnen. Können wir uns dem Mann
dort auf der Straße widmen, der sich gerade in den Rinn-
stein übergibt? Können wir uns mit Hingabe dem Beam-
ten zuwenden, der uns gerade zu wenig Wechselgeld herausgegeben hat, oder dem Menschen, der uns herablas-
send behandelt?

Da wir die Buddha-Natur oder die Wahrheit sind, wissen
wir, daß Freude unser Geburtsrecht ist. Wo ist sie? Sie wartet gerade auf dem Übungsweg, von dem wir sprechen.
Nur durch solches Üben können wir zur Freude oder
wirklichen Hingabe in unserer Arbeit, in unseren Beziehungen, in unserem ganzen Leben gelangen.

Da wir die größten Schwierigkeiten im Umgang mit Menschen haben, sprechen wir nicht oft genug über unsere
Hingabe an Gegenstände (oder ihr Fehlen). Wenn wir
zum Beispiel unser Zimmer immer in Unordnung lassen,
sind wir nicht wirklich hingebungsvoll. Wir zeigen damit,
daß es etwas Wichtigeres für uns gibt als die Gegenstände, die unser Alltagsleben ausmachen. (Ich wurde von einer perfektionistischen Mutter erzogen und rebellierte
viele Jahre gegen sie, indem ich so schlampig wie möglich
war.) Wir sprechen natürlich auch nicht von neurotischer
Ordnungssucht. Aber unser Üben sollte jeden Menschen

und jedes Ding umfassen. Jede Katze, jede Glühbirne, jedes Stück Sandpapier, jeden Salatkopf, jede Windel. Wenn wir nicht sehr aufmerksam und sorgfältig sind, werden wir nicht erfahren, was Hingabe eigentlich ist. Hingabe ist nicht etwas, das sich zufällig ereignet. Es ist eine Fähigkeit, die wir uns erwerben können. Sie wächst, wie ein Muskel wächst: durch Übung.

Ich möchte nun nicht einen neuen Katalog von Geboten aufstellen. Ich spreche nicht soviel über die Gebote und irgendwelche Vorschriften, da sie von den meisten fehlinterpretiert werden: »Ich sollte ordentlicher sein, weil Joko das gesagt hat.« Doch wir sollten aufmerksam sein gegenüber unserer Neigung, Dinge herumliegen zu lassen, unnötig Lichter brennen zu lassen, mehr auf den Teller zu häufen, als wir essen können. Warum? Wenn unsere Hingabe im kleinen nicht vollkommen ist, wird unsere Hingabe für unsere Ehe, unser Kind, unsere Arbeit, unseren Übungsweg, das *dharma*, unterminiert. »Was ihr einem meiner Geringsten getan habt, das habt ihr mir getan.« Wenn wir die wirkliche Freude kennenlernen wollen, können wir nicht sagen: »Nun ja, ich habe eben nicht so achtgegeben.« Bei unserem Üben geht es immer um das »Geringste«.

Hingabe heißt tätig sein. Aber weil wir dieser Aufmerksamkeit auf das Tun ausweichen wollen, müssen wir ein sehr kritischer Zeuge unserer selbst sein. Es ist mir gleichgültig, wie viele blitzartige Erleuchtungen Sie gehabt haben. Es gibt nichts anderes als das tägliche Leben. *Dieser Tisch ist das dharma.* Gestern war er noch staubig. Heute hat ihn jemand abgewischt. Wir kommen zum Ende der *sesshin*. Doch machen Sie sich nichts vor. Die wirklich harte *sesshin* beginnt, wenn Sie in Ihr normales Alltagsleben zurückkehren.

IX. DIENEN

Dein Wille geschehe

In dieser Woche haben viele von uns einen Dokumentarfilm über das Leben und die Arbeit von Mutter Teresa gesehen. Manche sagen, sie sei eine Heilige. Ich zweifle daran, daß solch ein Titel ihr viel bedeutet; was mich am meisten beeindruckte, war, daß sie einfach immer das Nächstliegende tat und in jeder Aufgabe vollkommen aufging — etwas, das wir lernen müssen. Ihr Leben ist ihre Arbeit, sie tut alles, was sie tut, von ganzem Herzen, Augenblick für Augenblick. Wir anspruchsvollen Amerikaner haben Schwierigkeiten, solche eine Lebensweise zu verstehen; und sie ist auch sehr schwierig, doch gerade das ist unser Übungsweg. Nicht mein Wille, sondern dein Wille geschehe. Das heißt nicht, daß *dein Wille* etwas anderes ist als ich selbst, aber es bedeutet etwas anderes, nämlich: Mein Leben ist eine besondere Form in Zeit und Raum, doch *dein Wille* ist weder Zeit noch Raum, sondern ihre Wirksamkeit: das Wachsen eines Fingernagels, die Reinigungsarbeit, die durch die Leber geschieht, die Explosion eines Sterns — Agonie und Wunder des Universums. Der Meister.

Oft wird in der religiösen Praxis der verfrühte Versuch einzelner Menschen ein Problem, das Wort »Dein Wille geschehe« in ihrem Leben zu praktizieren, bevor sie den größeren Zusammenhang verstehen. Denn bevor ich dieses Wort verstehen kann, muß ich die Illusion *meines* Willens durchschauen. Ich muß zutiefst erkennen, daß mein Leben vor allem aus »Ich will, ich möchte, ich brauche« besteht. Und was will ich? Meine Wünsche erstrecken sich manchmal auf Triviales, manchmal auf »Spirituelles«, und betreffen vor allem meist den anderen, der so sein soll, wie ich ihn mir vorstelle.

Schwierigkeiten entstehen daraus, daß das, was ich will, früher oder später immer mit dem zusammenprallt, was der andere will. Und daraus entspringt unvermeidlich Schmerz und Leid. Betrachten wir Mutter Teresa, so wird deutlich, daß dort Freude ist, wo kein »Ich will« im Vordergrund steht. Die Freude daran, zu tun, was getan werden muß, ohne den Gedanken an das »Ich will«.

Mutter Teresa weist auf den Unterschied zwischen Arbeit und Berufung hin. Jeder von uns hat irgendeine Arbeit zu tun als Arzt, als Rechtsanwalt, als Student, Hausfrau, Installateur — doch das hat nichts mit unserer Berufung zu tun. Warum? An jeden von uns ergeht, ob wir uns dessen bewußt sind oder nicht, der Ruf unseres wahren Selbst *(Dein Wille)*. Das Leben der Mutter Teresa hat nicht den Dienst an den Armen zum Inhalt, sondern es geht ihr darum, diesem Ruf zu folgen. Es ist nicht ihre Arbeit, den Armen zu dienen, es ist ihre Berufung. Lehren ist nicht meine Arbeit, es ist meine Berufung. Und das gleiche gilt für Euch.

Nun sind eigentlich unsere Arbeit und unsere Berufung eins. Die Ehe beispielsweise bedeutet vielerlei Arbeit (den Lebensunterhalt verdienen, sich um die Kinder und um das Zuhause kümmern, dem Partner und der Gemeinschaft dienen), doch die Berufung der Ehe bleibt der

Meister. Ist es unser wahres Selbst, das uns ruft, beruft, aufruft. Wenn es uns klar wird, wer der Meister ist, dann geht uns die Arbeit leicht von der Hand. Ist es uns nicht klar, dann klappt auch unsere Arbeit nicht, unsere Beziehungen sind getrübt und alle Situationen werden mangelhaft.

Wir alle arbeiten munter weiter, doch wir sind blind unserer Berufung gegenüber. Wie können wir unsere Blindheit verlieren, wie können wir unsere Berufung, unseren Meister erkennen? Wie können wir das Wort »Dein Wille geschehe« verstehen lernen?

Dazu sind zwei Übungsstadien notwendig, zwischen denen wir hin und her pendeln. Das erste besteht darin, ehrlich zuzugeben, daß ich »Deinen Willen« gar nicht tun will, daß ich nicht das geringste Interesse daran habe. Ich möchte fast immer das tun, was ich will. Ich möchte bekommen, was ich will; ich will, daß mir nichts Unangenehmes widerfährt; ich möchte Erfolg, Vergnügen, Gesundheit, nichts sonst. Dieses Wollen durchdringt jede Körperzelle. Wir können uns das Leben ohne das Wollen gar nicht vorstellen.

Doch wenn wir über viele Jahre mit soviel Aufmerksamkeit und Bewußtheit wie möglich sitzen, entsteht ein zweites Stadium: Bis in unsere Zellen dringt das Wissen ein, wer wir wirklich sind, und zugleich werden unsere begrifflichen Vorstellungen (der eigene Wille) allmählich schwächer. Manche Menschen möchten den *zen*-Übungsweg als eine esoterische, abgehobene, isolierte Welt sehen. Nein, das ist er ganz und gar nicht. Statt dessen lernen wir Jahr um Jahr durch diese allmählichen Veränderungen bis in unsere Zellen hinein. Ohne philosophisches Ergründen beginnen wir zu sehen, wer der Meister ist. *Dein Wille* und *mein Wille* werden immer mehr eins.

Mutter Teresa tut mir nicht leid. Sie tut das, was für sie die größte Freude ist. Mir tun hingegen all die leid, die blind in einem Leben des Eigenwillens steckenbleiben, in Angst und Chaos.

Unser Leben bringt uns immer wieder Probleme — oder sind es Gelegenheiten? Nur wenn wir es gelernt haben, zu üben und uns frei dafür entscheiden können, diesen Gelegenheiten nicht ausweichen zu wollen, sondern unsere Wut, unseren Widerstand, unseren Kummer und unsere Enttäuschung meditierend »durchzusitzen«, können wir die andere Seite sehen. Und die andere Seite heißt immer: »Nicht mein Wille geschehe, sondern Dein Wille« — also das Leben, das wir in Wirklichkeit suchen. Was ist dazu notwendig? Ein Leben der Übung.

Keine Tauschgeschäfte

Was ist der Unterschied zwischen einem manipulativen und einem nicht-manipulativen Leben? Als *zen*-Schüler halten wir uns selbst wahrscheinlich nicht für manipulativ. Zugegeben, wir entführen keine Flugzeuge, aber in einem subtileren Sinn sind wir alle manipulativ und möchten es doch bestimmt nicht sein.

Sehen wir uns zwei Möglichkeiten des Handelns an. Einerseits wird unser Handeln vielleicht diktiert durch unser falsches Denken: unsere geistige Haltung, die aus Meinungen, Phantasievorstellungen und Wünschen gebildet wird — unser kleiner Geist, dem wir begegnen, wenn wir *zen* üben. Wir mögen jemanden beispielsweise nicht besonders, und wir behandeln ihn dementsprechend. Andererseits kann das Handeln Sinneswahrnehmungen entspringen. Nehmen wir an, ich gehe durch die Küche und lasse eine Traube fallen. Ich bemerke es, bücke mich, hebe sie auf. Diese Handlung wird von der Sinneswahrnehmung diktiert, sie ist nicht manipulativ.

Nehmen wir nun aber weiter an, ich hätte eine feste Vorstellung: Die Küche muß sauber sein. Ich suche nun nach Möglichkeiten, die Küche sauber zu bekommen. Es ist ja im Grunde nichts falsch daran, solch eine Vorstellung zu haben, denn eine saubere Küche ist etwas Schönes. Doch wenn diese Vorstellung nicht als Vorstellung gesehen wird — wenn wir beispielsweise in einer Familie leben, in der alles von der Sauberkeit des Hauses dominiert wird —, haben wir eine Vorstellung, die Handlungen hervorbringt, anstatt nach einer von uns wahrgenommenen Notwendigkeit zu handeln. Wie sauber ein Küchenboden sein kann, wird beispielsweise davon bestimmt, ob man kleine Kinder hat oder nicht. Wenn Sie ein paar kleine Kinder unter sechs Jahren haben, wird Ihr Küchenboden einfach nicht sauber sein können — es sei denn, Sie sind eine Mutter, die glaubt, eine blankgeputzte Küche sei wichtiger als die Familie. Manche von uns sind in solchen Familien aufgewachsen. In solchen Fällen ist alles verdreht. Eine Vorstellung wird nicht nur als Vorstellung, sondern als Wahrheit gesehen. »Eine Küche hat sauber zu sein. Es ist schlecht, wenn eine Küche nicht sauber ist.«

Um unseren Vorstellungen nachzukommen, ruinieren wir Familien, Nationen, alles. Jeder Krieg hat solche fixen Vorstellungen zur Ursache, eine Ideologie, die von einer Nation für die Wahrheit gehalten wird. Falsches Denken ist immer diktatorisch. Es will die Welt in ein Schema pressen, um die Vorstellung zu stützen, anstatt sich den offensichtlichen Notwendigkeiten gegenüber zu öffnen. Diese falsche Reihenfolge läßt das Handeln manipulativ werden. Wir müssen Vorstellungen haben, um handlungsfähig zu sein; sie selbst sind nicht das Problem. Das Problem entsteht dann, wenn wir glauben, sie seien die Wahrheit. Wenn wir denken, eine Küche muß sauber sein, ist das nicht die Wahrheit, es ist eine Vorstellung. Falsches Denken hat mit Austauschen zu tun, nicht mit Erfahrung. Was bedeutet das?

Unser Leiden hat seine Wurzel in einem falschen Selbstgefühl, einem Selbst, das aus Vorstellungen und Begriffen besteht. Wenn wir glauben, dieses Selbst existiere wirklich, und seine Vorstellungen und Begriffe für die Wahrheit halten, meinen wir, dieses Selbst schützen und seine Wünsche erfüllen zu müssen. Wenn wir glauben, eine Küche müsse sauber sein, dann bemühen wir uns, diesem Diktat nachzukommen, ja wir treiben sogar andere dazu an, sich unserem Ziel zu fügen. Ein »Selbst« ist einfach eine Person, die glaubt, ihre Vorstellungen seien die Wahrheit, und die davon besessen ist, alles mögliche zu tun, um das Selbst durch Vorstellungen zu schützen, um es ihm so angenehm und bequem wie möglich zu machen.

Leben wir so, wird unser Universum von zwei Worten beherrscht: *Ich will.* Und sehen wir genau hin, werden wir entdecken, daß dieses »Ich will« unser Leben bestimmt. Wir wollen vielleicht Anerkennung, Erfolg, wir wollen erleuchtet sein, wir wollen ruhig sein, gesund sein, wir wollen An- und Aufregung, wir wollen geliebt sein. »Ich will, ich will, ich will.« Und wir wollen deshalb immerzu, weil wir versuchen, für diese Vorstellung, die wir für unser Selbst halten, zu sorgen. Wir möchten, daß das Leben sich unseren Vorstellungen fügt.

Wenn wir beispielsweise selbstlos erscheinen wollen, werden wir alles daransetzen, so zu erscheinen, als seien wir wirklich nicht egoistisch. Und dadurch ist keine Handlung, kein Verhalten frei von der Erwartung auf ein Tauschgeschäft. Wenn wir etwas tun, erwarten wir etwas dafür. Wir wollen etwas zurückbekommen. Bei einem gewöhnlichen Geschäft gebe ich Ihnen, wenn Sie Bananen verkaufen, soundsoviel Geld und bekomme dafür soundsoviel Bananen. Das ist ein wirklicher Tausch. Doch unser Spiel, in dem wir Tauschgeschäfte mit unseren Taten machen, ist etwas anderes.

Wenn ich beispielsweise Zeit, Geld oder Mühe schenke, was erwarte ich dann? Was erwarten Sie? Vielleicht glaube ich, ich hätte Dankbarkeit verdient. Wenn wir etwas geben, dann wollen wir etwas zurückhaben. Wir wollen, daß der andere unsere persönlichen Vorstellungen erfüllt. Wenn wir ein Geschenk machen, sind wir doch sehr nobel, nicht wahr? Wir geben dem anderen etwas; sollte er das nicht zumindest bemerken? Wir erwarten eine Gegengabe. Es ist ein Tauschhandel. Wir haben das Leben »dort draußen« zu etwas gemacht, mit dem wir Handel treiben.

Wenn wir für eine Organisation arbeiten, erwarten wir, daß etwas zurückkommt. Wenn wir für diese Organisation etwas tun — wo ist da die andere Hälfte, worin besteht der Austausch? Wir erwarten etwas: vielleicht Anerkennung oder besondere Behandlung, wir wollen uns wichtig machen.

Wenn wir in einer schwierigen Situation geduldig bleiben und den Mund halten — »Weißt du, jeder andere würde jetzt explodieren, aber *ich* bin geduldig«, was erwarten wir dann dafür? Irgend jemand soll doch zumindest bemerken, wie geduldig wir waren! Wir betrachten alles als ein Tauschgeschäft. Wenn wir verständnisvoll und nicht nachtragend sind (»Jeder weiß doch schließlich, wie schwierig sie ist«), was erwarten wir dann? Wenn wir uns opfern, was erwarten wir dann als Gegengabe dafür? Viele Eltern-Kind-Spiele gehören in diesen Rahmen. »Ich habe alles für dich getan, und du bist so undankbar!« Genau das ist die Tauschmentalität: Sie ist manipulativ, eine subtile Form der Entführung, der Verführung.

Selten bekommen wir das, was wir erwarten. Haben wir lange genug geübt, erkennen wir allmählich, daß jede Erwartung solch eines Tauschgeschäftes ein Irrtum ist. Die Welt besteht nicht aus Objekten da draußen, deren Sinn es ist, meine Vorstellungen zu erfüllen. Und mit der Zeit sehen wir deutlicher, daß fast alles, was wir tun, belastet ist von dieser Erwartung auf Gegengabe — eine höchst schmerzvolle Erkenntnis.

Wenn unsere Erwartungen scheitern, wenn wir einfach nicht bekommen, was wir so unbedingt haben wollen, dann ist der Punkt erreicht, wo das Üben beginnen kann. Trungpa Rinpoche schrieb: »Enttäuschung ist das beste Fahrzeug auf dem Weg zum *dharma*.« Enttäuschung ist ein wahrer Freund, ein sicherer Führer. Natürlich mag keiner von uns solch einen Freund. Wenn wir uns weigern, mit unserer Enttäuschung zu arbeiten, übertreten wir die Gebote: Anstatt die Enttäuschung zu erleben, nehmen wir zu Ärger, Habgier, Tratscherei und Kritik Zuflucht. Doch gerade der Augenblick, in dem wir die Enttäuschung ganz sind, ist der fruchtbarste; und wenn wir nicht bereit sind, das zu tun, sollten wir wenigstens bemerken, daß wir nicht bereit dazu sind. Der Augenblick der Enttäuschung ist ein unvergleichliches Geschenk, das wir mehrmals am Tag empfangen, solange wir aufmerksam sind. Dieses Geschenk bekommen wir immer in dem Augenblick, in dem etwas nicht so geschieht, wie wir uns das vorstellen.

Da das Alltagsleben so an uns vorbeirauscht, ist uns nicht immer deutlich bewußt, was geschieht. Doch wenn wir still sitzen, können wir unsere Enttäuschung beobachten und erfahren. Das tägliche Sitzen ist unser Wasser und Brot, das A und O des *dharma*. Ohne dieses Üben geraten wir allzu leicht in Verwirrung. Selbst nach einer kurzen *sesshin*, wie wir sie letztes Wochenende hatten, ist es erfreulich für mich zu sehen, wie die Menschen sanfter und offener werden. Und eine *sesshin* ist einfach eine Weigerung, unsere Erwartungen zu erfüllen! Vom Anfang bis zum Ende ist eine *sesshin* dazu bestimmt, uns zu frustrieren. Wir kommen gar nicht um geistigen oder physischen Schmerz herum. Es ist eine ausgedehnte Erfahrung des »Es ist nicht so, wie ich es will!« Meditieren wir damit, bleibt immer eine kleine Veränderung zurück. In manchen Fällen ist sie sogar sehr offensichtlich. Doch die Menschen, die eine *sesshin* am intensivsten erleben, sind gewöhnlich die Neulinge. Die *sesshin*-Gewohnten wissen ihr aus dem Weg zu gehen, während sie sitzen. Sie wissen, wie sie die Schmerzen in den Beinen vermeiden können, damit es nicht zu schlimm wird; sie kennen viele raffinierte Tricks, um das Eigentliche zu umgehen. Da die Neulinge weniger geschickt darin sind, werden sie in einer *sesshin* tiefer getroffen, und deshalb erleben sie meist ganz offensichtliche Veränderungen.

Je mehr wir uns unserer Erwartungen bewußt sind, desto eher erkennen wir den Drang, lieber das Leben zu manipulieren, als es so zu leben, wie es ist. Schüler, die eine reifere Stufe des Übens erreicht haben, sind nicht mehr ganz so oft ärgerlich, da sie ihre Erwartungen, ihre Wünsche sehen, noch bevor der Ärger entsteht. Doch wenn das Stadium des Ärgers erreicht wird, ist gerade das das Üben. Unser Signal zum Üben, das rote Lämpchen, leuchtet genau an dem Punkt auf, an dem wir aufgeregt, enttäuscht sind. »Es ist nicht so, wie ich es will!« ... Irgendeine Erwartung wurde nicht erfüllt, und wir spüren, wie irritiert, wie enttäuscht wir sind, wie sehr wir wünschen, es möge anders sein. Das »Ich will« ist frustriert worden. Und genau dieser Punkt ist das »torlose Tor« — denn die einzige Möglichkeit, ein »Ich will« in ein »Ich bin« zu verwandeln, ist die Erfahrung der Enttäuschung, der Frustration.

Handeln, das aus Erfahrung erwächst — die Traube vom Boden aufheben — ist Handeln, das einem wahrgenommenen Bedürfnis entspricht; es ist nicht manipulativ. Handeln, das aus dem falschen Denken der Erwartung entspringt, das »Ich will«, ist tyrannisch, ist manipulativ. Wenn wir auf unseren eigenen Gedanken und Vorstellungen über andere Menschen oder Ereignisse hereinfallen, neigen wir dazu, manipulativ zu werden und leben mit wenig Mitgefühl. Doch ein Leben des Mitgefühls ist nicht manipulativ; es ist ein Leben ohne Tauschgeschäfte.

Die Parabel von Mushin

In einer Stadt namens Hoffnung lebte einmal ein junger Mann, Johannes. Er trieb fleißig *dharma*-Studien, und so bekam er einen buddhistischen Namen. Johannes wurde in Mushin umbenannt. Johannes lebte nicht anders als alle anderen. Er ging zur Arbeit, und er hatte eine nette Frau. Doch obwohl er sich so gründlich mit dem *dharma* beschäftigte, war er ein angeberischer, rauher Geselle, der bei seiner Arbeitsstelle so herumwütete, daß sein Vorgesetzter eines Tages genug hatte und ihn hinauswarf. Da mußte Johannes gehen und hatte keine Arbeit mehr. Als er nach Hause kam, fand er einen Brief seiner Frau. Auch sie hatte genug von ihm und ihn deshalb verlassen. Da hatte Johannes noch seine Wohnung und sich selbst und sonst nichts mehr.

Doch Johannes-Mushin war einer, der nicht so schnell aufgab. Er schwor, daß er nun, auch ohne Arbeit und ohne Frau, das haben würde, was das wichtigste im Leben war — Erleuchtung. Und so lief er rasch zum nächsten Büchergeschäft. Johannes wühlte in dem Berg von neuen Büchern über den Weg zur Erleuchtung. Eines davon schien ihm besonders interessant. Es hieß: *Wie erwische ich den Zug zur Erleuchtung*. Er kaufte das Buch und las ganz vertieft darin. Als er fertiggelesen hatte, ging er nach Hause, gab seine Wohnung auf, füllte eine Tasche mit seinen Habseligkeiten und machte sich auf den Weg zum Bahnhof am anderen Ende der Stadt. Durch das Buch hatte er erfahren: Wenn man alle Anweisungen genau verfolgt, kann man in den Zug der Erleuchtung steigen, wenn er kommt. Er fand das großartig.

Johannes ging also zum Bahnhof, der in einer recht abgelegenen Gegend lag, las das Buch nochmal und versuchte, sich alle Anweisungen genau einzuprägen, dann setzte er sich nieder und wartete. Er wartete und wartete. Zwei, drei, vier Tage wartete er auf den Zug der Erleuchtung, denn in dem Buch hatte es geheißen, daß er ganz gewiß kommen würde. Und er hatte großes Vertrauen in dieses Buch. Und tatsächlich, am vierten Tag hörte er in der Ferne ein Geräusch, das immer lauter wurde. Er wußte, das mußte der Zug sein. Er packte seine Sachen zusammen und war sehr aufgeregt. Er konnte es noch gar nicht glauben ... und da ... rauschte der Zug vorbei. Er sah ihn kaum, so schnell war er vorübergefahren. Was war nur geschehen? Den hatte er nun wirklich nicht erwischen können!

Johannes war verwundert, aber nicht entmutigt. Er holte sein Buch wieder hervor und las einige Übungen nach, er übte und übte, während er auf dem Perron saß, und legte all seine Kraft hinein. Als noch einmal drei oder vier Tage vergangen waren, hörte er wieder dieses laute Geräusch in der Ferne, und diesmal war er sicher, daß er den Zug erwischen würde. Und da war er auch schon . . . vorbeigerauscht. Was tun? Es gab also wirklich einen Zug, der sogar vorbeikam, aber er konnte ihn nicht erwischen. Also vertiefte er sich wieder in sein Buch und übte und übte, doch wieder geschah das gleiche, und immer wieder.

Im Laufe der Zeit waren auch noch andere Leute in den Bücherladen gegangen und hatten sich das Buch gekauft. Johannes bekam Gesellschaft. Erst zählte er vier oder fünf, dann dreißig oder vierzig Leute, die auf den Zug warteten. Die Aufregung war groß! Da war die Antwort, da kam sie. Sie alle hörten das Rauschen des vorbeirasenden Zuges, und obwohl keiner von ihnen ihn je erwischte, waren alle davon überzeugt, daß es zumindest einem von ihnen eines Tages gelingen würde, ihn zu besteigen. Die kleine Schar wuchs, und freudige Erregung ergriff alle.

Im Laufe der Zeit bemerkte Mushin, daß manche der Leute ihre Kinder mitgebracht hatten. Und sie waren so sehr damit beschäftigt, nach dem Zug Ausschau zu halten, daß die Kinder, die ihre Aufmerksamkeit zu gewinnen versuchten, hören mußten: »Laßt uns in Ruhe. Geht spielen.« Die Kleinen wurden so vernachlässigt, daß Mushin, der ja im Grunde gar kein so schlechter Kerl war, sich sagte: »Nun, eigentlich will ich ja auf den Zug warten, aber einer muß sich schließlich um die Kinder kümmern!« Also begann er sich hie und da mit ihnen zu beschäftigen. Er sah in seine Tasche, holte allerlei Süßigkeiten heraus und gab sie den Kindern. Manche hatten großen Hunger; nur die Eltern, die auf den Zug warteten, schienen keinen Hunger zu haben. Und die Kinder kamen mit aufgeschlagenen Knien, und Johannes fand ein paar Verbände in seiner Tasche und versorgte sie, und er las ihnen Geschichten aus ihren Kinderbüchern vor.

Und obwohl er immer noch gelegentlich nach dem Zug Ausschau hielt, kümmerte er sich nun vor allem um die Kinder. Es wurden immer mehr. Nach einigen Monaten waren auch Jugendliche da, und die strotzten oft vor Energie. So stellte Mushin eine Fußballergruppe zusammen und spielte mit ihnen hinter dem Bahnhof. Er legte auch einen Garten an, um sie zu beschäftigen. Er brachte ein paar der zuverlässigsten dazu, ihm zu helfen. Und ehe er sich versah, war er mit diesen Unternehmungen voll beschäftigt. Er hatte immer weniger Zeit für den Zug, und das ärgerte ihn. Das Entscheidende geschah dort, wo die Eltern auf den Zug warteten, aber er mußte sich um die Kinder kümmern. Er kochte vor Wut. Aber er wußte ja, daß ihm nichts anderes übrig blieb, als sich um die Kinder zu kümmern, und so tat er es weiterhin.

Nach einiger Zeit war die Schar der Wartenden auf Hunderte, ja Tausende angewachsen, denn alle Kinder und Verwandten waren mitgekommen. Mushin war so überwältigt von den Nöten der Leute, daß er den Bahnhof erweitern mußte. Er mußte Schlafgelegenheiten schaffen, er mußte eine Post und eine Schule einrichten, und so tätig er war, sein Zorn ließ nicht nach. Schließlich interessierte ihn ja nichts anderes als die Erleuchtung, und während die anderen nach dem Zug Ausschau hielten — was tat er da? Aber er tat es weiterhin.

Und dann erinnerte er sich eines Tages daran, daß er zwar alle seine Bücher weggeworfen und doch aus irgendwelchen Gründen ein schmales Bändchen aufgehoben hatte. Er holte es aus seiner Tasche. Das Buch hieß: DER ZA-ZEN-ÜBUNGSWEG. Also gab es für Johannes wieder neue Anweisungen. Sie schienen ihm gar nicht so schlecht. Er studierte das Büchlein und übte. Am Morgen setzte er sich, noch bevor die anderen aufstanden, auf ein Kissen und meditierte eine Weile. Und mit der Zeit kam ihm sein gehetztes, anstrengendes Tagespensum, auf das er sich wider Willen eingelassen hatte, gar nicht mehr so anstrengend vor. Er dachte, daß zwischen seinem *za-zen* und der inneren Ruhe, die er zu fühlen begann, ein Zusammenhang bestehen müsse. Einige andere waren allmählich ein wenig entmutigt, daß sie den Zug nie erwischen konnten, und begannen, mit ihm zu sitzen. Sie übten jeden Morgen *za-zen*, während die Schar der Wartenden immer noch zunahm. Auch an der nächsten Station hatte sich schon eine Kolonie von Wartenden versammelt. Da dort dieselben Probleme auftauchten wie hier bei ihnen, gingen sie manchmal hin, um zu helfen. Und schon entstand eine neue Gruppe, eine Station weiter ... die Arbeit schien endlos.

Sie taten wirklich, was sie konnten. Von morgens bis abends fütterten sie die Kinder, bauten, betreuten das Postamt, richteten ein kleines Krankenhaus ein — sie taten alles, was für eine Menschengemeinschaft nun einmal notwendig ist. Und allmählich schauten sie gar nicht mehr nach dem Zug. Er fuhr einfach vorbei. Sie hörten sein Rauschen. Und immer noch erfüllte sie ein wenig Eifersucht und Verbitterung. Aber sie mußten zugeben, daß sich etwas geändert hatte; der Zug war manchmal da, aber zugleich war er auch nicht da.

Der Wendepunkt kam für *Mushin*, als er etwas ausprobierte, was in seinen Büchern als »*sesshin*« bezeichnet wurde. Er sammelte seine kleine Gruppe um sich, sie fanden eine ruhige Stelle in der Ecke des Bahnhofs und übten nun vier oder fünf Stunden am Tag ausdauernd *za-zen*. Gelegentlich hörten sie, wie der Zug herannahte, aber sie beachteten ihn nicht und meditierten weiter. Auch den Menschen an den anderen Bahnhöfen brachten sie diese schwierige Übungsmethode bei. Mushin war inzwischen in den Fünfzigern. Man sah ihm an, welche Anstrengungen er hinter sich hatte. Er war gebeugt und müde. Doch jetzt machte er sich keine Sorgen mehr um die Dinge, um die er sich früher Sorgen gemacht hatte. Er hatte die großen philosophischen Fragen vergessen, die ihn früher immer beschäftigt hatten: »Existiere ich? Ist das Leben wirklich? Ist das Leben ein Traum?« Er war so damit beschäftigt, *za-zen* zu üben und zu arbeiten, daß all das verblaßte, außer den Dingen, die tagtäglich zu tun waren. Auch seine Verbitterung verblaßte. Die großen Fragen verblaßten. Schließlich war für Mushin nichts mehr da außer dem, was zu tun war. Er hatte aber nicht mehr das Gefühl, es müsse eben getan werden, sondern er tat es einfach.

Inzwischen war die Schar der Menschen auf den Bahnhöfen ungeheuer angewachsen; manche arbeiteten, andere erzogen ihre Kinder, und wieder andere warteten auf den Zug. Und immer kamen neue hinzu. Mushin begann allmählich, auch die Menschen, die auf den Zug warteten, zu lieben. Er diente ihnen, und er half ihnen, Ausschau zu halten. So gingen viele Jahre ins Land. Mushin wurde älter und immer müder. Seine Fragen lösten sich immer mehr auf. Und dann gab es keine mehr. Es gab nur noch Mushin und sein Leben, und er tat in jedem Augenblick, was getan werden mußte.

Eines Abends dachte Mushin: »Ich werde die ganze Nacht sitzen. Ich weiß nicht, warum ich das will, aber ich werde es einfach tun.« Für ihn bedeutete das Sitzen nicht mehr Ausschau halten nach etwas, besser werden oder heilig werden wollen. All diese Ideen hatten sich schon vor Jahren verflüchtigt. Für Mushin gab es nichts als Sitzen: Er hörte die feinen Geräusche der Nacht. Er spürte die kühle Nachtluft. Er freute sich über die Veränderungen in seinem Körper. Mushin saß die ganze Nacht, und bei Tagesanbruch hörte er das Heulen des Zuges. Dann hielt der Zug ganz leise, direkt vor ihm. Er erkannte, daß er von Anfang an in diesem Zug gesessen hatte. Ja, er war der Zug selbst. Es gab also gar keine Notwendigkeit, den Zug zu erwischen. Nichts zu erkennen. Kein Ziel, nach dem man streben konnte. Es gab einfach die Einheit und die Ganzheit des Lebens selbst. All die alten Fragen, die gar keine Fragen waren, beantworteten sich von selbst. Und zuletzt löste sich auch der Zug auf. Da war nur noch ein alter Mann, der die ganze Nacht bis zum Morgen dasaß.

Mushin streckte sich und stand von seinem Kissen auf. Er machte den Morgenkaffee, um ihn mit den anderen zu trinken, die zur Arbeit kamen. Und zuletzt sehen wir ihn in der Schreinerei mit einigen Halbwüchsigen, wie er eine Schaukel für den Spielplatz baut. Das ist die Geschichte von Mushin. Was hatte Mushin herausgefunden? Ich überlasse es Ihnen, eine Antwort zu finden.